中国经济文库
应用经济学精品系列

国家自然科学基金青年项目“金融周期与系统性金融风险：影响机制及监控预警研究”（71903048）
河南财经政法大学华贸金融研究院2021年度项目“房地产市场冲击对银行业系统性风险的影响机制研究”
联合资助

资产价格泡沫的测度、形成机制及经济效应研究

石广平◎著

MEASUREMENT, FORMATION MECHANISM AND ECONOMIC EFFECT OF ASSET PRICE BUBBLE

中国经济出版社
CHINA ECONOMIC PUBLISHING HOUSE
·北 京·

图书在版编目(CIP)数据

资产价格泡沫的测度、形成机制及经济效应研究／石广平著. --北京：中国经济出版社，2022. 8

ISBN 978-7-5136-7011-1

Ⅰ. ①资… Ⅱ. ①石… Ⅲ. ①资本市场-经济波动-研究 Ⅳ. ①F830. 9

中国版本图书馆 CIP 数据核字(2022)第 132493 号

责任编辑 焦晓云
责任印制 马小宾
封面设计 任燕飞

出版发行 中国经济出版社
印 刷 者 河北宝昌佳彩印刷有限公司
经 销 者 各地新华书店
开　　本 710mm×1000mm 1/16
印　　张 15. 25
字　　数 250 千字
版　　次 2022 年 8 月第 1 版
印　　次 2022 年 8 月第 1 次
定　　价 88. 00 元
广告经营许可证 京西工商广字第 8179 号

中国经济出版社 **网址** www. economyph. com **社址** 北京市东城区安定门外大街 58 号 **邮编** 100011
本版图书如存在印装质量问题，请与本社销售中心联系调换(联系电话：010-57512564)

前　言

PREFACE

20 世纪以来的经济发展历程表明，资产价格泡沫具有周期性特征，会引发系统性金融风险，导致金融危机和经济衰退。2008 年席卷全球的金融危机佐证了这一事实，金融衍生品的价格泡沫过度会引发全球性金融危机。我国从 2000 年到 2019 年也经历了多次股价泡沫和房价的过度上涨，资产价格泡沫对我国实体经济发展和金融系统稳定产生了一定的冲击。因此，基于资产价格泡沫防范系统性金融风险的研究成为当前的理论研究热点。本书基于这一背景，遵循"资产价格泡沫的定义、识别与测度—形成机制—经济效应—政策建议"的逻辑展开研究，旨在揭示资产价格泡沫的内在形成机理及其可能产生的经济效应，为资本市场的有序发展和金融系统的内在稳定提供理论支撑和实践指引。

本书的主要内容如下：

首先，介绍资产价格泡沫的定义，进而对其进行识别和测度。在将资产价格泡沫定义为资产价格偏离其基础价值的基础上，分别对股价泡沫和房价泡沫进行了测度。对于股价泡沫，选取合适的宏观经济变量(工业增加值、居民消费价格指数和银行间同业拆借利率)来衡量基本面，运用误差修正模型提取泡沫，进而采用马尔科夫区制转换模型对其进行状态划分，发现股价正泡沫持续最长的两个时期分别是 2006 年 10 月至 2007 年 11 月、2014 年 5 月至 2015 年 6 月。对于房价泡沫，采用变量筛选、迭代消除内生变量的方法，将房价中的基础价值和泡沫成分分离，发现中国房价泡沫已经形成一定规模，且在 2005 年 7 月和 2009 年初有两次较大幅度的膨胀。

其次，基于行为金融视角分析投资者预期、信心、情绪和行为对资产价格泡沫形成的作用机制。①建立异质性预期下的噪声交易者泡沫模型，推导出信息挖掘者和动量交易者两类不同噪声交易者的非理性行为导致的资产价格泡沫成分。通过数值模拟发现，信息挖掘者和动量交易者分别通过价格期望偏差和历史价格变化影响泡沫演变，且影响方向和程度与其情绪有很大关系。②在测度出投资者情绪和羊群行为之后，运用时变参数随机波动率结构 VAR 模型(TVP-SV-SVAR)探讨投资者情绪、羊群行为和股价泡沫之间的时变效应。结果显示：投资者情绪在股价波动幅度较大时对羊群行为的滞后影响期限较长；投资者情绪在当期能够刺激泡沫膨胀，随着时间的推移，刺激力度会逐渐减小；羊群行为对股价泡沫的影响方向不确定，在股价上涨初始阶段由正转负，在股价上涨波峰或股价下跌阶段则由负转正。③从理论上揭示了过度自信和市场流动性对股价泡沫正向作用的内在机理。采用时变转移概率马尔科夫区制转换方法(MS-TVTP)，构建包含投资者过度自信和市场流动性的泡沫动态演化机制模型，对中国股价泡沫的形成和破裂进行探究，发现投资者过度自信的增加会增大泡沫从潜伏区制转换到膨胀区制的概率，市场流动性的负向变化会使泡沫从膨胀区制转换到破裂区制的可能性增加。

再次，基于金融经济环境视角，分析系统性金融风险、经济增长和货币政策对资产价格泡沫形成的作用机制。①在测度资产价格泡沫和系统性金融风险的基础上，运用 Bootstrap 滚动宽窗格兰杰因果检验方法考察系统性金融风险对资产价格泡沫的动态引导关系。研究发现，资产价格泡沫与系统性金融风险之间的引导关系具有结构性变化特征：系统性金融风险仅在迅速下降且维持较低水平时对房价泡沫的作用为负，仅在迅速上升且维持较高水平时对房价泡沫的作用为正。②考虑到经济增长的周期性，采用频域因果和小波分解的方法探讨不同周期经济增长对资产价格泡沫的频域效应。研究发现：经济增长对股价泡沫具有显著格兰杰影响的周期是半年到一年，而对房价泡沫具有显著格兰杰影响的周期是 3~9 个月以及两年以上。③基于货币政策与资产价格泡沫的经济理论，运用门限结构 VAR 模型(ThSVAR)分析不同货币政策冲击对资产价格泡沫的作用。结果表明，利率正负冲击和 M2 增长率正负冲击对资产价格泡沫的影响在宽松与紧缩的货币政策下具有明显的非对称性。

最后，在考虑政府税收和交易成本的条件下，建立了包含和不包含资产价格泡沫的内生经济增长模型，分析资产价格泡沫对经济增长速度的影响。研究结果对传统的泡沫损害经济的观点提出了质疑。结果表明，资产价格泡沫既可能有益于经济发展，也可能损害经济发展。在此基础上，采用时变 VAR 模型分析股价泡沫和房价泡沫对经济增长的影响，结果很好地验证了泡沫对经济增长影响的不确定性。此外，采用分位数方法研究资产价格泡沫对经济福利代表性指标的预测效应，发现在极端情况下，泡沫对经济福利的预测效果更为显著。

本书研究拓展了关于资产价格泡沫的理论模型和实证分析，形成了比较系统的资产价格泡沫形成机制及经济效应的分析框架，并从关注投资者心理和行为、注重流动性预警、维持适度杠杆、理解货币政策对泡沫的非对称冲击、考量资产价格泡沫的经济效应等方面提出了防范和应对资产价格泡沫的政策建议。

本书吸收、借鉴了许多专家、学者的研究成果，在此深表感谢，在参考文献中已列出，如有遗漏，敬请海涵。由于时间、精力有限，本书研究还存在许多不足，相关数据资料在全面性、及时性、连续性及精确性等方面有待进一步完善，敬请读者批评指正。

本书的出版得到了国家自然科学基金青年项目“金融周期与系统性金融风险：影响机制及监控预警研究”(71903048)和河南财经政法大学华贸金融研究院 2021 年度项目“房地产市场冲击对银行业系统性风险的影响机制研究”的资助，在此表示衷心感谢！

目 录
CONTENTS

第1章 绪 论

1.1 研究背景与意义

1.1.1 研究背景

资产价格是由资本市场的内在价值决定的吗？这个问题颇受争议。在过去四百多年的经济历史上，资产价格波动的现象频繁出现。从1634—1637年荷兰的“郁金香狂热”、1919年法国的“密西西比泡沫”、1720年英国的“南海泡沫”，到20世纪80年代末90年代初的“日经指数的癫狂”、1997年的“东南亚金融危机”、1995—2001年美国的“互联网泡沫”以及2007年美国的“次贷危机”，可以看出，即使在一个非常有效的市场中，资产价格也可能远远偏离其内在价值，资产价格泡沫的疯狂与幻灭不断在人类历史上重演，泡沫的形成、膨胀与破灭存在于世界资本市场的发展之中。尽管不少学者和相关政府部门越来越重视资产价格泡沫问题，对资产价格泡沫的研究和认识也越来越深刻，但是资产价格泡沫并没有因此而消失或减弱，反而呈现出愈演愈烈的态势。

在中国股票市场和房地产市场发展的过程中，资产价格泡沫也时有发生。中国在2007—2008年经历了股市的暴涨暴跌，继而在2015年遭遇了严重的“股灾”。2006—2007年上证综指大幅上涨400%，一度引发我国股市是否存在泡沫的争论；2014年6月到2015年6月中国股市上涨近160%，随后发生剧烈震荡；2015年6月15日，上证指数从最高的5178点自由落体到3373点，跌幅达34.9%，千股跌停，市场流动性受到极大的冲击，再次引发关于我国股价泡沫的热议。与此同时，由于相当部分的购房者通过银行信贷等加杠杆手段完成住房购买，房价快速上涨，房价泡沫日益凸显，带来诸多经济社会问题。图 1.1.1 显示了 70 个大中城市[①]新建住宅价格指数的变化，这 70 个城市基本上代表了全国一、二、三线城市房价的总体走势。从图 1.1.1(a)可以看出，从 2005 年到 2017 年，新建住宅的价格经历了四次大幅度增长：一是 2006 年到 2007 年，伴随我国经济的快速增长，加之 90 年代末住房政策改革的延续，房价出现样本期内的第一次大幅增长；二是 2009 年初到 2010 年底，房价快速上涨主要是因为金融危机期间国内采取宽松的货币政策以及鼓励型的购房政策；三是 2013 年到 2014 年上半年，由于 2012 年货币政策的微调，房价出现新一轮的上涨；四是 2015 年下半年到 2016 年底，以一、二线城市为代表，房价飞速上涨。在前三次房价上涨过程中，一线城市的上涨幅度明显大于二、三线城市，但是在最后一次上涨期间，二线城市的房价涨势十分迅猛。从图 1.1.1(b)来看，在 2011 年 1 月到 2021 年 10 月，新建商品住宅价格指数出现过三次增速较快时期，分别是 2013 年、2016 年、2018 年下半年到 2019 年上半年。可见，房价历史走势存在间歇暴涨的特征，对房价泡沫的关注不容忽视。

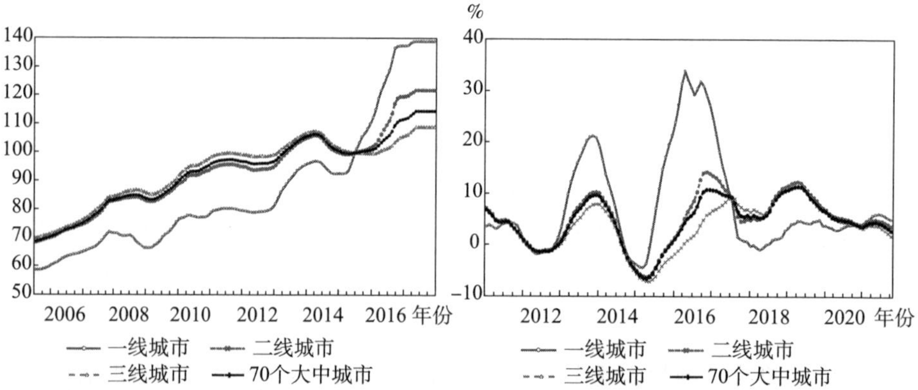

（a）70个大中城市新建住宅价格指数　（b）70个大中城市新建住宅价格指数同比增长

图 1.1.1　70 个大中城市新建住宅价格指数变化

注：新建住宅价格指数为定基数指数，其中 2015 年 7 月为 100。

---

① 一线城市包括：北京、上海、深圳、广州。二线城市包括：天津、重庆、杭州、南京、武汉、沈阳、成都、西安、大连、青岛、宁波、长沙、济南、厦门、福州、长春、哈尔滨、太原、郑州、合肥、南昌。三线城市包括：石家庄、呼和浩特、南宁、海口、贵阳、昆明、兰州、银川、西宁、乌鲁木齐、唐山、秦皇岛、包头、丹东、锦州、吉林、牡丹江、无锡、扬州、徐州、温州、进化、蚌埠、安庆、泉州、九江、赣州、烟台、济宁、洛阳、平顶山、宜昌、襄阳、岳阳、常德、惠州、湛江、韶关、桂林、北海、三亚、泸州、南充、遵义、大理。

股价泡沫和房价泡沫是最重要的资产价格泡沫代表，它们也是社会各界广泛关注的资产价格泡沫类型。当股票市场和房地产市场出现价格泡沫时，我国政府通常采用积极的防御或救市政策。例如，在2015年上半年中国股市发生股灾时，央行先降息实行宽松的货币政策，后有养老金入市的方案出台，再有中国证监会连续发布放宽融资强制平仓限制、拓展券商融资渠道、降低市场交易费等救市政策。在房地产市场上，为了避免房价泡沫的过度膨胀，自2004年以来，我国先后出台了"国十条""国八条""新国五条"以及实行房产税试点等一系列房价调控措施。2016年6月到9月，合肥、郑州及南京等二线城市房价飞涨，许多地方颁发了调控房价的政策。2016年的中央经济工作会议明确提出，"房子是用来住的、不是用来炒的"。从2018年到2020年，政府采取的房价调控政策成效渐显，房价逐渐趋于稳定。但是，鉴于股价和房价周期性暴涨的特征，仍然有必要深入研究资产价格泡沫的形成机制及其对经济的影响，以便综合运用金融、投资、法律等手段，建立适应市场运行规律的资产价格泡沫管理长效机制，从而预防资产价格过度泡沫化引发金融危机。

1.1.2 研究意义

资产价格泡沫是很大的系统性金融风险，泡沫的破裂会给经济带来严重冲击。从全球系列金融事件来看，资产价格泡沫的发生频率不但没有减少，反而有所增加。在我国，股票市场和房地产市场对国民经济发展具有重要影响，这两个市场也极易产生价格泡沫。从2014年下半年股价泡沫到2015年的股灾，再到2016年的房价大幅上涨，说明资产价格泡沫在中国的发生是十分频繁的。泡沫的存在对市场有双向作用：泡沫在适度范围内，可对市场起到一定的繁荣作用；但是，如果泡沫过大，则会引发市场崩溃。泡沫一旦破裂，会导致一系列的连锁反应，甚至引发金融危机，对经济造成严重负面影响。因此，深入系统地研究资产价格泡沫的形成机制，全面合理地考量资产价格泡沫可能带来的经济效应，防范和降低资产价格泡沫对经济发展的不利影响，对于维持金融稳定、保持经济平稳快速发展具有重要的理论和实践价值。

许多文献也表明，资产价格泡沫的形成机制及影响因素一直是经济和金融领域的重要研究内容。投资者作为股票市场的主要参与者，其行为直接影响股票价格的波动，投资者过度自信、投资者情绪、羊群行为等是股价泡沫出现的重要原因。此外，当股市出现剧烈波动时，中国政府主要通过涨跌停板限制和停牌来管理市场，势必造成流动性冻结，导致流动性风险，进而影响泡沫的变化。因此，结合市场流动性状态从行为金融视角研究资产价格泡沫的形成机制，是一个值得深入探究的方向，可以为正确引导投资者形成理性投资习惯提供一定的理论依据。

2014 年以后，随着银行借贷、伞形信托、融资融券、场外配资、民间借贷等杠杆资金入市，我国金融杠杆水平迅速攀升，杠杆驱动股票市场经历了股价泡沫的快速膨胀和破裂，引发了较大的股市动荡；杠杆带来房地产成本和投资资金的增加，对房价的泡沫也具有刺激作用。一系列国际金融危机表明，杠杆驱动的资产价格泡沫往往会大幅提高金融危机的系统性风险，对金融部门和实体经济形成长期的负面冲击。我们只有厘清杠杆对泡沫的作用机制，才能把握金融体系蕴含的不同层次风险。维持合理的杠杆水平是抑制资产价格泡沫、防范金融系统风险的重要举措。此外，经济增长和货币政策也是资产价格泡沫形成的重要宏观经济因素。研究宏观经济环境对资产价格泡沫的作用机制及影响效应无疑具有重要的理论和现实意义，可以为宏观政策的制定提供理论基础。

1.2 研究思路、内容与方法

1.2.1 研究思路

本书在对资产价格泡沫的相关研究进行总结和归纳的基础上，按照“资产价格泡沫的定义、识别与测度—形成机制—经济效应—政策建议”的逻辑展开研究。本书的研究思路如图 1.2.1 所示，具体来说，可分为以下三个递进的层次：

第一个层次为基础研究，主要集中在第 3 章，介绍了资产价格泡沫的定义、识别和测度，以及不同资产价格泡沫间的相互影响，为后续研究奠定基础。

第二个层次为形成机制研究，主要基于行为金融和经济环境两个视角分析资产价格泡沫的形成机制，即第 4 章和第 5 章。基于行为金融视角，我们扩展了噪声交易者泡沫模型，构建了羊群行为、投资者情绪和资产价格泡沫

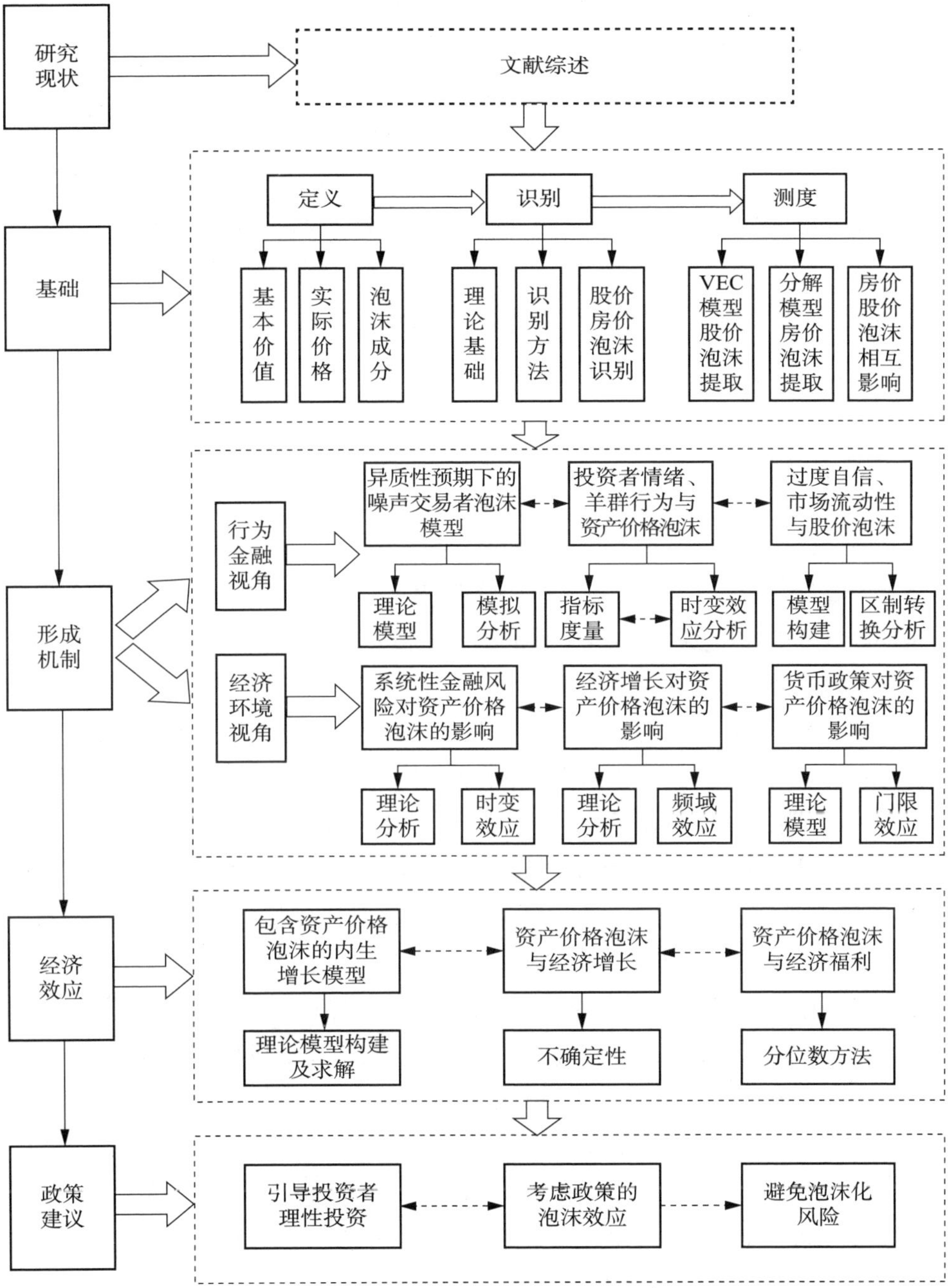

图 1.2.1　本书的研究思路

以及过度自信、市场流动性与资产价格泡沫的理论分析框架，并进行了相应的实证分析来验证理论结论。基于经济环境视角，我们分别讨论了系统性金融风险、经济增长和货币政策等宏观经济因素对资产价格泡沫的影响。这部分是本书研究的重点，旨在全面系统地揭示资产价格泡沫的形成机理。该层次各部分研究把焦点放在一个或者两个因素上，逻辑上各部分之间是并列关系。

第三个层次为经济效应研究，主要是第 6 章。通过扩展包含泡沫的内生经济增长模型，从理论上说明资产价格泡沫对经济增长影响的不确定性，继而运用计量模型实证分析资产价格泡沫的经济增长和经济福利效应。

1.2.2 研究内容

本书包括七章内容，具体安排如下：

第 1 章，绪论。首先介绍了研究背景与意义，其次阐述研究思路、内容与方法，最后总结研究的创新、贡献及不足。

第 2 章，文献综述。分别对资产价格泡沫的识别与测度、行为金融解释、金融经济环境解释及经济效应方面的国内外相关文献进行总结、归纳与评述，为后续研究提供理论支持。

第 3 章，资产价格泡沫的定义、识别、测度及相互影响。对资产价格泡沫进行界定，然后对我国股票市场和房地产市场的价格泡沫分别进行识别和测度，并对结果进行对比，进而分析不同资产价格泡沫间的相互影响。

第 4 章，基于行为金融视角的资产价格泡沫形成机制。构建了异质性预期下的噪声交易者泡沫模型，并通过数值模拟发现规律；考察了投资者情绪、羊群行为对资产价格泡沫的时变影响；建立了过度自信、市场流动性对资产价格泡沫影响的理论模型，实证检验了两者对资产价格泡沫区制转换的解释能力。

第 5 章，基于金融经济环境视角的资产价格泡沫形成机制。首先，运用广义上确界单位根(Generalized supremum ADF，GSADF)检验度量我国股价和房价泡沫，结合各金融子市场风险对实体经济的时变冲击效应构建动态权重系统性金融风险综合指数，并采用 Bootstrap 滚动宽窗格兰杰因果检验(Bootstrap rolling-window Granger causality test)考察资产价格泡沫与系统性金融风险之间的动态引导关系；其次，从周期角度探讨经济增长对资产价格泡沫的频域效应；最后，利用门限模型分析不同货币政策对资产价格泡沫的非线性影响。

第 6 章，资产价格泡沫的经济效应。首先，构建考虑税收和交易成本的包含资产价格泡沫的内生经济增长模型，分析泡沫对经济增长的不确定性影响；其次，对资产价格泡沫对经济增长的时变效应进行实证分析；最后，从分位数视角考察资产价格泡沫对经济福利的预测效应。

第 7 章，主要结论、政策建议与研究展望。对全书的主要研究结论进行总结，并根据结论给出相应的政策建议，同时对未来可能的研究方向作出展望。

本书的研究框架如图 1.2.2 所示。

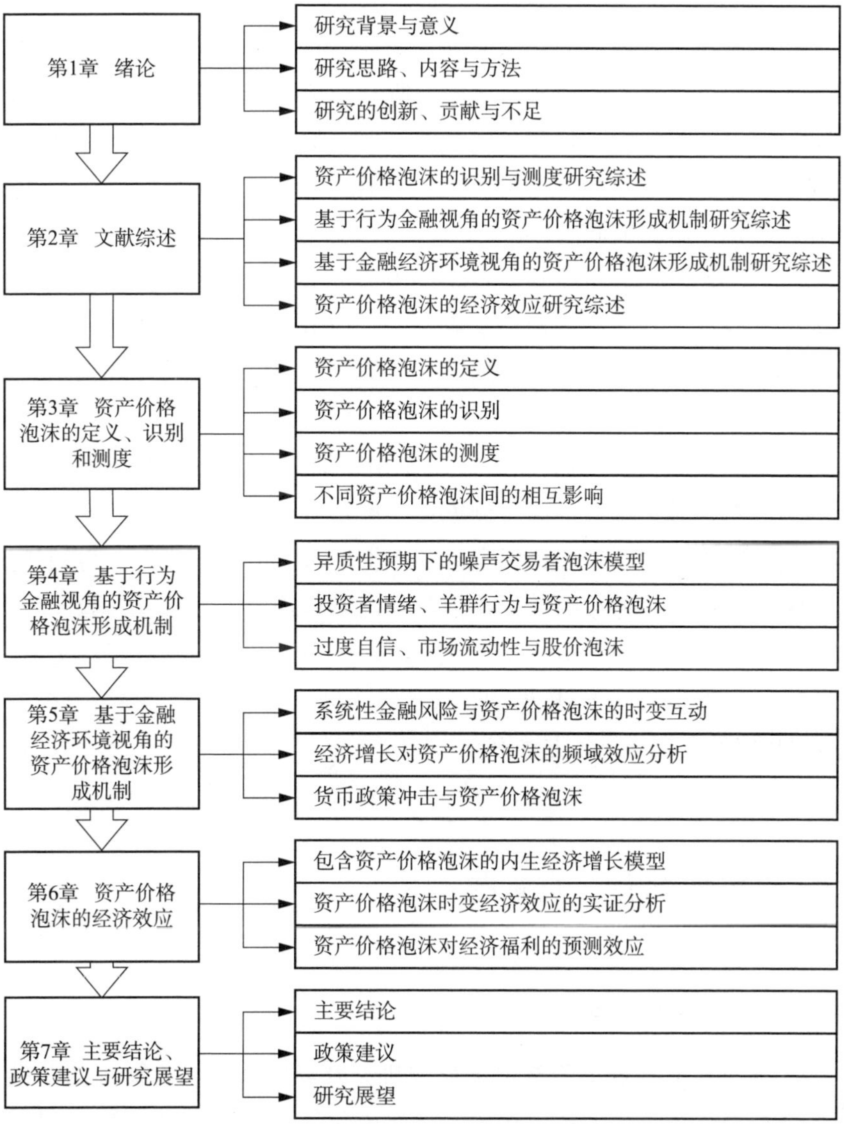

图 1.2.2　本书的研究框架

1.2.3 研究方法

本书注重理论与实际相结合，综合运用多种方法探讨投资者行为、市场微观机制及宏观经济因素影响资产价格泡沫的内在机制，分析中涉及金融学、宏观经济学、统计学、计量经济学和数学建模等学科的理论基础及应用。具体来说，主要采用了以下研究方法：

(1)文献研究与经验案例总结相结合。通过梳理资产价格泡沫的识别与测度、形成机制及经济效应的相关研究，整理已有文献的研究脉络，总结已有研究的不足及可改进之处，在奠定本书研究理论基础的同时，寻找本书研究的创新突破口。此外，对我国股票市场牛市、股灾及房地产市场间歇性暴涨的典型事实进行归纳分析，得到规律性的结论，为理论模型的构建和计量方法的选择提供一定的依据。

(2)理论建模与仿真模拟相结合。在资产价格泡沫的形成机制方面，在理论上扩展和改进了经典的噪声交易者模型，即 DSSW 模型，并利用仿真模拟探讨了不同投资者行为和情绪参数对资产价格泡沫作用的趋势和大小，发现了一些特有的规律。

(3)规范分析与实证分析相结合。从不同的切入点对资产价格泡沫的形成机制进行分析。对于每个不同的侧重点，首先通过建立理论模型或者理论逻辑分析说明某一因素或者多个因素对资产价格泡沫的作用机制，得到初步的理论判断。然后运用先进的计量模型对理论结论进行实证检验，验证理论结论的可靠性。本书使用的实证方法包括 GSADF 泡沫检验方法、滚动宽窗因果检验方法、时变参数的 VAR 模型、马尔科夫区制转换方法、频域分析方法、门限 VAR 模型以及分位数方法等。

1.3 研究的创新、贡献与不足

1.3.1 研究的主要创新点

本书在总结关于资产价格泡沫形成机制及经济效应已有研究的基础上，结合我国股票市场和房地产市场的价格泡沫现象，从理论建模和实证检验两个层面深入探讨资产价格泡沫的影响因素，以及资产价格泡沫对经济增长和经济福利的影响效应，旨在避免资产价格高度泡沫化引发金融危机，更好地维护我国金融系统的稳定。本书的主要创新点体现在以下三个方面：

(1)研究视角新颖。在资产价格泡沫的检验方面，将识别与测度区分开来，并对结果进行对比分析；在资产价格泡沫的形成机制方面，分别从时变视角、泡沫区制转换视角分析了投资者情绪和羊群行为、过度自信和市场流动性对资产价格泡沫演化过程的影响，从动态视角、频域视角和门限效应视角分析了系统性金融风险、经济增长和货币政策对资产价格泡沫的作用机制；在资产价格泡沫的经济效应方面，从时变效应、分位数视角展开分析。

(2)研究内容系统。以往关于资产价格泡沫的研究往往只关注检验、形成机制或者经济效应中的某个方面，且在资产价格泡沫的形成机制方面，有的文献只关注一个因素，并没有将其当成一个系统来考察。本书遵循“识别和测度—形成机制—经济效应—政策建议”的逻辑，将资产价格泡沫的研究系统化，旨在建立一个较为系统的资产价格泡沫分析框架。其中，创新性地构建了过度自信、市场流动性与资产价格泡沫的分析模型，并建立了基于杠杆的资产价格泡沫模型，丰富了资产价格泡沫形成机制的理论研究。

(3)研究方法创新。本书运用大量最新的统计学、计量经济学理论与应用方法对相关主题进行探讨。具体来说，采用 GSADF 方法对股价泡沫和房价泡沫进行识别，采用误差修正模型、房价分解模型分别对股价泡沫和房价泡沫进行测度；采用时变随机波动率结构向量自回归模型(TVP-SV-SVAR)，考察投资者情绪和羊群行为对资产价格泡沫的时变效应；采用马尔科夫区制转换模型分析了过度自信和市场流动性对资产价格泡沫区制转换的解释能力；采用时变格兰杰因果检验分析系统性金融风险对资产价格泡沫的时变引导关系；采用频域格兰杰因果检验和小波分解方法讨论经济增长对资产价格泡沫的周期效应；采用门限 VAR 模型考察宽松和紧缩的货币政策对资产价格泡沫的不同影响；采用时变 VAR 模型分析资产价格泡沫对经济增长的不确定性影响。

1.3.2 研究的主要贡献

(1)在资产价格的识别和测度方面，将资产价格泡沫的识别和测度区分开来。以往关于资产价格泡沫的研究往往基于资产价格本身的序列来讨论，本书为了更加直接地研究资产价格泡沫的本质，对我国股票市场和房地产市场的价格泡沫进行了合理的测度，并将测度结果与基于价格本身的泡沫识别结果进行对比，验证泡沫测度的有效性。鉴于泡沫测度的难度较大，已有成果很少对泡沫度量进行深入的研究，在提取出具体资产价格泡沫序列的基础上进行深入研究是本书最主要的贡献。

(2)在基于行为金融视角解释资产价格泡沫的形成机制方面，建立了投资者过度自信、市场流动性对股价泡沫影响的理论分析框架，推导出投机泡沫关于过度自信和市场流动性的具体表达式，将投资者过度自信和市场流动性放入三区制转移概率方程，从经济学角度实证分析这两个变量对于股价泡沫在不同区制转换中的解释能力。此外，还对投资者情绪和羊群行为进行了有效的度量，并在此基础上采用时变的方法分析它们对资产价格泡沫的时变效应。

(3)在基于金融经济环境视角解释资产价格泡沫的形成机制方面，创新性地运用 GSADF 方法测度资产价格泡沫，并结合 TVP-SV-SVAR 模型建立动态权重系统性金融风险综合指数，然后采用 Bootstrap 滚动宽窗格兰杰因果检验方法考察系统性金融风险与资产价格泡沫的动态引导关系，对资产价格泡沫和系统性金融风险的监控和预警具有重要意义。此外，鉴于经济增长的周期性与货币政策宽松和紧缩状态的差异性，分别运用频域和门限方法探讨经济增长和货币政策对资产价格泡沫的作用机制。

(4)在资产价格泡沫的经济效应方面，构建了考虑税收政策和交易成本的带资产价格泡沫的内生经济增长模型，通过模型求解说明泡沫对经济增长的影响既有可能有利，也有可能有弊。以往的内生经济增长模型通常设置无值资产，以无值资产的价格来代替泡沫，进而考虑资产泡沫总量对经济增长的影响，本书则更加符合实际地考察金融资产价格中的泡沫成分，并且单独考虑一单位资产的价格泡沫，进而讨论其对经济增长的影响。

1.3.3 研究的不足

虽然本书尽可能详尽地对资产价格泡沫的形成机制及经济效应展开研究，但是由于受到时间、数据和篇幅等因素的限制，研究尚有一些不足，主要体现在以下两个方面：

(1)资产价格泡沫的形成机制比较复杂，已有文献的理论研究往往只关注一个因素，且模型根据关注因素的不同呈现的方式完全不同。我们在对已有理论模型进行改进的时候，试图考察尽可能多的因素，但是由于模型侧重点的不同，也只能多考虑一到两个影响因素。因此，虽然我们对一些经典模型做了些许的改进，得到了一些有益的结果，但是并不能把所有的因素放到一个框架中来研究资产价格泡沫，而只能在一个模型中侧重对某几个因素的考察，然后构建多个不同的模型分别进行分析。

(2)关于实证数据，本书使用的很多数据无法通过直接观察获得，如资产价格泡沫、投资者情绪、羊群行为、过度自信、杠杆等，需要采用一定的方法进行测度。虽然我们对各个指标测度结果的有效性进行了验证和讨论，但是由于测度过程中会涉及很多能够直接观测到的变量，这些变量的数据起止时间和频率具有很大的差异，使得样本大小随着指标不同而有所改变，样本容量有一定的限制。关于实证方法，本书虽然使用了较多的计量工具和方法围绕资产价格泡沫展开论证，且在选择某种方法之前给出了一定的理论依据，但是实证分析面临的最大挑战是参数的不稳定性，故而对一些方法我们进行了稳健性检验。对于时变参数方法、非线性方法、分位数方法的稳健性检验，相关文献中较少涉及，我们也仅提供了使用这些方法的理论支持和前期数据特征的检验支持，这也是需要进一步探索的地方。

第2章 文献综述

资产价格泡沫是经济史上反复出现的现象，对金融稳定和经济发展起着至关重要的预警作用，是监管部门进行政策调整的重要参考依据。因此，国内外学者对资产价格泡沫的识别、测度、形成机制、影响因素及经济效应进行了大量的探索和研究。对国内外相关研究进行梳理和归纳，有益于本书研究的展开。本章对资产价格泡沫的识别与测度、基于行为金融视角的资产价格泡沫形成机制、基于金融经济环境视角的资产价格泡沫形成机制以及资产价格泡沫的经济效应等方面的已有文献进行梳理，旨在厘清有关资产价格泡沫的形成机制及经济效应研究的脉络和优缺点，形成完整和系统的资产价格泡沫形成机制及经济效应的分析框架，为进一步的研究奠定坚实的理论基础。

2.1 资产价格泡沫的识别与测度研究综述

关于资产价格泡沫的检验，主要有间接检验和直接检验两种方法。前者不提取泡沫的具体大小，从股价或收益率等代理变量的分布特征来检验泡沫，采用了一些数学表达式做简化检验，如方差界检验、持续期检验等，偏离了检验泡沫的初衷，有效性受到质疑。后者设定了一个具体的泡沫运动过程，能够计算出泡沫的大小，构建合适的计量经济模型，对解释变量的参数进行显著性检验，其理论背景更深厚。本书将资产价格泡沫的间接检验理解为资产价格泡沫的识别，将资产价格泡沫的直接检验中计算具体的泡沫大小理解为资产价格泡沫的测度，主要从这两个方面对国内外相关文献进行梳理、总结和评述。

2.1.1 资产价格泡沫的识别

资产价格泡沫识别的理论依据是理性投机泡沫的爆炸性特征。在Blanchard和Watson(1982)提出理性泡沫模型之后，不少学者基于此提出了资产价格泡沫的检验方法。

2.1.1.1 统计特征检验方法

统计特征检验方法主要考察资产价格收益率序列的统计特征，如自相关、偏度和峰度等，进而与投机泡沫一阶自相关、负的偏度和尖峰等特征联系，检验资本市场的投机泡沫。Santoni(1987)提出的游程检验指出，如果资产价格变化的非对称性导致其观测到的收益率时间序列的游程比正超常收益率的预期游程少，则表明存在投机泡沫。Mcqueen和Thorley(1994)提出了自相关检验，认为如果资产价格收益率序列是一阶自相关的，则表明存在投机泡沫。也有学者采用峰度来检验泡沫，认为资产价格泡沫的膨胀会导致较小的正超常收益，资产价格泡沫的破裂会导致较大的负超常收益。Blanchard和Watson(1982)指出，如果收益率的峰度远大于正态分布的峰度，意味着投机泡沫存在。统计特征检验的优点是简单易实现，避免了复杂的数学模型和计量统计分析，但是其准确性不高。

2.1.1.2 方差界检验

方差界检验的理论基础是有效市场假说。根据无套利定价理论，资产的内在价值等于其未来期望现金流的折现和。如果资产的价格等于其内在价值，则资产实际价格的方差小于理性预期价值的方差；如果资产实际价格的方差大于理性预期价值的方差，则意味着理性泡沫的存在。Shiller(1981)、Leroy和Porter(1981)在股利折现模型的基础上指出，股票理性价格的方差大于实际价格的方差，是所有方差界检验的理论基石，通过这一方差界定条件，可以检验股利折现模型的合理性，其初衷并不是检验泡沫的存在。之后，Blanchard和Watson(1982)、Tirole(1985)指出，当股价中存在泡沫时，可能导致方差界条件被违反，从而使方差界条件被用于泡沫检验。但是，方差界检验存在一些不足，如小样本偏差(Kleidon，1986)、数据平稳性问题(Marsh和Merton，1987)等。为此，Mankiw、Romer和Shapiro(1985)提出了无偏方差界检验；West(1988)提出了一种可以处理非平稳数据的新的方差界检验方法。

但是，这些改进也受到了质疑，如 Merton(1987)证明了 Mankiw、Romer 和 Shapiro(1985)统计量的标准差是无界的，且其增加速度远快于统计量本身的增加速度，检验结果并不可靠。总之，方差界检验在实际应用中会遇到各种问题，随着新的泡沫检验方法的出现已逐渐不再适用。

2.1.1.3 设定检验

设定检验由 West(1987)提出，是第一种真正意义上的以检验泡沫为目的的检验方法，其主要思想是，考虑两种情况下价格和股利的估计系数：一种情况是在不存在泡沫的假设下，直接采用普通最小二乘法(Ordinary Least Square，OLS)估计股价对股利的回归系数；另一种情况是假设股利服从平稳的一阶自回归过程，允许泡沫存在，进而得到股价与股利之间的系数。如果不存在泡沫，这两种情况下的估计系数不应当存在显著的差异，相反，如果两种情况下的系数存在显著差异，则说明存在泡沫。这两种情况下的系数是否存在差异，可通过 Hausman 相关系数检验获知。然而，设定检验仍然存在一些不足，如检验结果依赖股利数据生成过程的模型设定等。

2.1.1.4 单位根-协整检验

方差界检验和设定检验都是基于无套利资产定价模型，通过检验未来现金流折现和模型是否成立来判断泡沫是否存在。事实上，资产价格理性泡沫还存在指数爆炸性的特征，由此引发了检验泡沫的另一个方向，即单位根检验。Diba 和 Grossman(1988)首次通过对红利和资产价格做单位根-协整检验来判断爆炸性的理性泡沫是否存在。其基本思想是，由于理性泡沫具有指数增长特征，其形成与变化必然不是平稳过程，且无论经过多少次差分处理，均不是平稳序列。当资产价格中存在理性泡沫时，资产价格也具有上述特征。因此，如果资产价格经过若干次差分后转变为平稳过程，则意味着价格中不包含泡沫成分；进一步地，可通过检验资产价格与股利的协整关系来检验价格中是否存在泡沫。曾五一和李想(2011)利用单位根-协整检验对我国房价泡沫进行了检验，得出我国房地产市场存在价格泡沫的结论。但是，Evans(1991)对这种基于平稳性的检验提出了质疑，尤其怀疑周期性爆炸性泡沫检验的有效性。他用模拟方法表明，运用单位根-协整检验在周期性爆炸性泡沫存在时不能拒绝无泡沫的原假设。因此，泡沫检验仍是一个值得探讨的、需求更好的识别策略的方法。

2.1.1.5 sup-ADF 检验和 GSADF 检验

Phillips、Wu 和 Yu(2011)及 Phillips、Shi 和 Yu(2015)提出了检验资产价格泡沫的新方法。考虑到实际资产价格中的数据序列在某些时间段是单位根过程，而在某些时间段又是泡沫过程，Phillips、Wu 和 Yu(2011)提出了向前递归的上确界单位根(Supremum ADF，sup-ADF 或 SADF)检验。这种方法适用于检验价格和股利的原始水平序列。如果检验发现价格序列具有爆炸性的自回归行为，而股利序列没有，表明存在爆炸性理性泡沫。sup-ADF 检验具有以下优点：①对周期性破灭型泡沫具有显著较高的检验势，效果更好；②能够检验泡沫发生的起点和终点，而以往的泡沫检验方法均只能检验泡沫是否存在。Phillips、Shi 和 Yu(2015)在 Phillips、Wu 和 Yu(2011)的 sup-ADF 检验基础上，进一步提出 GSADF 检验，其优点是对样本期内具有多个泡沫存在的序列检验效果更佳。

近年来，sup-ADF 检验和 GSADF 检验得到广泛应用。Kräussl、Lehnert 和 Martelin(2016)利用 sup-ADF 检验 1970—2014 年 6 个不同艺术品市场的爆炸性行为，发现艺术品市场上存在两个历史性泡沫；Liu 等(2017)利用递归的 sup-ADF 方法检测了中国居民消费价格指数投机泡沫的开始和结束时点，发现 2006—2014 年中国城乡居民消费价格指数出现了四个通货膨胀时期；Fantazzini(2016)结合 CSADF 检验和对数周期幂率模型[the log periodic power law (LPPL) model]，指出 2014—2015 年石油市场存在负泡沫；Almudhaf(2017)利用 GSADF 方法检验了新兴和发达的几个非洲股票市场的泡沫，在几个市场的价格-红利比序列中发现了爆炸性行为。类似的还有 Lee 和 Phillips(2016)、Su 等(2017)及 Hu 和 Oxley(2017)等的研究。此外，也有学者对 sup-ADF 检验和 GSADF 检验提出质疑并对其进行了改进。例如，Harvey 等(2016)研究了不稳定波动对 sup-ADF 检验的影响，提出不稳定波动会导致在基于上确界的单位根假设下具有一个非关键的分布，并且可能相当严重地放大，从而引起虚假的爆炸行为。

2.1.1.6 基于马尔科夫区制转换模型的泡沫检验

具有马尔科夫区制转换结构的泡沫检验方法获得了较多的关注并迅速发展。Hamilton(1988)首次提出运用马尔科夫区制转换模型(Hamilton 模型)，并将泡沫分成膨胀和破裂两种状态。他假定转移概率是与泡沫特征无关的常数，后来不少学者对此进行了改进。Hall、Psaradakis 和 Sola(1999)基于 Hamilton (1988，1996)的马尔科夫区制转换理论改进了 Diba 和 Grossman(1988)的方法，提出了修正的 ADF 检验，其优点是能够有效检验周期性爆炸性泡沫。在 Hamilton 模型基础上，Van Norden 和 Schaller(1993)利用多伦多股市验证了泡沫在各状态之间的转移概率与股票价格偏移基础价值的大小有关，提出一种非 Hamilton 式的两区制转换模型(称为 VNS 模型)。Van Norden(1996)、Van Norden 和 Vigfusson(1998)等也作了类似的改进。国内学者赵鹏和曾剑云(2008)基于 Van Norden 和 Schaller(1993)的周期性爆炸性泡沫模型，建立马尔科夫区制转换模型对我国沪市周期性爆炸性泡沫的存在性问题进行实证研究，指出上证综合指数月度超额收益率的变化可以明确划分为泡沫生存和泡沫破灭两个状态，且沪市投机泡沫特征显著符合周期性爆炸性泡沫模型，更加说明区制转换模型是研究泡沫的有效工具。两区制的设定虽然取得了良好的实证效果，但有学者指出股价泡沫在膨胀之前存在一定的潜伏期，认为三区制模型的设定比两区制更加符合实际。Brooks 和 Katsaris(2005)通过引入一个稳定增长的泡沫潜伏区制，将 VNS 模型扩展成一个非 Hamilton 式的三区制转换模型，并引入超额收益率和异常交易量两个新的变量，对 S&P500 股指泡沫调整做了区制识别，取得了良好的实证效果。也有一些学者在 VNS 模型的基础上，尝试加入其他变量来分析影响股价泡沫的因素，如 Paresh 等(2013)，陈国进和颜诚(2013)，Nneji(2015)以及 Harvey、Leybourne 和 Sollis(2017)等。

在房价泡沫检验方面，马尔科夫区制转换模型也得到了应用。史兴杰和周勇(2014)在 Van Norden 和 Schaller(1993)的模型基础上放宽了假设，提出更为有效的马尔科夫区制自回归模型，对我国直辖市 2001 年初到 2011 年末的房价数据进行了检验，指出四个直辖市中北京和上海的房价泡沫显著，天津和重庆的房价泡沫并不明显。孟庆斌和荣晨(2017)利用马氏域变模型对我国房价泡沫进行了探讨，发现我国房地产价格的泡沫状态主要集中于 2003 年到 2004 年第一季度、2007 年第二季度到 2008 年上半年、2009 年初到 2010 年底、2013 年全年以及 2015 年到 2016 年这五个阶段。

上述泡沫区制转换模型最终呈现为收益率为因变量、泡沫和其他影响因素为解释变量的形式。除 Nneji(2015)在区制方程中引入流动性进行实证分析外，还没有关于流动性对泡沫作用机制的理论研究文献，且已有实证研究并没有把流动性加入区制转移概率方程。本书在第 4 章将流动性加入转移概率方程，分析其对泡沫区制转换的解释能力。

2.1.2 资产价格泡沫的测度

资产价格泡沫的测度是一个非常复杂的问题，主要是因为涉及基本价值的确定。关于股票的基本价值，Van Norden 和 Schaller(1993)提出采用股利倍数法来计算，即假设对数红利服从一阶随机游走过程，推导出股票在 t 时期的基本价值为当期股利的倍数。Nneji(2015)在研究流动性与股价泡沫时也采用了 Van Norden 和 Schaller(1993)的股利倍数方法来估计股票基本价值，并进一步提取股价泡沫。Ahmed、Rosser 和 Uppal(1999)提出，可以合适的宏观经济变量作为股票市场基本面的代理变量。考虑到中国企业红利政策不完善，红利数据的可得性较差，我国学者赵鹏和曾剑云(2008)参照 Ahmed、Rosser 和 Uppal(1999)的处理方法，选取工业增加值、居民消费价格指数、银行间 7 日同业拆借利率这三个宏观经济变量作为基本面的代理变量，然后通过误差修正模型提取股价泡沫。

关于房地产泡沫的测算，主要有以下三种做法：①Hott 和 Monnin(2008)以及 Fraser、Hoesli 和 McAlevey(2008)主要从收益贴现价值的角度来考虑。由于房地产市场资本成本和预期收益率的选取有较大的主观性，未来各期收益的不确定性较大，因而可操作性较差。②袁志刚和樊潇彦(2003)将房地产基本价值定义为引入金融中介之前一般均衡状态下的房地产价格，并运用最优化理论进行分析。在此基础上，姜春海(2005)将房地产实际价格和基本价值的差与基本价值的比值定义为房价泡沫度，并实证分析了 1991—2003 年我国房价泡沫度。许春青、田益祥和马永开(2012)也基于上述理论实证分析了中国内地和香港地区的房价泡沫度，指出与香港楼市高峰相比，2012 年我国总体上的房价泡沫度并不高。③Case 和 Shiller(1990)、Abraham 和 Hendershott(1994)以及 Hui 和 Yue(2006)将房地产的基本价值看作可支配收入、就业率、利率和建造成本等因素的函数，根据价格分解模型测算了房地产价格中的基础价值与投机泡沫。Caspi(2016)采用类似的方法，从国家和区域层面分别分析了以色列房价泡沫。国内学者吕炜和刘晨晖(2012)、陈长石和刘晨辉(2015)也用上述价格解析法对我国房地产市场的投机泡沫进行了测算。

综上所述，虽然已有大量文献对股价泡沫和房价泡沫进行了识别，但是关于股价泡沫和房价泡沫测度的研究较少，在资产价格泡沫测度的基础上对其影响因素和经济效应进行分析的则更少。本书采用合适的方法对中国股票市场和房地产市场的价格泡沫进行测度，并在此基础上展开泡沫形成机制和经济效应的研究。

2.2 基于行为金融视角的资产价格泡沫形成机制研究综述

关于资产价格泡沫的形成机制，早期最经典的研究是 Blanchard(1979)提出的理性泡沫模型。该模型建立了价格在较长时间里偏离价值的理论框架。之后，Weil(1987)在世代交叠经济模型中证明了资产价格泡沫的存在，指出当经济无效时，可能存在泡沫。理性泡沫模型假定金融市场是有效的，并且投资者可利用一切可得到的信息对市场作出理性预期，认为即使在理性预期的情况下，仍然可能形成正反馈机制，推动泡沫的形成。由于理性泡沫模型的假设与市场实际情况相差甚远，故后期的泡沫理论研究多以行为金融学框架下的非理性资产价格泡沫模型为主进行分析。本节分别从噪声交易者行为、羊群行为、投资者情绪、过度自信等行为金融视角对资产价格泡沫形成机制的相关文献进行梳理、总结和评述。

2.2.1 噪声交易者行为对资产价格泡沫的影响

国内外学者对资产价格泡沫研究的一个重要方面是非理性资产价格泡沫的演化机理。噪声交易理论是一种重要的分析方法。Black(1986)最早将噪声的概念引入金融经济学。在金融市场中，噪声是指那些虚假或失真的、与投资价值无关的信息，它可能来自两个方面：一是市场参与者主动制造；二是市场参与者被动误判。Black(1986)认为，投资者进行交易，有时是基于真实信息，有时却是基于噪声信息。他把这种基于非理性的噪声信息进行交易的投资者称为“噪声交易者”。噪声和噪声交易者的引入打破了传统的有效市场理论，此后大量基于噪声交易者行为解释市场异象的研究出现。De Long 等(1990a)将 Black(1986)提出的噪声交易者模型化，在 Samuelson(1958)的世代交叠模型基础上提出了噪声交易者模型(简称 DSSW 模型)。研究表明，当市场上的噪声交易者对风险资产未来价格的认知存在偏差时，风险资产的价格将偏离其基本价值，由此产生资产价格泡沫，噪声交易者的行为限制了风险厌恶的理性套利者，因此噪声交易者有可能获得比套利者更好的收益。De Long 等(1990b)将 De Long 等(1990a)的两期 DSSW 模型扩展到四期，描述正反馈交易行为及理性、非理性交易者的博弈对证券价格的影响，指出如果理性投资者的早期买入触发噪声交易者的正反馈交易，市场上投机者的数量就会增加，从而刺激资产价格的波动，即放大资产价格相对基础价值的偏离程度。

国内不少学者结合噪声交易者模型对我国证券市场和房地产市场进行分析。张乐和李好好(2008)基于 DSSW 模型，结合我国证券市场的实际情况提出"机构噪声交易者-散户噪声交易者模型"，以说明我国噪声交易者的生存机制及噪声交易对证券市场的影响。李腊生和翟淑萍(2009)根据投资者预期形成的差异，研究了非一致有限理性预期下资产价格的确定，提出了基于混合预期的噪声交易者模型，并利用上海证券市场的实际数据进行了实证检验。扈文秀等(2016)在考虑导致预期发生变化的三个因素(过度自信、资产缺乏弹性和流动性过剩)的基础上，扩展了现有的噪声交易者模型，揭示了由噪声交易者对资产价格预期发生变化而造成的非理性资产价格泡沫的形成及膨胀机理，并通过模拟指出噪声交易者占比、不知情噪声交易者占比、过度自信影响因子、资产缺乏弹性影响因子、流动性过剩影响因子越大，非理性资产价格泡沫的膨胀速度越快、波动幅度越大。李斌、张所地和武斌(2015)基于 DSSW 模型建立了包含四类异质交易者预期的房价模型，探讨了异质交易者的重要行为参数对房价的叠加影响，并基于 2001 年 1 月至 2012 年 12 月中国 30 个省(自治区、直辖市)的动态面板数据进行了实证分析，指出预期在不同阶段对房价的影响是动态变化的。

通过梳理相关文献发现，很多学者对噪声交易者模型进行了扩展，但存在一些不足。一方面，从异质性预期角度进行改进，分析噪声交易者行为对资产价格的影响，并没有进一步分析其与资产价格泡沫的关系；另一方面，从导致预期发生变化的影响因素着手扩展噪声交易者模型，继而分析噪声交易者行为对资产价格泡沫的影响，并没有考虑投资者的异质性。本书第 4 章建立异质性预期下的噪声交易者泡沫模型，分析不同类型噪声交易者对资产价格泡沫的贡献。

2.2.2　投资者情绪、羊群行为与资产价格泡沫

国内外学者主要从两个方面研究投资者情绪：一方面是对投资者情绪的

度量。起初的研究大多采用单一指标如封闭式基金折价率、投资者信心指数、IPO(首次公开募股)数量及首日收益等来测度投资者情绪的变化，但一般只能反映投资者心理变化的某一个方面，因而具有一定的局限性。之后，学者们通过构造投资者情绪综合指数来反映其变化，如 Baker 和 Wurgler(2006)、易志高和茅宁(2009)等。Ben-Rephael 等(2012)通过构建共同资金在债券市场和股票市场之间的净转移量来度量投资者情绪，并检验了此情绪指标与市场超额收益率之间的正相关关系。另一方面是投资者情绪对资本市场的影响，主要从对资产定价、市场行为及收益等方面的影响进行研究。De Long 等(1990)指出，投资者情绪会成为影响金融资产均衡价格的系统性风险，并首次将其引入资产定价模型。进一步地，Yang 和 Li(2013)构建了包含投资者情绪和信息的资产定价模型，指出情绪投资者比例的增加和信息质量的提高可以扩大投资者情绪对资产价格的冲击。国内学者陆静和周媛(2015)等也进行了类似的研究。Kumari 和 Mahakud(2015)利用 VAR-GARCH 模型进行研究，指出投资者情绪对市场波动率具有显著影响，过去收益率和投资者情绪对市场波动有负向和正向影响。Ni、Wang 和 Xue(2015)利用面板回归模型进行研究，指出投资者情绪影响股市收益率的非线性特征与股票的收益率高低及期限长短有关，投资者情绪对高收益率和短期股票呈现正向且较大的影响，对低收益率和长期股票则呈现负向且较小的影响。张宗新和王海亮(2013)，高大良、刘志峰和杨晓光(2015)也分别研究了投资者情绪与市场波动和股市收益之间的关系。

Keynes(1936)最早对羊群行为进行了研究。他指出，投资者可能跟随心理变化作出决策，也就是说，在信息不确定和信息不对称的情况下，投资者并不是根据基本面选择最可能的资产，而是通过观察其他人的行为来提取信息，并相信其他人拥有更充分的信息能作出合理的决策，从而在短期内更倾向于选择市场价值高的资产。人们由此会经常出现投资和消费的跟随现象。羊群行为模型因此建立。Banerjee(1992)建立了一个连续决策模型，其中每个决策者都会观察以前决策者作出的决定，并作出自己的决定，证明了个体优化选择的决策规则具有羊群行为的特征，即人们将会做别人正在做的事情，而不是使用他们的信息，当然由此产生的均衡也是低效的。Bikhchandani、Hirshleifer 和 Welch(1992)也对羊群行为模型进行了阐述，之后的学者多将其称为“BHW 模型”。

越来越多的证据表明，投资者是有限理性的，他们的交易活动受到自己主观观念和情绪的影响，因此羊群行为的研究不可避免地与投资者情绪挂钩。Gebka 和 Wohar(2013)、Philippas 等(2013)也指出，羊群行为可以由投资者情绪的非理性诱因决定。但是，Vieira 和 Pereira(2015)利用葡萄牙的相关数据说明，在应用因果检验验证情绪对羊群行为的影响时，只有微弱的证据表明情绪会影响羊群行为。Klein(2013)、Zhou 和 Anderson(2013)以及 Clements、Hurn 和 Shi(2017)给出了羊群行为随时间改变的时变特征。可见，投资者情绪和羊群行为之间的关系还有待进一步探讨。

综上可知，以往文献着重考察投资者情绪对资产价格和市场收益的影响，较少关注情绪与资产价格泡沫之间的关系。很少有研究将投资者情绪、羊群行为和资产价格泡沫三者放到一个框架中进行分析。虽然 Bekiros 等(2017)研究指出羊群行为在极端的市场条件下会趋于强烈，如在危机期间比危机初期更容易观察到，但是却没有分析投资者情绪和羊群行为对资产价格泡沫的具体影响。本书会将投资者情绪和羊群行为放到统一框架中，考察其对资产价格泡沫的作用机制。

2.2.3　过度自信、市场流动性与资产价格泡沫

过度自信是资产价格泡沫的一个重要刺激因素。Scheinkman 和 Xiong(2003)提出了资产价格泡沫受资产价格、交易量和价格波动行为驱动的连续时间均衡模型，指出过度自信会引起投资者之间关于资产基本面的分歧。在卖空限制的情况下，当投资者有更乐观的信念时，会选择持有资产并在将来卖给对此资产更乐观的投资者。即使投资者之间的过度自信有微小差异，也足以产生交易，并导致资产价格出现显著的泡沫。之后，Hong、Scheinkman 和 Xiong(2006)在过度自信和投机泡沫的模型中引入了资产可流通量，研究其对泡沫的作用，指出资产价格泡沫的产生是因为价格超过了过度自信投资者的预期，而资产价格泡沫的大小取决于资产可流通量。Michailova(2010)采用实验金融的方法研究了市场过度自信与股价泡沫的关系，基于市场参与者是过度自信的主体，邀请了 60 个参与者在 10 个实验性资产市场交易股票进行模拟，发现低过度自信市场中的价格能比高过度自信市场中的价格更准确地追踪基本资产价值，高过度自信市场的泡沫和交易量明显较高。Jlassi、Naoui 和 Mansour(2014)研究了过度自信行为对全球金融市场动态波动的影响。他们

对2000—2012年27个国家的数据进行研究后发现，投资者过度自信在发达市场比新兴市场更为明显。Scheinkman和Xiong(2003)，Wu、Wang和Liang(2006)，Merkle(2013)等也进行了类似的研究。综上可知，已有文献缺乏对过度自信影响股市投机泡沫的实证分析。本书选择合适的泡沫和过度自信的度量指标，对其进行检验。

市场流动性研究的一个主要方面是其测度问题。市场流动性的测度方法主要分为两类：一类是从宽度、紧度、深度和弹性等方面分析市场流动性，如Sarr和Lybek(2002)等；另一类是从市场冲击等角度测度市场流动性，如Amihud(2002)，Chung和Chuwonganant(2014)等，其中Amihud(2002)提出的市场非流动性指标得到国内外学者的广泛应用。有关市场流动性对股价泡沫作用的文献并不多，且仅是在泡沫实证研究(Brooks和Katsaris，2005)的基础上，尝试加入其他变量来研究市场流动性对股价泡沫的影响，如Nneji(2015)在马尔科夫区制转换模型中引入流动性因素，验证了泡沫的非线性特征，并检验了货币流动性和市场流动性对泡沫的影响。

总之，大部分文献在研究过度自信和资产价格泡沫的关系时忽略了市场环境比如市场流动性的作用。过度自信与市场流动性对资本市场的影响一直是学者研究的热点，关于过度自信和投机泡沫的关系目前只有理论分析，缺乏实证检验，而对于市场流动性对股价泡沫的影响，尚没有系统的理论分析，实证研究的文献也有限。鉴于此，本书在第4章将首先用理论推导过度自信和市场流动性对股票市场投机泡沫的影响，其次构建变量扩展的时变转移概率马尔科夫区制转换模型，将投资者过度自信和市场流动性放入三区制转移概率方程，以从经济学角度实证分析这两个变量对股价泡沫在不同区制转换中的解释能力。

2.3 基于金融经济环境视角的资产价格泡沫形成机制研究综述

关于资产价格泡沫形成机制的研究主要涉及理性预期理论(Blanchard，1979)、行为金融解释(Allen等，1993)和基于信贷扩张的泡沫模型(Allen和Gale，2000)三个方面。前面我们已经介绍了资产价格泡沫形成机制的理性预期理论和行为金融解释方面的研究进展，本节主要从系统性金融风险、经济增长和货币政策等经济环境视角对资产价格泡沫形成机制的相关文献进行梳理、总结和评述。

2.3.1　系统性金融风险的测度及其与资产价格泡沫关系的研究

系统性金融风险的测度方法主要包括国家层面的早期预警指标体系法、金融压力指数法以及考虑金融机构和金融市场之间风险传染的模型法。

早期预警指标体系法又称经验法(Duca 和 Peltonen，2013)，主要对已发生过金融危机国家的极端金融事件进行分析，探讨可以预测金融危机发生的共同信号指标及其临界值。例如，Bori 和 Drehmann(2009)指出，房价基差和信贷基差等可作为信号指标来预测系统性风险，但它们仅适用于已发生过金融危机的国家，适用范围较小。系统性金融风险测度的模型法主要通过神经网络、条件在险价值(CoVaR)(杨子晖 等，2018)、边际期望损失法(MES)(Acharya 等，2012；宋清华和姜玉东，2014)和未定权益分析方法(CAA)(宫晓琳，2012)等测度金融风险发生的可能性。该方法主要针对某一金融机构或金融子市场而言，不能衡量经济体系整体的风险情况。金融压力指数法最早由 Illing 和 Ying(2007)提出，通过测度一定时期的金融压力来分析风险相对水平，为没有发生过金融危机的国家测度系统性金融风险提供了新的思路。国内学者陶玲和朱迎(2016)基于金融机构、股票市场和政府部门等七个维度的基础指标，采用相关系数赋权法构建了系统性金融风险综合指数。何青等(2018)考虑涵盖机构个体、个体间联动和传染等风险因素，结合分位数回归法构建了系统性金融风险综合指数。金融压力指数法得到国内外学者的广泛使用。已有相关文献的主要区别在于基础指标的选取角度与综合指数的合成方法。基础指标的选取角度分为风险来源(郭娜 等，2018；唐升和周新苗，2018)和金融子市场(许涤龙和陈双连，2015；陶玲和朱迎，2016)两类；综合指数的合成方法主要包括等权重法(马勇和黄科，2019)、相关系数赋权法(陶玲和朱迎，2016)、主成分分析法和因子分析法(郭娜 等，2018)等静态权重法和基于时变相关系数的动态权重法(清华大学国家金融研究院金融与发展研究中心课题组，2019)。目前系统性金融风险综合指数的合成过程均从基础指标自身特征和相关性出发，未能考虑系统性金融风险对实体经济的冲击效应。但是，系统性金融风险与实体经济间存在相互作用，仅考虑实体经济对系统性金融风险的冲击效应而忽略系统性金融风险对实体经济的外部性是不合适的。因此，我们在考虑系统性金融风险的外部性即对实体经济冲击效应的基础上，构建了基于对实体经济时变冲击效应的动态权重系统性金融风险综合指数，并进一步分析资产价格泡沫对该指数的预警作用。

系统性金融风险的影响因素研究基本集中在对银行业系统性风险的分析上，主要从宏观经济因素和银行个体特征因素两方面进行分析(白雪梅和石大龙，2014；方意，2020)。针对系统性金融风险综合指数的影响分析较少，且大都贯穿于其度量过程中，在基础指标选取时考虑其影响因素，较多分析某个指标对系统性金融风险的影响方向，而较少分析其影响力度。随着我国金融体系的不断完善，资产价格作为各金融市场联系纽带的作用愈加明显，其对系统性金融风险的影响也更加显著和直接。运用资产价格泡沫判断系统性金融风险的发展和转换是一个值得探讨的新思路。本书结合 TVP-SV-SVAR 模型，在充分考虑系统性金融风险作用结果的基础上，基于对实体经济的时变冲击效应视角构建了动态权重系统性金融风险综合指数，准确刻画了我国系统性金融风险的发展趋势，同时可分辨不同时点各子市场对系统性金融风险的贡献程度，并以资产价格泡沫和系统性金融风险的度量结果为基础，采用 Bootstrap 滚动宽窗格兰杰因果检验来分析资产价格泡沫与系统性金融风险随时间变化的非线性关系，便于实时把握过度泡沫和系统性极端风险的处理。

2.3.2 经济增长对资产价格泡沫影响的研究

有关经济增长与资产价格泡沫的研究主要集中在泡沫对经济增长的影响上，而有关经济增长对资产价格泡沫影响的研究相对较少。Hommes 等(2002)通过设计实验环境进行模拟，资产价格泡沫来源于投资者对未来经济发展前景的良好预期，投资者足够的信心是促成资产交易的关键，说明宏观经济基本面的正反馈预期机制是资产价格泡沫产生的一个重要原因，间接说明经济增长是资产价格泡沫的一个基本影响因素。Aoki、Nakajima 和 Nikolov(2014)指出，资产价格泡沫存在的一个充分必要条件是经济增长速度高于利息，其中利息是由无风险资产产生的收益，而不是信贷使用的利率。马方方(2011)分析总结了资产价格波动与宏观经济波动之间的关联，指出宏观经济波动主要通过预期、信贷扩张和货币政策三个渠道影响资产价格泡沫。Gu 等(2017)

以澳门为例，分析了赌场旅游、经济不平等和房地产泡沫之间的关系，指出更快的赌场旅游带来的经济增长会导致更高的收入不平等，同时这两个因素都是造成房价高涨的原因。这说明经济增长中的主要动力来源对资产价格泡沫具有一定的影响。

综上所述，关于经济增长对资产价格泡沫影响的单独研究还比较少，且没有经典的结论。事实上，已有文献更多关注泡沫对经济的影响，这点将在下一节中详细介绍。由于宏观经济增长环境是资产价格泡沫生存和演化的大背景，因此有必要对经济增长对资产价格泡沫的影响进行深入分析。鉴于经济增长和资产价格泡沫都具有周期性特征，本书将从频域视角分析经济增长对资产价格泡沫的长期效应和短期效应，并进一步比较长短期效应之间的差异。

2.3.3　货币政策冲击对资产价格泡沫影响的研究

货币政策能够通过通胀效应和金融加速器效应等作用于资产价格。例如，Chen(2007)利用马尔科夫转换模型研究货币政策是否对股票收益具有不对称效应，发现货币政策对熊市股票收益影响较大，紧缩的货币政策导致股市转换为熊市的可能性较高。类似地，Laopodis(2010)利用 VAR 方法考察了 1970—2004 年联邦基金利率和股票市场之间的动态联系，发现货币政策行为对股票市场具有不对称效应，即在熊市比在牛市的影响更加不稳定，货币政策行为与股市相应行为之间存在动态关系。Vargas-Silva(2008)采用符号约束向量自回归模型检验了货币政策冲击对美国住房市场的影响，指出住房开工和住宅投资对收缩性货币政策冲击有负面响应。此外，货币政策对住房市场的影响会随着约束条件的限制而体现出不确定性。Belke 和 Beckmann(2015)应用协整向量自回归(CVAR)模型分析了股票市场和货币政策之间的长期和短期动态关系，指出相对于短期利率，货币供应总量和资本流动与股票市场的发展关系更为紧密。Chatziantoniou、Filis 和 Floros(2017)采用马尔科夫区制转换方法实证评估了英国的货币政策冲击是否会导致英国房地产市场和股票市场维持在高波动(风险)的环境，指出货币政策冲击确实对股市具有预测能力，且在这两个资本市场中，通货膨胀都起着关键的作用。此外，Koivu(2012)、Benigno 和 Paciello(2014)、Paul(2017)也对货币政策对资产价格的影响进行了研究。以上文献表明，货币政策对资产价格的影响存在非对称性和动态时变特征。

一些学者认为，货币政策在资产价格泡沫形成过程中起着非常重要的作用。Meltzer(1995)指出，货币供应量的增加不会降低利率，但是会提高资产价格，中央银行实行的宽松货币政策极有可能通过资产价格的上升影响经济发展，严重时会诱发资产价格泡沫。Fischbacher、Hens 和 Zeisberger(2013)首次采用实验经济学方法，分析积极的货币政策是否可以有效缓解泡沫，结果表明，效果并不明显。López(2015)扩展了 Bernanke 和 Gertler(1999)的封闭经济模型，以便在小型开放经济模型下解释货币政策与资产价格泡沫的关系，指出小型开放经济体由于资本流入和汇率变动更容易影响资产价格泡沫和货币政策的关系。张旭、彭劼和赵昌川(2016)基于一个包含滞后期的非限制性向量自回归模型研究货币政策对资产价格泡沫形成的作用，结果发现，对我国股价泡沫影响比较显著的货币政策代理指标是利率，而对我国房价泡沫形成起主要作用的是货币供应量。

在货币政策对资产价格泡沫的非线性关系研究方面，Galí(2014)从理论模型角度重新审视了利率冲击对理性股价泡沫的动态时变效应，之后 Galí 和 Gambetti(2014)从实证角度支持 Galí(2014)关于货币政策与理性股价泡沫之间反经济直觉的结论。国内学者李菁和王冠英(2015)采用 TVP-SV-VAR 模型讨论了我国货币政策对股票市场泡沫的时变影响，结果表明，利率冲击对股票实际价格的影响具有时变性和结构突变性，且影响程度与利率冲击对股价泡沫部分的正向影响是否足以抵消其对股票价格基础部分的负向影响有关。

综上所述，有关货币政策对资产价格非线性影响的研究已经非常成熟，其非对称性和时变特征均有涉及。此方面研究中也注意到了动态时变效应，但是还没有关于宽松和紧缩货币政策的非对称泡沫效应的相关文献。本书采用门限 VAR 模型检验我国货币政策冲击对资产价格泡沫的非对称特征，分析货币政策对资产价格泡沫形成的临界作用。

2.4 资产价格泡沫的经济效应研究综述

前面我们总结了资产价格泡沫形成机制的研究进展，本节主要对资产价格泡沫对经济增长、经济福利影响的相关文献进行梳理、总结和评述。

2.4.1　资产价格泡沫对经济增长影响的研究

关于资产价格泡沫对经济增长的影响没有确定的结论。一些学者认为，资产价格泡沫对经济增长具有负向作用，即资产价格泡沫的存在会抵制经济增长。Grossman 和 Yanagawa(1993)首次通过构建包含资产价格泡沫的内生经济增长模型进行研究，指出泡沫的存在会阻碍经济的增长，从长期来看，也会减少泡沫出现后出生的所有世代的福利。之后，Futagami 和 Shibata(2000)也利用内生经济增长模型考察了资产价格泡沫的存在及其对经济增长率的影响，给出了存在泡沫时经济均衡的充要条件，指出只要无值资产的资产供给大于零，即使无泡沫均衡的增长率低于市场利率，也会存在一个带泡沫的稳态均衡，且带泡沫经济均衡时的增长率主要取决于无值资产的供给率。Tanaka(2004)采用内生经济增长模型考察了爆炸性资产价格泡沫对经济增长的影响，指出资产价格泡沫破裂的概率会影响经济增长，破裂概率的下降会引导更多的投资者持有泡沫资产，从而减少实质资本的积累，减缓经济增长的速度。

也有学者指出，资产价格泡沫对经济增长起到了积极的作用。其中最经典的是 Tirole(1985)的开创性研究。他考虑了经济增长中生产性和非生产性储蓄之间的相互作用，基于世代重叠模型给出了泡沫出现的充分条件，即在无泡沫时经济均衡是动态无效的，此时会造成资本的过度积累，泡沫可以有效降低资本存量，使经济从动态无效状态重返有效状态，因此，泡沫的出现提高了人们的福利，是一种帕累托改进。之后，Weil(1987)和 Binswanger(1999)在分别引进随机性资产价格泡沫和技术进步因素的条件下支持了 Tirole(1985)的结论。遗憾的是，上述研究均基于外生增长模型。根据外生增长理论，经济增长主要取决于技术进步和人口增长等外生变量，此时无论资产价格泡沫出现与否，对经济增长来说没有任何影响。真正明确对金融市场投机泡沫阻碍经济长期增长的传统观点提出挑战的是 Oliver(2000)。他指出，理性确定性的投机泡沫的实际影响取决于被推测的资产类型，股权投机泡沫提高了企业的市场价值，从而鼓励创业、投资和经济增长，而其他类型的资产泡沫则可能使经济增长受损。之后 Caballero 和 Krishnamurthy(2006)、Kiyotaki 和 Moore(2008)以及 Kocherlakota(2009)等考虑财政摩擦之后指出，资产价格泡沫会挤压投资并增加产出。这些研究表明，金融市场的不完善阻碍了资源从没有投资的投资者转移到有投资的投资者，从而导致投资不足，而泡沫有助于他们之间的资源转移。

还有学者在考虑更多经济因素的基础上进行研究，发现资产价格泡沫既可能促进经济增长，也可能抑制经济增长。Bosi 和 Pham(2016)研究了税收、泡沫形成和经济增长之间的相互作用，指出当政府对泡沫收益进行征税以资助公共投资时，资产价格泡沫既有可能有利于经济增长，也有可能有害于经济增长，并给出了两种情况的税收条件。Bosi 和 Pham(2016)的研究结论挑战了关于泡沫对内生增长负面影响的传统观点(Grossman 和 Yanagawa，1993)。Hirano 和 Yanagawa(2016)分析了考虑财政摩擦和异质投资的内生经济增长模型中泡沫的存在和作用，指出改善金融市场可能会增加资产价格泡沫，且当质押程度较低时，资产价格泡沫会促进经济长期增长，当质押程度相对较高时，资产价格泡沫会阻碍经济长期增长。

综上所述，有关资产价格泡沫对经济增长影响的研究结论并不一致。经过对已有文献的研究方法进行分析，我们发现内生经济增长模型适用于讨论泡沫对经济增长的影响，但是已有文献通常引进无值资产(无值资产的价格即为泡沫)且讨论资产泡沫总量对经济增长的影响。本书通过区分资产的基础部分和泡沫部分，讨论资产价格泡沫而不是泡沫总量对经济增长的影响。此外，在实证分析方面，很少有文献在资产价格泡沫测度的基础之上讨论其对经济增长的作用，本书也将在此方面进行尝试。

2.4.2 资产价格泡沫对经济福利影响的研究

资产价格泡沫能够煽动人们在泡沫期间投资，那么它能否预测经济福利呢？很多学者对此进行了研究。Futagami 和 Shibata(1999)最早研究了世代重叠的内生经济增长模型中资产价格泡沫的福利效应，指出只有当泡沫的存在提高了初始阶段的福利水平时，才存在泡沫的稳态平衡，泡沫对于出生在相对较早时代的世代可能是有益的，但是它降低了足够遥远的后代的福利水平。Jerzmanowski 和 Nabar(2008)研究股票市场价值对投资、创新率和福利的影响，指出在研发投资存在融资约束的情况下，资产泡沫可以缓解这些制约因素，提高整个经济体的研发投入和创新率，引起总体福利的增加。Tsai 和 Peng(2011)结合中国台湾地区四个城市的房价来检验台湾房地产市场是否存在泡沫，并讨论了房地产市场与抵押贷款利率、货币供应量、通货膨胀率、经济增长率、房屋拥有率和用户使用成本之间的关系，结果表明，台湾货币供应政策与样本期泡沫有关。Lansing(2012)利用一般均衡模型考察投机泡沫对资本积累、经济增长和福利的效应，通过模拟发现投机泡沫的福利成本主要取决于参数值，如果风险厌恶程度低，代理人投资不足，泡沫可以改善福利，但是对于较高的风险规避水平，泡沫的福利成本也很高。Hashimoto 和 Im(2016)通过构建考虑劳动力市场摩擦的连续时间世代重叠模型来检验失业率、资产价格泡沫和经济增长之间的关系。Narayan、Sharma 和 Phan(2016)运用时间序列预测模型对美国、英国、日本、加拿大、德国和法国六个国家的股票指数泡沫和八个经济福利指标进行实证分析，指出资产价格泡沫对经济福利具有正向的预测作用。Femminis(2016)，Bosi、Van 和 Pham(2017)等也进行了类似的研究。还有部分学者同时关注了资产泡沫的经济增长效应和经济福利效应，如 Tanaka(2004)、Clain-Chamosset-Yvrard 和 Seegmuller(2015)以及 Hirano 和 Yanagawa(2016)等。

通过梳理我们发现，资产的福利效应研究主要还是基于资产价格本身，如股票价格或者房地产价格，并且结论会随着经济福利指标选取、研究对象和样本区间的不同而有所改变。国内研究主要集中在资产价格对经济增长影响的探讨上，对其他经济福利指标的影响研究较少。本书选取合适的经济福利指标，进一步在资产价格泡沫测度的基础上探讨其经济福利效应。

2.5　本章小结

本章从资产价格泡沫的识别和测度、基于行为金融视角的资产价格泡沫形成机制、基于金融经济环境视角的资产价格泡沫形成机制以及资产价格泡沫的经济效应等方面对国内外文献进行了梳理和总结，发现存在以下几点不足，这些不足为本书研究提供了思路。

(1)对资产价格泡沫准确的识别和测度是研究资产价格泡沫形成机制及经济效应的基础，然而已有文献对某一资产价格往往仅进行泡沫识别，或仅进行泡沫测度，并没有将两者的结果进行对比，检验结果的一致性。此外，资产价格泡沫测度研究整体来看还比较欠缺，在测度基础上展开的研究更是匮乏。针对此问题，还需进行深入探究，并运用资产价格泡沫识别结果对其可靠性进行支撑。

(2)基于行为金融视角对资产价格泡沫形成机制的解释往往只对某一个影响因素展开分析，如过度自信、羊群行为等，且由于数据的不可直接观测性，大多数文献集中在理论研究上，在实证研究上稍显薄弱。此外，已有文献没有考虑投资者情绪、行为随市场环境因素的变化而发生的改变，也没有考虑投资者情绪、羊群行为或者过度自信这些行为金融因素对资产价格泡沫的效应是否存在非线性特征。因此，同时考虑多个因素，在构建理论模型分析的基础上运用非线性计量方法对资产价格泡沫的形成机制进行实证检验是一个值得深入探讨的方向。

(3)关于影响资产价格泡沫演化机制的经济环境因素，我们分别关注了杠杆、经济增长和货币政策这三个因素。已有文献对这方面的研究虽然已经比较成熟，但也存在一些不足：对于杠杆，没有区分杠杆大小讨论不同程度杠杆的泡沫效应；对于经济增长，忽略了经济增长和资产价格泡沫的周期性；对于货币政策，没有考虑到宽松和紧缩货币政策的非对称性泡沫效应。

(4)有关资产价格泡沫对经济增长影响的研究大多数基于理论模型进行分析，如在内生经济增长模型或者世代重叠模型中通过假设无值资产引入泡沫。事实上，许多资产价格泡沫是基于有一定价值的资产的，如房地产、艺术品等，因此通过构建一般资产的泡沫部分来改进已有的带泡沫经济增长模型是一个好的切入点。此外，已有关于资产价格泡沫经济效应的研究大部分基于资产价格本身，目前仍缺乏在泡沫测度基础上深入探讨其经济增长效应和经济福利效应的研究。

对上述不足进行深入分析，并加以完善，可以丰富有关资产价格泡沫形成机制及经济效应的研究，为监管部门更好地防控资产价格泡沫、维护金融稳定提供理论支持。

第3章 资产价格泡沫的定义、识别、测度及相互影响

关于资产价格泡沫的定义，目前学者们的观点各有侧重，一般较难囊括泡沫所有的路径演化特征和影响因素。深刻理解资产价格泡沫的定义，是对资产价格泡沫进行识别和测度的基础，而对资产价格泡沫的合理测度是研究资产价格泡沫形成机制的必要前提。本章首先界定资产价格泡沫的理论内涵，分析泡沫的种类和特征。其次，深入剖析理性泡沫的特征，并运用GSADF方法识别我国股票价格和房地产价格的泡沫发生和破裂时点。最后，采用合适的宏观经济变量刻画经济基本面，运用误差修正模型提取股票价格中的泡沫成分，再运用房地产价格分解模型和迭代方法消除内生变量，分离出房价中的基本价值和泡沫价值。股价泡沫和房价泡沫的测度可为资产价格泡沫形成机制及经济效应的相关研究奠定基础。

3.1 资产价格泡沫的定义

3.1.1 资产价格的界定

资产的定义十分丰富，到目前为止没有统一的标准。会计学界的定义：资产是指由企业过去经营交易或各项事项形成的，由企业拥有或控制的，预期会给企业带来经济利益的资源。金融学界对资产的定义比较宽泛：资产是指某一特定主体(公司、机构和个人)拥有的任何具有商业或交换价值的东西。按照此定义，经济主体可以根据其对收益和风险的客观判断和主观偏好，有选择地持有他们认为可以获利的资产投资组合，并且可以不断调整资产投资组合。一般来讲，可供公司、机构或个人投资的资产包括金融资产和非金融

资产。其中，金融资产包括银行存款、债券、股票等，非金融资产包括房地产、大宗商品、耐用消费品等。随着经济的不断发展，商品金融化的现象普遍出现，越来越多的非金融资产开始具备金融资产的属性，如房子、大宗商品等实物资产，在保留其原有提供住宿和使用的属性基础上，也成为投资的选择，金融属性日益凸显。

资产的种类很多，包括的范围也很广，资产价格泡沫研究中所说的资产主要是股票和房地产，且更多时候指的是股票。股票和房地产作为资产价格泡沫的研究对象，各有优点：股票价格的涨跌幅度大，牛市和熊市之间的转换使得一定时期内泡沫特征更加明显，且股票的数据比较容易获得；房地产现已成为个人和企业持有财富的重要形式，中国近几年房价的连续上涨和间歇暴涨，也为资产价格泡沫的研究提供了良好的数据。本书研究股票和房地产两种资产，当然所采用的研究方法并非只适用于股票和房地产这两种资产，也适用于外汇、大宗商品、石油、艺术品等资产价格泡沫的相关研究。

3.1.2 资产价格泡沫的含义

关于资产价格泡沫的含义，不同学者有不同的表述。有的定义强调投资者预期对资产价格泡沫的重要作用。例如，Kindleberger(1996)将泡沫定义为："一种或一系列资产的价格在一个连续过程中的陡然上升，最初的价格上升促使人们产生进一步涨价的预期，于是吸引了新的购买者，这些投机者对资产本身的用途和获利能力不感兴趣，只想通过买卖资产获取利润。随着价格上涨，预期会出现逆转，而预期逆转往往会带来价格的大幅下跌，暴跌会进一步引发金融危机。"有的定义在注重预期作用的同时，强调资产实际价格与基本价值的脱离。例如，Stigliz(1990)指出，如果投资者相信未来某种资产能以高于其预期的价格出售，这种资产的实际价格通常会上升。他将泡沫描述为："如果一种资产的价格高，而与经济的基本面没有关系，那么泡沫就存在了。"Shiller(2000)认为，泡沫就是非理性繁荣。在《非理性繁荣》一书中，他将泡沫定义为："投机泡沫是由于投资者购买行为造成的价格非持续性增长，而不是真实的价值和基本面信息引起的增长。"还有的定义强调杠杆(信贷)在资产价格泡沫中的作用。Allen 和 Gale(2000)假设投资者借款投资无风险资产和风险资产，风险资产收益高于贷款利率的部分完全归投资者所有，如果风险资产的收益低于贷款利率，则由借款者承担全部风险，并将资产价格泡沫定义为“借款购买资产，由于风险转移而导致的价格超过基础价值的部分”。此外，有日本学者认为，资产价格泡沫是资产价格相对经济基础条件的背离过程。例如：三木谷良一(1998)指出，泡沫是指资产(股票或房地产)价格严重偏离实体经济(生产、流通、雇佣和增长率)的暴涨暴跌过程。从以上定义可以看出，基础条件与宏观经济、实体经济的发展水平密切相关。

学者们从不同侧面界定了资产价格泡沫的特征及性质。Kindleberger(1996)的定义描述了资产价格泡沫从生成到破裂的过程，但是没有解释泡沫的本质。Stigliz(1990)揭示了资产价格泡沫的实质，即实际价格和经济基本面的偏离，但是没有概括出泡沫的形成机制。Shiller(2000)、Allen 和 Gale(2000)的定义比较全面，既比较准确地揭示了泡沫的实质，又刻画了泡沫的形成机制，但是对泡沫形成的动态过程分析的侧重点又不一样。Shiller(2000)强调投资者非理性行为对泡沫形成的作用。Allen 和 Gale(2000)强调杠杆工具对泡沫形成的作用。

影响泡沫生成的因素有很多，在对泡沫进行定义时，不可能揭示所有的形成机制。总结已有关于资产价格泡沫的定义，我们发现主要有两个分支：第一类仅从资产价格本身出发，将泡沫定义为资产价格在连续变化过程中的陡然上升或下降；第二类考虑资产价格泡沫的实质，兼顾资产价格本身和资产基础价值，将泡沫定义为资产价格偏离其基础价值的部分。本书认为，两类定义各有优缺点：第一类刻画出了资产价格演化过程的具体特征，一般用于泡沫识别。第二类更能反映资产价格泡沫的本质，一般用于泡沫测度和泡沫形成机制的分析，即资产价格泡沫就是资产价格偏离其基础价值的部分，而资产的基础价值是指所有未来期望现金流的折现值。鉴于未来期望现金流存在很大的不确定性，借鉴日本学者的定义，我们用宏观经济变量作为基本面的代理变量。

3.1.3　资产价格泡沫的理论内涵

按照投资者预期的不同，可以将资产价格泡沫分为理性泡沫和非理性泡沫两类。根据泡沫发生过程中杠杆工具的使用与否，可将资产价格泡沫分为不加杠杆的非理性繁荣泡沫和加杠杆的信贷驱动型泡沫两类。本书重点讨论理性泡沫、非理性泡沫及信贷驱动型泡沫的特征、识别及形成机制。理性泡沫的假设虽然与实际市场有所偏离，受到不少学者的质疑，但它打破了传统认识，首次提出资产价格泡沫的存在，指出资产价格会长期偏离基本价值，且理性泡沫的形式具有独特性，便于运用计量的方法对泡沫进行识别。已有关于泡沫识别的文献大多以理性泡沫的特征为出发点展开研究。非理性泡沫理论考虑了投资者更加复杂的结构，信贷驱动型泡沫考虑了投资者的财富约束，两者的复杂性使得难以运用计量方法对泡沫进行检验，但是其假设与实际市场情况更加吻合，在研究资产价格泡沫的形成机制方面有突出的贡献。本书关于泡沫的识别更多关注理性泡沫（主要在本章介绍），关于泡沫测度和形成机制的研究则主要关注非理性泡沫和信贷驱动型泡沫（分别在3.3节、第4章和第5章重点介绍）。

3.1.4 理性资产价格泡沫

Blanchard（1979）最早提出理性泡沫。理性泡沫模型假定金融市场是有效的，并且投资者可利用一切可得信息对市场作出理性判断，即使在理性预期和无套利情况下，仍可能形成正反馈机制，催生不断膨胀的泡沫。

令 P_t 表示 t 时期资产的实际价格，D_t 表示持有该资产从 t 时期到 $t+1$ 时期可获得的红利，r_f 表示无风险收益，则资产价格的理性预期方程可以表示为

$$P_t=\frac{E[P_{t+1}+D_{t+1}|\Omega_t]}{1+r_f} \tag{3.1.1}$$

其中，Ω_t 表示 t 时期可获得的所有信息集，$E[\cdot|\Omega_t]$ 表示在 t 时期可获得信息集 Ω_t 下的数学期望。对式（3.1.1）向前迭代，可得 P_t 如下形式的解：

$$P_t=\frac{E[P_{t+T}|\Omega_t]}{(1+r_f)^T}+\sum_{i=1}^{T}\frac{E[D_{t+i}|\Omega_t]}{(1+r_f)^i} \tag{3.1.2}$$

当 $T\to\infty$ 时，式（3.1.2）可表示为

$$P_t=\lim_{j\to\infty}\frac{E[P_{t+j}|\Omega_t]}{(1+r_f)^j}+\sum_{i=1}^{\infty}\frac{E[D_{t+i}|\Omega_t]}{(1+r_f)^i} \tag{3.1.3}$$

式（3.1.3）第二部分是资产未来预期红利的折现和，代表了资产的合理价格。通常把它看作资产的基本价值，记为 P_t^f。把资产在 t 时期的实际价格 P_t 与基本价值 P_t^f 的差值 $P_t-P_t^f$ 称为泡沫，记为 B_t，则有

$$P_t=P_t^f+B_t \tag{3.1.4}$$

$$P_t^f=\sum_{i=1}^{\infty}\frac{E[D_{t+i}|\Omega_t]}{(1+r_f)^i} \tag{3.1.5}$$

$$B_t=\lim_{j\to\infty}\frac{E[P_{t+j}\mid\Omega_t]}{(1+r_f)^j} \tag{3.1.6}$$

若$\lim\limits_{j\to\infty}\frac{E[P_{t+j}\mid\Omega_t]}{(1+r_f)^j}=0$成立，则$P_t$的解唯一，即$P_t=P_t^f$，此时资产价格泡沫为0；若此条件不成立，则$B_t=P_t-P_t^f\neq 0$，资产价格存在泡沫。为了便于识别资产价格泡沫，下面讨论当资产价格存在泡沫时具有的特征。

由式(3.1.4)可知，$P_{t+1}=P_{t+1}^f+B_{t+1}$，将其代入式(3.1.1)，可得

$$P_t=\frac{E[P_{t+1}^f+B_{t+1}+D_{t+1}\mid\Omega_t]}{1+r_f}=\frac{E[P_{t+1}^f\mid\Omega_t]}{1+r_f}+\frac{E[B_{t+1}\mid\Omega_t]}{1+r_f}+\frac{E[D_{t+1}\mid\Omega_t]}{1+r_f} \tag{3.1.7}$$

由式(3.1.5)可知，

$$\begin{aligned}P_t^f&=\frac{E[D_{t+1}\mid\Omega_t]}{1+r_f}+\sum_{i=1}^{\infty}\frac{E[D_{t+1+i}\mid\Omega_t]}{(1+r_f)^{i+1}}\\&=\frac{E[D_{t+1}\mid\Omega_t]}{1+r_f}+\frac{1}{1+r_f}\sum_{i=1}^{\infty}\frac{E\{E[D_{t+1+i}\mid\Omega_{t+1}]\mid\Omega_t\}}{(1+r_f)^i}\\&=\frac{E[D_{t+1}\mid\Omega_t]}{1+r_f}+\frac{E[P_{t+1}^f]}{1+r_f}\end{aligned} \tag{3.1.8}$$

结合式(3.1.7)和式(3.1.8)可得

$$P_t=P_t^f+B_t=P_t^f+\frac{E[B_{t+1}\mid\Omega_t]}{1+r_f} \tag{3.1.9}$$

由式(3.1.9)容易看出，理性资产价格泡沫B_t满足

$$(1+r_f)B_t=E[B_{t+1}\mid\Omega_t] \tag{3.1.10}$$

可见，理性泡沫在期望意义上具有指数性爆炸增长的特征。基于此特征，理性投资者在资产价格上涨的基础上，仍然会买进高估的资产，期待以更高的价格卖给其他同样认为资产价格会进一步上涨的投资者，如此反复，就会推高资产价格，出现资产价格长期偏离基本价值的现象，即产生资产价格泡沫。由于上述泡沫是在投资者理性预期的前提下出现的，故称为理性资产价格泡沫。理性资产价格泡沫的特征比较简单，为泡沫识别奠定了一定的理论基础。

从理论上讲，凡是满足齐次预期方程式(3.1.10)的解都可以是理性资产价格泡沫的形式，因此理性资产价格泡沫有多种类型。满足式(3.1.10)的泡

沫形式与基本价值独立，即泡沫大小取决于前一期观察值的泡沫，用 $B_t=g(B_{t-1})$ 表示，通常被称为增长性泡沫。但从投资者理性预期出发，还可以推导出与基本价值相关的泡沫形式，即泡沫的大小依赖外生随机变量红利 D_t 的泡沫，一般用 $B_t=g(D_t)$ 表示，通常被称为内蕴性泡沫。与内蕴性泡沫对应，如果泡沫的演化过程仅受到泡沫模型以外某些随机过程的影响，而这些随机过程会对资产的基本价值产生影响，则称这种泡沫为外生性泡沫。换言之，外生性泡沫是与资产基本价值受到相同外生变量影响的泡沫。外生性泡沫的发展过程不能表示为内生变量的确定性函数，且对泡沫演化过程和资产基本价值受到哪些外生变量影响不好判断。外生性泡沫模型的应用也非常有限。下面重点讨论经济和金融分析中两种常见的理性泡沫类型，即增长性泡沫和内蕴性泡沫。

3.1.4.1 增长性泡沫

根据泡沫膨胀的具体过程不同，增长性泡沫通常有四种不同的形式，即确定性泡沫、随机游走性泡沫、爆炸性泡沫和周期性爆炸性泡沫。

1）确定性泡沫

令式（3.1.10）中 $B_t=B$（常数），则 $B_{t+i}=B\ (1+r_f)^i$。在此条件下，资产价格的演变过程可表示为

$$P_{t+i}=P^*_{t+i}+B_{t+i}=P^*_{t+i}+B\ (1+r_f)^i \quad (3.1.11)$$

当 $B\neq0$ 时，理性泡沫具有一种确定的自我夸张特点。如果 $B>0$，确定性泡沫将随着时间的推移而不断膨胀，从而使资产价格呈现指数增长，导致投资者支付比内在价值更高的价格来购买资产。由于投资者预期资产价格将进一步上涨，从而泡沫持续膨胀，资产价格也持久上涨。如果 $B<0$，确定性泡沫将随着时间的推移而不断收缩并可能出现负泡沫①，从而使资产价格也呈指数下跌。这种资产价格的上涨或者下跌是投资者预期的自我实现，并不是基本面支持下的价格上涨或下跌，因此不涉及对任何基本面因素的考虑。

2）随机游走性泡沫

随机游走性泡沫又被称为持续再生性泡沫，它是在确定性泡沫的演化过

① Shiller（2000）在《非理性繁荣》一书中将负泡沫定义为市场价格低于其基本价值的部分。负的资产价格泡沫由向下的反馈生成，资产价格的下跌使投资者产生向下的预期，进而引发价格的进一步下跌。

程中添加随机游走项，即

$$B_{t+1}=(1+r_f)B_t+u_{t+1} \tag{3.1.12}$$

其中，u_{t+1}是白噪声。与确定性泡沫相比，随机游走性泡沫更接近现实，因为其大小在每一个时期都可能由于受到外来冲击而发生变化。此外，随机游走性泡沫为爆炸性泡沫的研究提供了理论基础。

3）爆炸性泡沫

在实际的资本市场中，资产价格泡沫会随着时间的推移而不断膨胀，但是客观事实表明，泡沫迟早都会破的，它不可能无限膨胀下去。由于确定性泡沫没有考虑泡沫的破裂，爆炸性泡沫在确定性泡沫的每个时期增加了破裂的可能。下一时期泡沫可能发生破裂而变为0，也可能按照确定性泡沫的演化路径继续增大：

$$B_{t+1}=\begin{cases}\dfrac{(1+r_f)B_t}{\pi}, & 概率\ \pi \\ 0, & 概率\ 1-\pi\end{cases} \tag{3.1.13}$$

可以验证，式（3.1.13）是式（3.1.10）的解。在爆炸性泡沫中添加随机白噪声，并假设泡沫破裂后并没有立刻消失变为0，而是降落到一个特定的水平B_0，则可定义随机爆炸性泡沫：

$$B_{t+1}=\begin{cases}\dfrac{(1+r_f)B_t}{\pi}-\dfrac{(1-\pi)B_0}{\pi}+u_{t+1}, & 概率\ \pi \\ B_0+u_{t+1}, & 概率\ 1-\pi\end{cases} \tag{3.1.14}$$

由于$E(u_{t+1}|\Omega_t)=0$，故

$$E(B_{t+1}|\Omega_t)=\pi[(1+r_f)B_t/\pi-(1-\pi)B_0/\pi]+(1-\pi)B_0=(1+r_f)B_t \tag{3.1.15}$$

式（3.1.14）也是式（3.1.10）的解。在资产价格泡沫的生存期内，泡沫以恒定的因子$(1+r_f)/\pi$膨胀，其所带来的收益恰好能补偿泡沫随时可能以$1-\pi$的概率破裂带来的风险。通常投资者对爆炸性泡沫的预期收益比对确定性泡沫高，这主要是为了补偿资产价格随时可能崩溃的风险，从而导致爆炸性泡沫迅速膨胀。如果泡沫破裂，价格会恢复资产的基本价值P_t^f或偏离基本价值一定的水平$P_t^f+B_0$。爆炸性泡沫和实际比较吻合，能够较好地描述客观事实。

4）周期性爆炸性泡沫

结合确定性、随机游走性和爆炸性泡沫的特征，Evans（1991）给出了周期

性爆炸性泡沫的形式：

$$B_{t+1}=\begin{cases}(1+r_f)B_t v_{t+1}, & \text{当 } B_t\leqslant\beta \text{ 时}\\ \left[\delta+\dfrac{1+r_f}{\pi}\theta_{t+1}(B_t-\alpha\delta)\right]v_{t+1}, & \text{当 } B_t>\beta \text{ 时}\end{cases} \tag{3.1.16}$$

其中，δ 和 β 为满足 $0<\delta<(1+r_f)\beta$ 且为正的参数；v_{t+1} 是一个均值为 1 的独立同分布随机变量；θ_{t+1} 是一个独立同分布的贝努力过程，其取值为 1 的概率为 π，取值为 0 的概率为 $1-\pi$。从式(3.1.16)中可以看出，当泡沫水平低于 β 时，泡沫的演化路径与确定性泡沫类似，但是泡沫膨胀的速度还会受到随机因子 v_{t+1} 的影响；当泡沫水平高于 β 时，泡沫的发展路径与爆炸性泡沫类似，其膨胀的速度同时受到随机因子 v_{t+1} 和泡沫破裂的概率 π 的影响。

以上四种增长性泡沫中，确定性泡沫和随机游走性泡沫较简单，但与现实的偏差较大；周期性爆炸性泡沫对现实的解释能力最强，但其模型的复杂性导致使用它对泡沫进行计量检验比较困难；爆炸性泡沫的模型描述了泡沫的膨胀和破裂，很好地刻画了泡沫的特征，与现实较为接近，为泡沫的实证检验提供了良好的理论基础。

3.1.4.2 内蕴性泡沫

内蕴性泡沫的思想来源于泡沫是资产实际价格相对基本价值的偏离，即泡沫和基本面之间有着密切关系。Froot 和 Obstfeld(1991)首次提出了内蕴性泡沫的概念，假设泡沫本身仅依赖资产的基本价值，泡沫成分可以表示为基本价值的确定非线性函数，内蕴性泡沫是资产基本价值以一种非线性过程驱动而产生的。将资产价格的理性预期方程(3.1.1)连续化，则资产价格可以表示为

$$P_t=e^{-r_f}E[P_{t+1}+D_{t+1}|\Omega_t] \tag{3.1.17}$$

式(3.1.17)的均衡解为

$$P_t^f=\sum_{s=t}^{\infty}e^{-r_f(s-t+1)}E[D_s|\Omega_t] \tag{3.1.18}$$

则理性泡沫解的形式为 $B_t=P_t-P_t^f$，满足 $B_t=e^{-r_f}E[B_{t+1}|\Omega_t]$。

假设资产红利的对数服从以下几何鞅的形式，

$$\log(D_{t+1})=\mu+\log(D_t)+\xi_{t+1} \tag{3.1.19}$$

其中，μ 是常数，代表红利的连续增长率；ξ_{t+1} 是一个均值为 0、方差为 σ^2 的白噪声。由式(3.1.18)可知，若 P_t 和 D_t 已知，则资产的基本价值 P_t^f 和红利 D_t 成正比，即资产的基本价值和红利比(k)为常数。因此，泡沫成分也

可以表示为关于红利 D_t 的函数。由此，内蕴性泡沫可以表示为

$$P_t = P_t^f(D_t) + B(D_t) = kD_t + cD_t^\lambda \tag{3.1.20}$$

其中，c 是一个大于 0 的常数，$k = 1/(e^{r_f} - e^{\mu+\sigma^2/2})$，$\lambda$ 为方程 $\lambda^2\sigma^2/2 + \lambda\mu - r_f = 0$ 的正根。由于 $k>0$，必有 $r_f > \mu + \sigma^2/2$，故 $\lambda>1$。式(3.1.20)是资产价格连续预期方程的一个非线性解。从 $\lambda>1$ 可以看出，内蕴性泡沫和增长性泡沫类似，具有自我扩张的特征。从 $c>0$ 和 $\lambda>1$ 可以看出，资产价格泡沫与基本价值之间存在正向关系，当资产基本价值上涨时，泡沫成分也会相应上涨，当资产基本价值下跌时，泡沫成分也会相应下跌。内蕴性泡沫的这一过程表明，市场对基本价值变动存在过度反应，能够很好地刻画投资者过度反应的行为特征。

在计量应用中，由于式(3.1.20)同时包括 D_t 和 D_t^λ，因此直接估计可能会存在多重共线性问题，为此 Froot 和 Obstfeld(1991)给出了适合计量经济采用的价格-红利表达式：

$$\frac{P_t}{D_t} = k + cD_t^{\lambda-1} + \zeta_t \tag{3.1.21}$$

根据式(3.1.21)，可以对资产价格泡沫进行实证检验，并对资产价格和基本价值之间的差作出解释。

3.2 资产价格泡沫的识别

泡沫的间接检验主要从理性泡沫的特征着手，不提取泡沫的具体大小，即从资产价格序列本身着手，利用其统计分布特征检验泡沫。泡沫的直接检验通常运用一定的经济计量模型估计出资产的基础价值，进而分离出泡沫的具体大小，形成连续的资产价格泡沫序列。显然，泡沫的直接检验理论价值更大。间接检验最终判断出某一时间区间内是否存在泡沫，而直接检验最终计算出样本区间内的泡沫成分，两者的最终目的存在一定的矛盾，但是两者的结果能够相互补充和验证。为了区分，本书将泡沫的间接检验称为泡沫的识别，主要为泡沫的状态划分提供稳健性证据；将泡沫的直接检验称为泡沫的测度，主要为研究资产价格泡沫的形成机制奠定基础。

3.2.1 资产价格泡沫识别的理论基础

资产价格的识别主要是根据理性泡沫自我膨胀的特征来设计的，方法有很多种，主要包括方差界检验(Shiller，1981；Leroy 和 Porter，1981)、二步法检验(Wesr，1987)、单位根-协整检验(Diba 和 Grossman，1988)、峰度和尾度检验(Blanchard 和 Watson，1982)和持续期检验(McQueen 和 Thorley，1994)等。尽管存在多种泡沫的识别方法，但是不同方法往往会得出不同的结论，对于同一问题，甚至可以得出完全相反的结论。因此，泡沫的识别仍然是一个充满争议的话题。不少学者对传统的 ADF 方法进行了拓展和改进，如 Hall 等(1999)提出的马尔科夫区制转换单位根检验、Phillips 等(2011)提出的 sup-ADF 检验、Phillips 等(2015)提出的 GSADF 检验等。其中，sup-ADF 方法是从理性泡沫的指数爆炸性出发，在 ADF 模型的框架下，结合向前递归回归和右侧单位根检验对上确界 ADF 统计量进行检验，从而识别泡沫。

相对于传统的泡沫识别方法，Phillips 等(2011，2015)提出的方法具有以下优点：①SADF检验对周期性爆炸性泡沫(Evans，1991)具有较高的检验势，即对于传统识别掩盖掉的一些泡沫，采用 SADF 方法可以识别出来。原先的单位根-协整检验通过考察资产价格和红利的平稳阶数和协整关系来判断资产价格中是否存在泡沫。然而周期性爆炸性泡沫的变化相对比较复杂，传统的泡沫识别方法往往容易掩盖泡沫的存在。Phillips 等(2011)通过对标准普尔指数的实证分析发现，1971—2010 年的标准普尔指数存在泡沫，而运用原先的 ADF 方法或者其他传统方法是识别不出泡沫的。②SADF 方法可以实时得出泡沫产生和破裂的时点，实时捕捉序列的结构突变点，发现序列从单位根过程(无泡沫)到爆炸性过程(有泡沫)的突变和从爆炸性过程(有泡沫)到单位根过程(无泡沫)的突变。③GSADF 方法是 SADF 方法的拓展，它将 SADF 方法中的识别窗口起始点的固定性扩展为可变，具有更加灵活的估计宽窗，优点在于能够同时识别多个泡沫的存在，比 SADF 方法更加有效。GSADF 方法同样可以检测出资产价格泡沫产生和破裂的时点，且对时点的估计在大样本下具有一致性，在小样本下比其他方法更加有效。因此，本小节首先介绍 GSADF 方法的实现过程，然后采用该方法对中国股票价格和房地产价格进行识别。

GSADF 方法假设存在如下带渐近可忽略漂移项的随机游走过程：

$$y_t = dT^{-\eta} + \theta y_{t-1} + e_t,\ \ e_t \overset{iid}{\sim} N(0,\ \sigma^2),\ \ \theta = 1 \qquad (3.2.1)$$

其中，d 是常数，T 表示样本大小，η 用来控制当样本容量无穷大时漂移过程的大小，e_t 是误差项。为了采用 GSADF 方法识别泡沫，建立实证分析依赖的 ADF 模型：

$$y_t = \mu + \delta y_{t-1} + \sum_{i=1}^{p} \phi_i \Delta y_{t-i} + \varepsilon_t \tag{3.2.2}$$

其中，y_t 是我们研究的对象(可以是任意一种资产价格，如股票价格或房地产价格)，μ 是常数，p 是最大滞后阶数，ε_t 是残差项。检验爆炸性泡沫主要是基于标准 ADF 单位根的右尾变化，无泡沫的原假设为 H_0：$\delta=1$，存在爆炸性泡沫的备择假设为 H_1：$\delta>1$。采用滚动宽窗技术对上述 ADF 模型进行估计，假设回归窗口的起点为 r_1，终点为 r_2，回归的滚动窗口大小为 r_w，则 $r_2 = r_1+r_w$，其中 $0<r_1$，$r_2<1$ 均为总样本的某个比例点。SADF 和 GSADF 方法识别泡沫的实证回归模型可以进一步表示为

$$y_t = \alpha_{r_1,r_2} + \beta_{r_1,r_2} y_{t-1} + \sum_{i=1}^{k} \phi_{r_1,r_2}^{i} \Delta y_{t-i} + \varepsilon_t \tag{3.2.3}$$

其中，k 是滞后阶数，$\varepsilon_t \overset{iid}{\sim} N(0,\ \sigma_{r_1,r_2}^2)$。基于上述模型的单位根检验原假设为 H_0：$\beta=1$，右尾的备择假设为 H_1：$\beta>1$。基于上述回归的单位根检验统计量记为 $\mathrm{ADF}_{r_1}^{r_2}$。

SADF 识别泡沫的方法是在一系列逐步向前扩展的子样本中估计 ADF 模型(3.2.3)，其检验是基于对应子样本的系列 ADF 检验统计量的上确界来进行的。估计的宽窗 r_w 从 r_0 扩展到 1，其中 r_0 是最小的子样本窗口。识别窗口的初始点 r_1 固定为总样本的起点，即 $r_1=0$，则每个估计宽窗的终点 r_2 等于 r_w，从 r_0 变到 1。每个子样本对应的 ADF 统计量记为 $\mathrm{ADF}_0^{r_2}$，SADF 统计量定义为

$$\mathrm{SADF}(r_0) = \sup_{r_2 \in [r_0,1]} \{\mathrm{ADF}_0^{r_2}\} \tag{3.2.4}$$

SADF 泡沫识别对于一个样本期内只有单个泡沫的情况非常有效，但是当样本期足够长时，很有可能存在多个泡沫，这时 SADF 方法可能出现效率降低或结果不一致的问题。为此，Phillips 等(2015)使用更加灵活的估计宽窗来识别多个泡沫的产生和破裂，提出了 GSADF 方法。不同于 SADF 方法将估计宽窗的时点固定在总样本第一个观察值，GSADF 方法将估计宽窗扩展为时点 r_1 和终点 r_2 均可灵活改变的情形。GSADF 检验统计量定义为

$$\mathrm{GSADF}(r_0) = \sup_{\substack{r_2 \in [r_0,1] \\ r_1 \in [0,r_2-r_0]}} \{\mathrm{ADF}_{r_1}^{r_2}\} \tag{3.2.5}$$

当回归模型(3.2.3)包含截距项，且原假设是一个带有渐近可忽略漂移项的随机游走过程($dT^{-\eta}$中$\eta>1/2$，d为常数)时，GSADF检验统计量的极限分布为

$$\sup_{\substack{r_2\in[r_0,1]\\ r_1\in[0,r_2-r_0]}}\left\{\frac{(1/2)r_w[W(r_2)^2-W(r_1)^2-r_w]-\int_{r_1}^{r_2}W(r)\mathrm{d}r[W(r_2)-W(r_1)]}{r_w^{1/2}\left\{r_w\int_{r_1}^{r_2}W(r)^2\mathrm{d}r-\left[\int_{r_1}^{r_2}W(r)\mathrm{d}r\right]^2\right\}^{1/2}}\right\} \tag{3.2.6}$$

其中，$W(\cdot)$表示维纳过程。GSADF检验统计量收敛于标准正态分布。用于检验比较的临界值可通过Monte Carlo模拟得到，本书在实证识别泡沫时临界值模拟的次数为1000。当GSADF统计量大于临界值时，拒绝原假设，意味着泡沫出现；反之，则意味着泡沫破裂。

3.2.2 股价泡沫的识别

本书选取上证综合指数作为股票价格的代理变量，样本区间从1990年12月到2017年5月，数据来源于同花顺金融数据库。在进行泡沫识别之前，我们对股票价格进行了描述性统计和单位根检验，结果见表3.2.1。

表3.2.1 股票价格的描述性统计和单位根检验

描述性统计					
均值	最大值	最小值	标准差	偏度	峰度
1852.854	5954.770	113.940	1056.477	0.835	3.885
单位根检验					
原始序列			一阶差分		
ADF	PP	KPSS	ADF	PP	KPSS
−0.262 (0.591)	−0.576 (0.467)	1.597***	−10.458*** (0.000)	−17.335*** (0.000)	0.023

注：括号内为p值；***表示在1%的水平下显著。

由表3.2.1可知，股价最大值和最小值之间的差值及方差数据很大，股票价格序列具有正的偏度，说明股价有向上跳跃的趋势，暗含可能存在泡沫。单位根检验的结果表明，股票价格是$I(1)$序列，所以用传统的单位根检验来识别泡沫是不合适的(Diba和Grossman，1988)。我们运用SADF和GSADF检验方法去识别股价中的泡沫。表3.2.2展示了这两种检验方法的统计量及临

界值。

表 3.2.2　股票价格 SADF 和 GSADF 泡沫识别的结果（1990 年 12 月至 2017 年 5 月）

SADF 检验			
统计量	90%临界值	95%临界值	99%临界值
4.182	1.150	1.415	1.851
GSADF 检验			
统计量	90%临界值	95%临界值	99%临界值
6.243	1.959	2.136	2.841

从表 3.2.2 中可以看出，全样本的 SADF 和 GSADF 检验统计量均超过了对应的显著性水平为 5%的右尾临界点，说明股票价格在某些子样本内具有爆炸性特征，存在泡沫。鉴于 GSADF 统计量具有更明显的显著性，本书画出采用 GSADF 方法识别泡沫的统计量、显著性水平为 5%的临界值及股价序列图（图 3.2.1）。

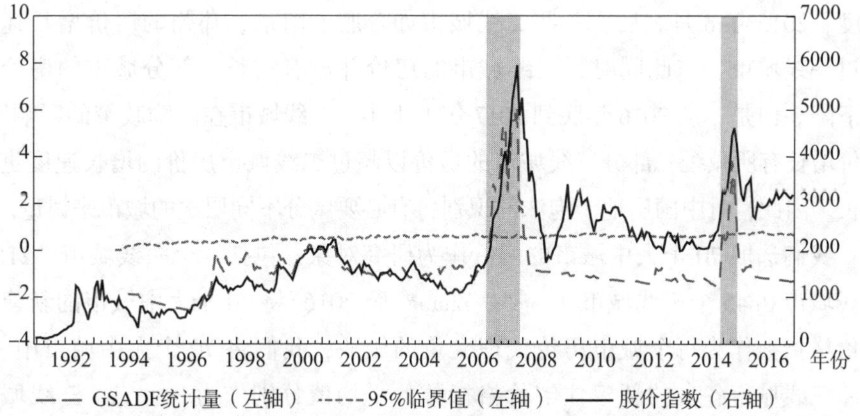

图 3.2.1　股价的 GSADF 泡沫识别

图 3.2.1 中阴影部分为股票价格发生泡沫的子样本区间，从中可以看出，在我们所考察的样本期内，股票价格发生过两次显著的泡沫过程。第一次股价泡沫开始于 2006 年 9 月，并在 2007 年 11 月发生破裂。这次泡沫主要和中国股市 2006 年下半年到 2007 年的牛市有关。上证综合指数在 2006 年 6 月开始呈现持续上涨的态势，并于 2007 年 10 月达到历史最高的 5954.77 点，之后在短时间内迅速跌回 2000 点左右。牛市中股票价格的持续大幅上涨主要是由

投资者预期股票会继续上涨来推动的，严重脱离了经济基本面的支撑，股票价格出现泡沫。类似的泡沫过程发生在 2014 年 11 月到 2015 年 6 月，此次泡沫的产生和破裂也与中国股市 2014 年下半年到 2015 年上半年的牛市和 2015 年 5 月的股灾事件对应，说明本书采用的 GSADF 方法对股价泡沫进行识别和中国股市实际情况是吻合的。从 GSADF 统计量的显著性水平来看，第二次股价泡沫(2014 年 11 月到 2015 年 6 月)的显著性程度小于第一次股价泡沫(2006 年 9 月到 2007 年 11 月)。

3.2.3 房价泡沫的识别

本书以全国商品住宅的销售额除以销售面积获得房价的月度数据(孟庆斌和荣晨，2017)，样本区间为 1990 年 2 月到 2017 年 5 月，数据来源于同花顺金融数据库。在对房价进行泡沫识别前进行 X13 季节调整。需要注意的是，中国的房价变动与城市发展水平有着密切关系。国家统计局数据显示，在 2015 年 8 月之前，一线城市的房价增长速度远超过二、三线城市房价的增长速度，2015 年 8 月之后，一些二线城市如合肥、南京、郑州的房价增长速度超过一线城市，与此同时，三线城市的房价并没有增长，部分城市的房价反而下降。但是，从 2016 年底到 2017 年上半年，二线城市在限购政策的影响下，房价增长有所减缓，部分三线城市的房价以超过二线城市房价的增长速度迅速增长。因此，对中国房地产泡沫的识别，有必要区分不同层次的城市来讨论。

我们选取 70 个大中城市的房价作为研究对象，包括 4 个一线城市、21 个二线城市和 45 个三线城市①。参考 Zhang 等(2016)将 70 个大中城市的新建住宅价格指数作为每个城市房价代理变量的做法，我们将 70 个大中城市中一、二、三线城市各自的新建住宅价格指数的平均值分别作为一、二、三线城市房价的指标(Shi 等，2017)。为了证实采用 GSADF 检验来识别房地产价格的必要性，我们给出全国和一、二、三线城市房价(房价指数)的描述性统计和单位根检验，见表 3.2.3。

① 一线城市包括：北京、上海、深圳、广州。二线城市包括：天津、重庆、杭州、南京、武汉、沈阳、成都、西安、大连、青岛、宁波、长沙、济南、厦门、福州、长春、哈尔滨、太原、郑州、合肥、南昌。三线城市包括：石家庄、呼和浩特、南宁、海口、贵阳、昆明、兰州、银川、西宁、乌鲁木齐、唐山、秦皇岛、包头、丹东、锦州、吉林、牡丹江、无锡、扬州、徐州、温州、进化、蚌埠、安庆、泉州、九江、赣州、烟台、济宁、洛阳、平顶山、宜昌、襄阳、岳阳、常德、惠州、湛江、韶关、桂林、北海、三亚、泸州、南充、遵义、大理。

表3.2.3　房价(房价指数)的描述性统计和单位根检验

描述性统计				
	全国	一线城市	二线城市	三线城市
均值	4097.568	84.409	92.346	93.169
最大值	7878.521	138.900	121.800	108.850
最小值	1642.714	58.470	68.280	69.410
标准差	1777.681	20.928	13.045	11.069
偏度	0.356	1.206	0.094	−0.682
峰度	1.839	3.761	2.568	2.247
单位根检验				
	全国	一线城市	二线城市	三线城市
房价原始序列				
ADF	1.308(0.999)	0.040(0.960)	−0.109(0.945)	−1.330(0.615)
PP	−0.405(0.905)	1.846(0.999)	−0.027(0.954)	−1.726(0.416)
KPSS	1.917***	1.310***	1.448***	1.257***
房价一阶差分				
ADF	−5.38(0.000)***	−3.264(0.019)**	−4.139(0.001)***	−2.974(0.040)**
PP	−42.375(0.000)**	−3.342(0.015)**	−3.270(0.018)**	−2.67(0.082)*
KPSS	0.500	0.383	0.097	0.204

注：括号内为 p 值；*、**、***分别表示在10%、5%和1%的水平下显著。

在表3.2.3中，由于对房价采取的度量指标不同，全国房价和一、二、三线城市房价指数的描述性统计在量纲上存在一定差异，但是不影响我们对其特征的分析和对其泡沫的识别。由表3.2.3中描述性统计部分可知，一线城市房价指数最大值明显大于二、三线城市的房价指数最大值，但是一线城市房价指数最小值却明显小于二、三线城市的房价指数最小值，一线城市房价指数的标准差也明显大于二、三线城市房价指数的标准差，这些验证了一线城市房价的增长速度远大于二、三线城市。此外，从偏度和峰度来看，一、二、三线城市之间也存在很大差异，偏度和峰度均随着城市层次的增加逐渐下降，所以有必要对不同层次城市的房价单独进行泡沫识别。从单位根检验来看，无论是从全国来看，还是从一、二、三线城市来看，房地产价格的原始序列都是非平稳序列，但是一阶差分均是平稳的，这说明传统的单位根检验已经不适用于房价泡沫的识别。采用 SADF 和 GSADF 方法分别对全国房价及一、二、三线城市的房价指数进行泡沫识别，结果见表 3.2.4。

表 3.2.4　房地产价格 SADF 和 GSADF 泡沫识别的结果

SADF 检验				
变量	统计量	90%临界值	95%临界值	99%临界值
全国住宅平均价格	2.007	1.342	1.670	2.398
一线城市新建住宅价格指数	8.067	1.097	1.383	1.915
二线城市新建住宅价格指数	7.410			
三线城市新建住宅价格指数	10.152			
GSADF 检验				
变量	统计量	90%临界值	95%临界值	99%临界值
全国住宅平均价格	2.409	1.962	2.265	2.982
一线城市新建住宅价格指数	8.789	1.742	2.056	2.582
二线城市新建住宅价格指数	9.085			
三线城市新建住宅价格指数	10.152			

表 3.2.4 表明，对于全国商品住宅平均价格而言，全样本内 SADF 和 GSADF 检验统计量的结果在 5%的水平下显著。对于一、二、三线城市的新建住宅价格指数而言，泡沫识别的 SADF 和 GSADF 检验统计量均超过了对应的显著性水平为 1%的右尾临界点，说明一、二、三线城市的房价在某些子样本内具有爆炸性特征，有泡沫存在。从 SADF 和 GSADF 统计量大小来看，一、二、三线城市房价指数泡沫的显著性程度明显大于全国平均房价泡沫的显著性程度，这可能是因为全国商品住宅的平均价格对某些城市房价的大幅上涨具有平滑效果。由于 GSADF 方法在检测多个泡沫方面优于 SADF 方法，这里画出采用 GSADF 方法识别泡沫的统计量、临界值及房价序列图(图 3.2.2)。由于全国住房平均房价的泡沫显著性水平较低，为了尽可能地使泡沫区间显示出来，我们使用显著性水平为 90%的临界值，而对一、二、三线城市新建住宅价格指数的泡沫识别采用 95%的临界值。从图 3.2.2 中可以看出，样本期内一、二、三线城市的新建住宅价格指数均出现了四次泡沫，全国商品住宅的平均价格出现了六次泡沫，其中第二次和第三次以及第五次和第六次发生的时间间隔较短，我们将其分别合并。由此，房价泡沫的具体时间见表 3.2.5。

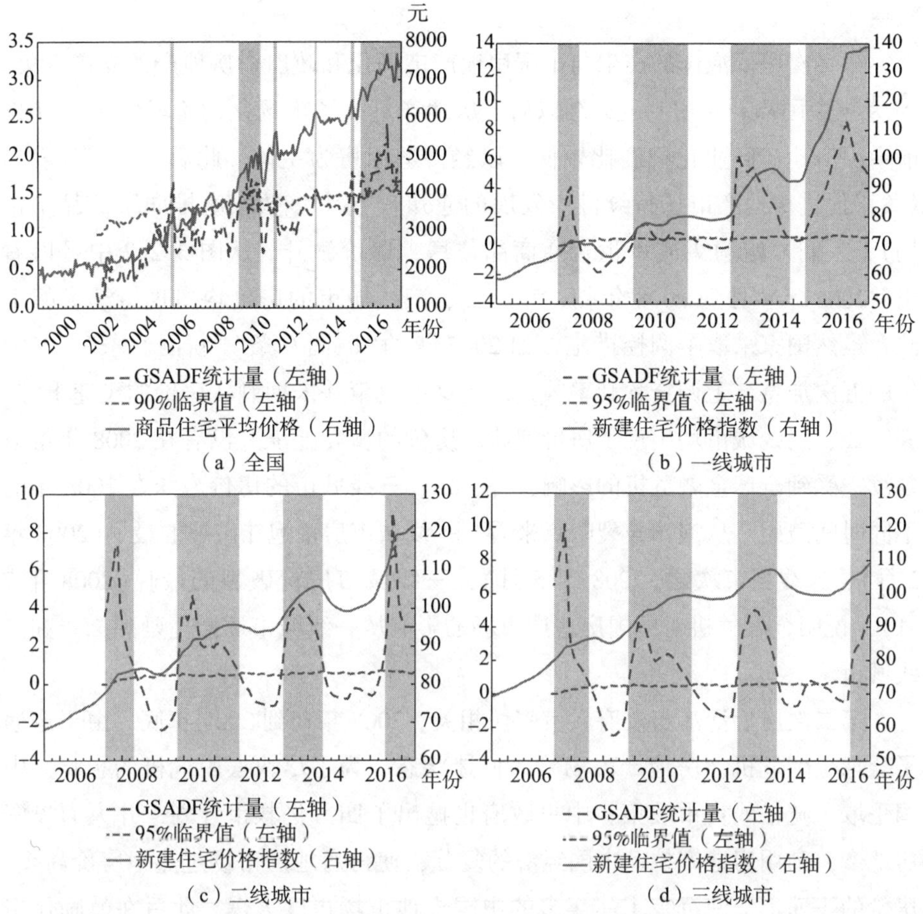

图 3. 2. 2　房价的 GSADF 泡沫识别

表 3. 2. 5　房价泡沫出现的时间

	泡沫 1	泡沫 2	泡沫 3	泡沫 4
全国	2005. 09—2005. 11	2009. 03—2010. 03 2010. 12—2011. 02	2013. 01—2013. 02	2014. 09—2015. 01 2015. 05—2017. 05
一线城市	2007. 06—2008. 02	2009. 11—2011. 08	2012. 12—2014. 11	2015. 05—2017. 05
二线城市	2007. 06—2008. 05	2009. 11—2011. 10	2013. 03—2014. 06	2016. 06—2017. 05
三线城市	2007. 06—2008. 07	2009. 10—2011. 10	2013. 03—2014. 06	2016. 10—2017. 05

结合表 3. 2. 5 和图 3. 2. 2 可以看出，虽然全国和不同发展水平城市房价四次泡沫的具体产生时点和破裂时点不完全一致，但比较接近。下面主要分析四次房价泡沫出现的背景，以及一、二、三线城市房价泡沫之间的异同和

联系。

第一次房价泡沫的产生与中国房地产市场化和政府对房地产的支撑有关。1998 年中国福利住房制度终结以后，房地产进入了市场化的阶段，2003 年以前中国房地产商业化程度比较低，以经济适用房为主体。此后，国务院发布《关于促进房地产市场持续健康发展的通知》(将大多数家庭推向了商品房市场)，人们开始购买或承租普通商品住房，房价飙升。从图 3.2.2 中可以看出，2005 年 7 月到 2008 年初，一、二、三线城市的房价均出现持续大幅上涨，虽然国家采取了调控措施，如 2005 年的“旧国八条”“新国八条”，2007 年的五次加息、上调贷款利率等，但是这些政策并未抑制住房价的飞速上涨，一、二、三线城市均出现了房价泡沫。房价的疯狂上涨并没有在 2008 年得以延续，受到全球金融危机的影响，一、二、三线城市的房价泡沫在 2008 年的不同时间破裂。从泡沫破裂时点来看，一线城市房价泡沫破裂的最早(2008 年 2 月)，二线城市次之(2008 年 5 月)，三线城市房价破裂的最晚(2008 年 7 月)，说明金融危机对中国房地产市场的影响从一线城市逐渐蔓延到二线和三线城市。

第二次房价泡沫与政府救市密切相关。2008 年初到 2009 年底，由于遭遇了全球金融危机，房地产市场陷入低迷状态，为了尽快摆脱危机的影响，中国采取了宽松的货币政策，中央政府也抛出了四万亿救市计划，并大力投资房地产，利用房地产拉动中国经济的复苏，使得房地产市场过热、房价高企。房价的飞速上涨使沉寂了一年多的中国土地市场再度火爆，此后在鼓励住房消费及宽松货币政策的实施下，一、二、三线城市的房价普遍在 2009 年 10 月、11 月出现泡沫。这次泡沫受到国家积极的房价控制政策(如 2011 年二套房首付比例的提高、房产税试点开展)和 2011 年欧洲主权债务危机的影响。2011 年 10 月左右，一、二、三线城市的房价泡沫纷纷破裂。从 GSADF 统计量大小来看，这次泡沫在二线和三线城市的程度大于一线城市，这可能是因为政府四万亿投资拉动内需以及 2008 年的汶川地震。当时政府投资倾向于震后城市建设，因此二、三线城市的房价受到的刺激较一线城市大，泡沫也就相应较大。

第三次房价泡沫主要发生在 2013 年到 2014 年。由图 3.2.2 和表 3.2.5 可以看出，此次房价泡沫一线城市持续时间比二、三线城市长，且一线城市房价泡沫 GSADF 识别的统计量远大于二、三线城市，说明此次房价泡沫以一线城市为主。这可能是因为，与国家救市的上次泡沫不同，此次泡沫的产生更多的缘于投资者的预期。与二、三线城市相比，一线城市的房屋具有更好的投资属性，房价上升空间更大，而此阶段中国股市比较低迷，因此大量资金涌入楼市，推升了房价，产生了房价泡沫。此次泡沫的破裂伴随着中国股市牛市的到来。2014 年下半年股票价格大面积上涨，一线城市泡沫在 2014 年 11 月破裂，正是股市牛市最强劲的时期。

第四次房价泡沫仍然是投资驱动的，且二线、三线城市有跟进一线城市的态势。首先，从房价泡沫产生的时点来看，一线、二线和三线城市分别为 2015 年 5 月(2015 年股灾发生时间)、2016 年 6 月和 2016 年 10 月。其次，GSADF 检验统计量表明，此次房价泡沫的程度从一线到三线城市处于递减态势，但是相比上次房价泡沫，二线城市泡沫程度明显加深。这与 2016 年 7 月到 2016 年底，以南京、合肥、郑州为代表的二线城市房价飙升的现象是吻合的。随着二线城市限购政策的实施，房价上涨的态势已经逐渐传染到三线城市。总之，从时间和程度来看，此次泡沫的产生具有从一线城市到三线城市的传染性。

3.3　资产价格泡沫的测度

3.3.1　股价泡沫的测度

3.3.1.1　变量选择和样本说明

股价泡沫一般被认为是股价偏离其基本价值的大小，因此股价泡沫测度的前提是股票基本价值的估计。国外学者通常采用股利倍数法来计算股票基本价值(Nneji，2015)。中国的企业红利政策尚不完善性，公司发放红利时间间隔大，许多公司甚至长期不派发红利，因而用红利衡量股票的基本价值在中国是行不通的。考虑到中国市场的实际情况，我们参考 Ahmed 等(1999)及赵鹏和曾剑云(2008)的处理方法，选取工业增加值(*Iav*)、居民消费价格指数(*CPI*)、银行间 7 日同业拆借利率(*Rate*)这三个宏观经济变量作为基本面的代理变量，通过建立股票价格和宏观经济变量之间的误差修正模型(VEC)来提取股价泡沫。选择这三个宏观经济变量是因为它们与股票投资和股价波动密切相关：工业增加值是一项综合性宏观经济指标，反映宏观经济景气程度，会直接影响人们对经济发展的感受和预期，而人们对经济发展的预期必然会反映到投资者的行为决策中，进而影响股价；居民消费价格指数是通货膨胀的重要衡量指标，经济发展良好阶段适度的通货膨胀会带来股价的上升，但是严重的通货膨胀一般伴随着经济扭曲，货币严重贬值，导致资金大部分集中在商品市场，带来股价的下降；银行间7日同业拆借利率通过改变公司融资成本、投资者财富分配和股票内在价值等多种途径影响股价。

本书基于上证综合指数、工业增加值、居民消费价格指数和银行间7日同业拆借利率1998年1月到2017年5月的月度数据进行分析，数据来源于同花顺金融数据库，并对所用三个宏观经济变量进行了X13季节调整。此外，由于我国在2005年4月进行了股权分置改革，对证券市场造成重大影响。股权分置改革改变了原来流通股和非流通股分割带来的股价指数与其内在价值联系薄弱的状况，使证券市场的走势更多地反映经济基本面，股价和宏观经济变量之间的关系可能发生变化。本书以2005年4月为分界点，将整个样本区间分为股改前和股改后两个阶段来进行研究。

3.3.1.2 股价泡沫提取

我们对两个阶段的上证综合指数和宏观经济变量分别进行了协整回归。首先，对工业增加值、居民消费价格指数、银行间隔夜同业拆借利率和上证综合指数收盘价序列进行单位根检验，结果表明上述时间序列在股改前后两个阶段均为I(1)序列①。其次，对上证综合指数收盘价和三个宏观经济变量在股改前和股改后两个子样本分别进行了Johansen协整检验，结果见表3.3.1和表3.3.2。

表3.3.1 股改前的Johansen协整检验

原假设	特征根	Trace统计量	λ-max统计量
不存在协整关系	0.313	52.837(0.016)**	31.512(0.015)**
至多存在一个协整关系	0.145	21.325(0.338)	13.195(0.434)
至多存在两个协整关系	0.080	8.130(0.452)	7.008(0.488)
至多存在三个协整关系	0.0133	1.122(0.290)	1.122(0.290)

注：括号内为p值。**表示在5%的水平下显著。

① 限于篇幅，此处未列出单位根检验的结果。

表 3.3.2　股改后的 Johansen 协整检验

原假设	特征根	Trace 统计量	λ-max 统计量
不存在协整关系	0.179	53.185(0.015)**	28.390(0.039)**
至多存在一个协整关系	0.110	24.795(0.169)	16.805(0.181)
至多存在两个协整关系	0.040	7.9908(0.466)	5.883(0.628)
至多存在三个协整关系	0.015	2.108(0.147)	2.108(0.147)

注：括号内为 p 值。**表示在 5%的水平下显著。

由表 3.3.1 和表 3.3.2 可知，无论是在股改前还是在股改后，在 5%的水平下，上证综合指数收盘价与三个宏观经济变量之间均至少存在 1 个协整关系，因此存在明显的长期均衡关系，可以进一步构建向量误差修正（VEC）模型来估计上证综合指数的内在价值。本书使用两个 VEC 模型来提取股权分置改革前后两个阶段的股指泡沫。首先，建立如下 VEC 模型：

$$\Delta SP_t = \mu_t + \alpha ecm_{t-1} + \sum_{i=1}^{p} (b_i \Delta Iav_{t-i} + c_i \Delta CPI_{t-i} + d_i \Delta Rate_{t-i}) \qquad (3.3.1)$$

其中，$ecm_{t-1} = \beta_0 + \beta_1 Iav_{t-1} + \beta_2 CPI_{t-1} + \beta_3 Rate_{t-1}$ 是误差修正项；p 是滞后阶数，使用 AIC 准则选择股改前和股改后 VEC 模型的滞后阶数分别为 3 和 2。由式（3.3.1）计算出的残差为第 t 个月的泡沫成分，记为 Sb_t，代表泡沫绝对大小，$SB_t = Sb_t / Sp_t$ 代表泡沫相对大小。

图 3.3.1 给出了上证综合指数在样本期内的实际价格和泡沫成分的走势，从中可以看出，两者变化趋势在某些区域具有一致性，在某些区域具有相反性，因此，不能笼统地说股票价格指数越高，股价泡沫就越大。股改后的股价泡沫成分明显大于股改前的股价泡沫成分。从整个样本期来看，股价泡沫大部分时间在 0 上下较小的范围内变化，说明股价正负泡沫交替出现，且价格偏离其基本价值的程度不大。此外，我们发现有几个时期股价泡沫为正或负的持续期相对较长：①2006 年初到 2007 年下半年，上证综合指数的泡沫成分基本上大于 0，且偏离 0 的程度较大，说明股市存在正泡沫，这与我国股市 2006 年到 2007 年的牛市有关；②2008 年泡沫成分有一定波动，但是除两个月之外，基本处于较大的负值，说明股市出现负泡沫，这主要是受 2008 年全球金融危机的影响；③2009 年 9 月以前，股价泡沫又持续大于 0，虽然程度不大，但维持了正泡沫，这与国内宽松的货币政策、政府救市、增加投

资有关；④2014 年 6 月到 2015 年 6 月，股价泡沫又较多处于 0 以上，说明股票价格在此阶段又出现了正泡沫，这与 2014 年到 2015 年牛市的实际情况吻合。

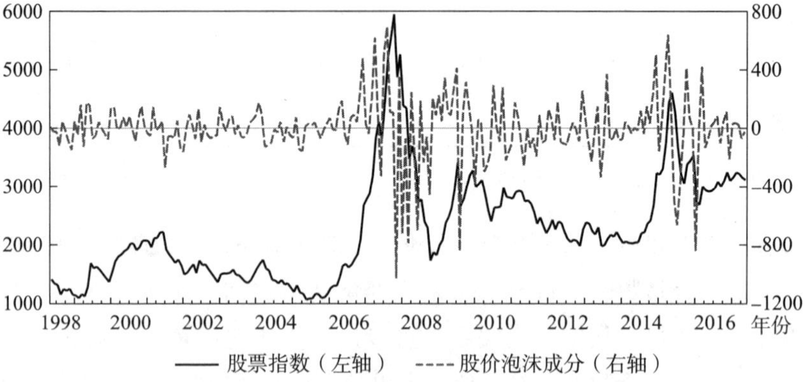

图 3. 3. 1　上证综合指数及其泡沫成分

图 3. 3. 2 给出了上证综合指数在样本期内的价格和泡沫相对大小的走势。图 3. 3. 2 中相对泡沫走势与图 3. 3. 1 中泡沫走势类似，这里不再赘述。以上说明选择合适的宏观经济变量作为股价基本面的衡量依据来提取股价泡沫是可行且有效的。

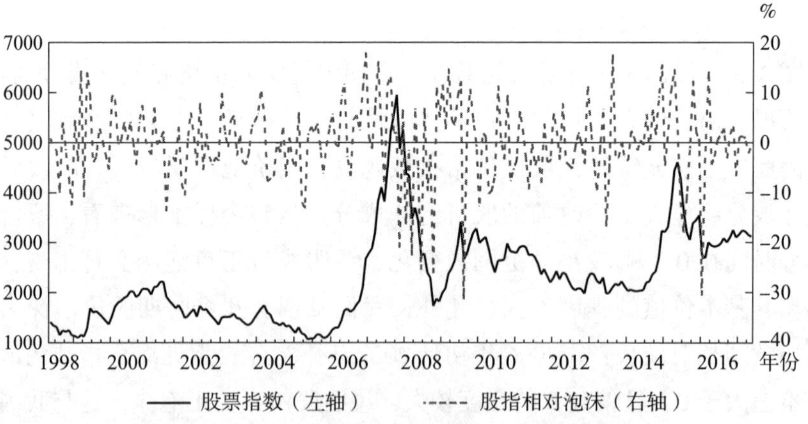

图 3. 3. 2　上证综合指数及其相对泡沫的变化趋势

3. 3. 1. 3　股价泡沫的状态划分

前文分析泡沫的基本特征是具有自我膨胀的过程，但是我们知道泡沫不会无限制地膨胀，当达到一定水平后肯定会破，泡沫的演化过程中存在一定的结构性变化，所以传统的线性模型已经不足以捕捉泡沫的演化过程。马尔科夫区制转换模型是一类能够精确捕捉结构性变化的非线性计量模型。参照史兴杰和周勇(2014)以及孟庆斌和荣晨(2017)的做法，本书采用马尔科夫区制转换自回归模型(Markov Regime Switching Autoregression Model，MS-AR)对股价泡沫成分进行状态划分。首先，建立如下马尔科夫区制转换自回归模型(MS-AR)刻画其数据变化过程：

$$SB_t = \mu_{S_t} + \sum_{k=1}^{n} \rho_{k,S_t}(SB_{t-k} - \mu_{S_t}) + \sigma_{S_t}\varepsilon_t,\ \varepsilon_t \sim N(0,\ 1) \qquad (3.3.2)$$

其中，$S_t \in \{1,\ \cdots,\ M\}$是状态变量，表示股价泡沫处于无法直接观察到的隐状态，服从有限状态个数的一阶马尔科夫链；μ_{S_t}表示股价泡沫序列SB_t在状态S_t下的截距项；σ_{S_t}为残差项的时变标准差；k是滞后期数，n是滞后阶数。由于S_t服从一阶马尔科夫链，因此从$t-1$期的状态i转移到t期的状态j的概率为

$$P(S_t = j | S_{t-1} = i) = p_{ij} \qquad (3.3.3)$$

其中，$\sum_{j=1}^{M} p_{ij} = 1$，根据转移概率$p_{ij}$可以计算出序列$SB_t$在状态$i$的平均持续期$1/(1-p_{ij})$。容易看出，参数$\mu_{S_t}$，$\sigma_{S_t}$，$\rho_{k,S_t}$的取值都是随着泡沫状态的改变而变化的，即泡沫的生成过程由模型参数μ_{S_t}，σ_{S_t}，ρ_{k,S_t}和转移概率p_{ij}共同决定，模型结构的随机变动由状态变量控制，而每个状态的持久性由转移概率决定。采用马尔科夫区制转换模型的极大似然法对模型(3.3.2)进行参数估计(Hamilton，1998)。

在利用MS-AR模型对股价泡沫进行测度时，首先进行单位根检验，结果表明在1%的置信水平下股价泡沫序列是平稳的。然后根据其偏自相关系数选择AR过程的滞后阶数为4。最后根据AIC统计量确定泡沫存在的隐状态数为2①，且存在3个隐状态情况下MS(3)-AR(4)模型的估计结果中有两个状态的特征非常接近，因此，本书选取马尔科夫区制转换MS(2)-AR(4)模型对股价泡沫成分进行分析。模型参数估计结果见表3.3.3，各阶段泡沫所处状态的平滑概率如图3.3.3和图3.3.4所示。

① 存在2个隐状态情况下所建立的马氏域变模型的AIC统计量为6.9212，存在3个隐状态情况下所建立的马尔科夫区制转换模型的AIC统计量为6.9646。

表 3.3.3　马尔科夫区制转换 AR 模型回归结果

参数估计结果			状态转移矩阵		
	均值	标准差		状态 1	状态 2
状态 1	-0.071	8.066	状态 1	0.91	0.21
状态 2	0.042	7.710	状态 2	0.09	0.79
AR1	-0.229(0.01)**	0.229(0.00)***	log	-784.48	
AR2	-0.162(0.08)*	-0.202(0.04)**	L-log	-1531.155	
AR3	0.237(0.00)***	-0.237(0.08)*	LR	-1493.35***	
AR4	0.390(0.00)***	0.111(0.03)**			

注：括号内为 p 值。*、**和***分别表示在 10%、5%和 1%的水平下显著。log 表示马尔科夫区制转换模型拟合的对数似然函数值，L-log 表示利用线性 AR 模型拟合的对数似然函数值，LR 为似然比统计量。

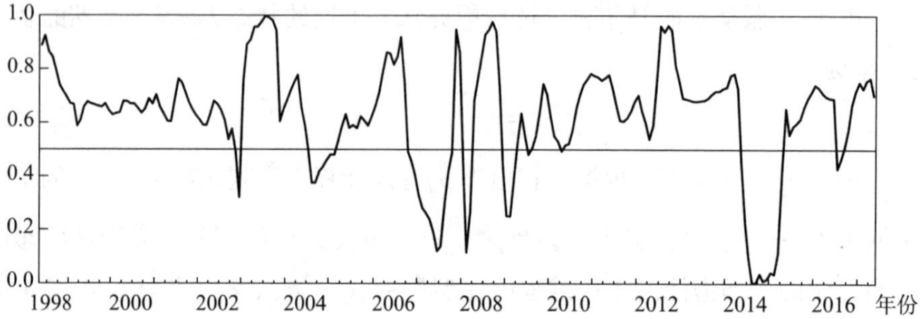

图 3.3.3　上证综合指数处于状态 1（破灭期）的平滑概率

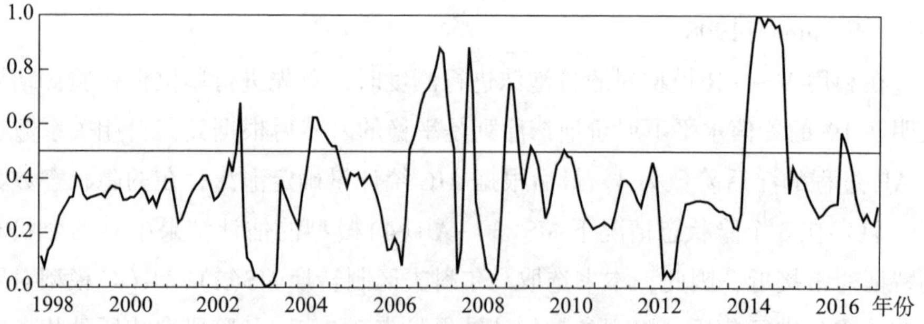

图 3.3.4　上证综合指数处于状态 2（生存期）的平滑概率

在表 3.3.3 中，与线性模型相比，MS-AR 模型拟合的效果显著提高，且两个状态下前四阶自回归系数在 10%的水平下均显著，相比线性 AR 模型前四阶自回归系数均不显著①，考虑不同状态后，泡沫体现出明显的自相关性。MS-AR模型的估计结果表明，上证综合指数的泡沫成分可以用两个不同的状态来划分，得到的高、低两个状态(状态2和状态1)分别对应股价泡沫的生存期和破灭期。在泡沫的这两个状态中，均值和标准差均相差较大。在泡沫破灭期，其均值为-0.071，标准差为8.066；而在泡沫生存期，其均值为0.042，标准差为7.710。这说明泡沫在破灭期的波动性比生存期大，这可能是因为泡沫生存期投资者的预期比较一致，认为股价会上涨，而在泡沫破灭期，投资者预期不能达成一致，不利于形成有效的市场合力。此外，两个状态下泡沫前四阶自回归的系数符号也存在差异，说明泡沫的演化路径在不同状态下也是有差异的。综上所述，股价泡沫具有较高的区分度。两种状态的持续概率p_{11}和p_{22}分别为0.91和0.79，由此可以计算出股价泡沫处于破灭状态和生存状态的持续期分别为11.43个月和4.71个月，说明泡沫生存期较短，而股价泡沫在破灭期却有很强的惰性。进入破灭期以后，需要有重大的金融事件发生来刺激泡沫的膨胀，否则一般不易改变。

图3.3.3和图3.3.4分别给出了各个时期股价泡沫处于破灭期和生存期的平滑概率。通过对平滑概率的观察，我们可以更深入地了解股价泡沫在每个状态的持续性，还可以进一步判断在每个时期股价泡沫最可能的状态：当处于状态1的概率大于0.5时，认为该时期股价泡沫处于破灭期；当处于状态2的概率大于0.5时，认为该时期股价泡沫处于生存期。从图3.3.3和图3.3.4中可以看出，股价泡沫大部分时间处于破灭期，泡沫的生存期主要集中于7个阶段，依次为2002年11月到12月、2004年7月到2005年2月、2006年10月到2007年11月、2008年2月、2009年4月到2009年7月、2014年5月到2015年6月、2016年7月。股价泡沫生存期中最长的两个阶段为2006年10月到2007年11月、2014年5月到2015年6月，这和我国股市两轮牛市的实际情况吻合，与直接根据股价来识别泡沫得到的泡沫区间一致(如图3.2.1所示)。MS-AR模型在提取泡沫成分大小的基础上，支持了前文GSADF检验的结果。关于这两个期间股票价格存在泡沫的原因前面已有分析，这里不再赘述。此外，我们注意到，除上述两个持续时间较长的泡沫生存期之外，还有一些泡沫生存期存在，但是持续时间较短，持续1~2个月的居多。

① 线性AR模型的估计比较简单，此处未列出其估计结果。

2004 年到 2005 年的泡沫可能是因为股权分置改革之前股价和宏观经济走势背离才产生的。结合泡沫相对大小易知，2008 年 2 月的泡沫极有可能是负泡沫。2009 年的短暂泡沫，一方面可能因为金融危机带来经济不景气，宏观基本面低落；另一方面可能与国家加大投资、市场资金增加有关。2016 年 7 月的股价泡沫可能是由于此阶段房价尤其是一些二线城市房价大涨，短时间内财富效应的刺激而形成的。此外，2016 年下半年房价的持续上涨吸引资金大量流向房市，导致股价泡沫短暂出现。

3.3.2 房价泡沫的测度

3.3.2.1 变量选择和数据说明

虽然我国房价水平与城市层次密切相关，但是考虑到全国平均房价的代表性，以及房价泡沫测度过程中特殊时期(不存在泡沫的时期)的数据可得性，本部分及后文均使用反映全国平均水平的房价指标，即全国商品住宅的销售额除以销售面积(Hp_t)。参照吕炜和刘晨晖(2012a)、孟庆斌和荣晨(2017)的做法，本书进行房价泡沫测算所选取的变量为居民收入、建房成本、土地价格、物价水平、经济增速、利率和汇率 7 个指标。其中：居民收入(Pi_t)用城镇居民的人均可支配收入来衡量，由于中国城镇居民人均可支配收入的统计序列为季度数据，我们首先采用 X13 方法对其进行季节调整，然后对其进行频数转换。建房成本(Hc_t)用房地产投资完成额衡量，并对其进行季节调整。土地价格(Lp_t)为土地购买费用除以土地购买面积。对于经济因素，由于国家统计局公布的 GDP 数据为季度数据，本书使用实际工业增加值替代，首先采用 X13 方法对其进行季节调整，然后使用 HP 滤波技术抽取其趋势成分，并将原始序列和趋势序列取对数后作差得到产出缺口($Outgap_t$)。物价水平(CPI_t)、利率($Rate_t$)和汇率($Exrate_t$)分别用 CPI、银行间 7 日同业拆借利率和美元兑人民币的名义汇率表示。本小节使用的样本点时间跨度为 2005 年 1 月至 2017 年 5 月，数据来源于 Wind 金融数据库和国家统计局网站。

3.3.2.2 房价泡沫的提取

由于房子兼具商品、投资和投机的三重属性，房地产市场上同时存在具有刚性需求、投资性需求和投机性需求的消费者。通常而言，刚性消费者和投资需求者的行为是遵守商品供求定律的，当房价超出其实际价值时，需求量会随着房价上涨而出现一定的下降。投机需求者购买的目的是从房价上升中获取价差收益。当房价持续上涨时，他们会预期未来有更高的价格，因此不仅不会减少需求，反而会增加购买量。房地产市场投机者的出现，导致房地产价格存在溢价现象。本书主要借鉴 Abraham 和 Hendershott(1994)、吕炜和刘晨晖(2012a)及陈长石和刘晨辉(2015)的方法对房地产市场的泡沫进行测算。

首先，将房价中的基础价值和泡沫部分分离：

$$Hp_t = Hp_t^* + Hb_t \tag{3.3.4}$$

其中，Hp_t 和 Hp_t^* 分别表示第 t 期房屋的实际市场价格和基础价值；Hb_t 表示第 t 期由于投机的存在引起的市场价格相对基础价值的偏离，也即房价的泡沫部分。参考吕炜和刘晨晖(2012b)的观点，我们认为 Hp_t^* 由一些外部因素决定。本书剔除了居民收入、土地价格、物价水平、产出缺口、利率和汇率6个变量，最终选择人均可支配收入(Pi_t)、建房成本(Hc_t)①。Hb_t 主要取决于投机者对能否获利的预期，这里将其分解为上期房价和上期房价偏离两部分。由此，基础价值 Hp_t^* 和房价泡沫 Hb_t 可以写成

$$Hp_t^* = a_0 + a_1 Pi_t + a_2 Hc_t \tag{3.3.5}$$

$$Hb_t = \lambda_0 + \lambda_1 Hp_{t-1} + \lambda_2 (\ln Hp_{t-1} - \ln Hp_{t-1}^*) \tag{3.3.6}$$

其中，a_0，a_1，λ_0，λ_1 和 λ_2 均为系数。

将式(3.3.5)、式(3.3.6)代入式(3.3.4)，可得房价的分解方程：

$$Hp_t = a_0 + a_1 Pi_t + a_2 Hc_t + \lambda_0 + \lambda_1 Hp_{t-1} + \lambda_2 (\ln Hp_{t-1} - \ln Hp_{t-1}^*) \tag{3.3.7}$$

其次，采用方程(3.3.7)对房价进行分解，因 Hp_t^* 本身具有内生性，系数 λ_2 暂时无法确定，所以首先估计除此项以外的参数：

$$Hp_t = a_0 + a_1 Pi_t + a_2 Hc_t + \lambda_0 + \lambda_1 Hp_{t-1} \tag{3.3.8}$$

然后，加入 λ_2 项对原方程(3.3.7)进行迭代和校正。为了解决 Hp_t^* 内生性问题，确定加入 λ_2 项后迭代回归所需的初始序列 $lnHp_{t-1} - lnHp_{t-1}^*$，我们需

---

① 变量筛选的过程：对房价、居民收入、建房成本、土地价格、物价水平、经济增速、利率和汇率建立VAR模型，在不同样本期、滞后阶数下的参数估计结果中，CPI、利率、汇率、土地价格、物价水平和经济增速的系数均不显著。

要找出某个不存在房价泡沫的特殊时期 $t_0$①，即在 t_0 时期，房价等于基础价值，此时进行房价与外生变量的价值计算就可以得出截距项，再以此为基础通过逐次回归进行校正。为得出较稳定的系数，共进行了 12 次迭代回归，发现到第 12 组计量结果时各参数趋于一致，且序列相关性逐渐消失。这里只列出七组回归结果，见表 3.3.4。

表 3.3.4 房价泡沫测算迭代结果

解释变量	迭代回归结果						
	1	3	6	9	10	11	12
Pi_t	1.646*** (12.649)	2.091*** (14.257)	2.228*** (13.409)	2.248*** (13.220)	2.250*** (13.205)	2.251*** (13.196)	2.251*** (13.194)
Hc_t	−0.170*** (−11.904)	−0.185*** (−13.628)	−0.181*** (−13.357)	−0.180*** (−13.296)	−0.180*** (−13.291)	−0.180*** (−13.289)	−0.180*** (−13.287)
λ_1	0.571*** (13.908)	0.308*** (4.969)	0.269*** (3.829)	0.264*** (3.678)	0.263*** (3.666)	0.263*** (3.661)	0.263*** (3.658)
λ_2		1527.59*** (5.379)	1656.10*** (5.148)	1669.64*** (5.084)	1670.57*** (5.079)	1671.03*** (5.076)	1671.27*** (5.075)
a_0(计算)	927.660	618.180	521.086	506.247	505.131	504.565	504.772
R-Squared	0.969	0.973	0.973	0.973	0.973	0.973	0.973
DW	1.914	2.051	2.027	2.021	2.002	2.021	2.021

注：括号内为 t 值。*、**和***分别表示在 10%、5%和 1%的水平下显著。

根据表 3.3.4 中第 12 次回归测算出来的系数，我们除了获得样本期内房屋的基础价值，还进一步获得了房价泡沫(Hb_t)。为了更加直观地描述中国房价泡沫的演变过程，我们计算出当期泡沫规模占房价的比例 Hb_t/Hp_t，本书将其称为泡沫相对规模，记为 HB_t。

如图 3.3.5 所示，中国房价持续上涨，全国商品住宅平均价格从 2005 年 1 月的不到 3000 元上涨至 2017 年 5 月的近 8000 元，涨幅超过 150%。房价泡

① 在具体估算中，将 1999 年 2 月作为特殊时期 t_0，原因如下：a. 我国在 1998 年 7 月进行了住房体制改革，住房福利分配制度正式向住房分配货币化、商品化改革，所以我们认为在住房货币化的初期，房屋交易主要是基于其使用价值的。b. 虽然我国海南等地曾在 20 世纪 90 年代初期出现过房价泡沫，但 1998 年东南亚发生金融危机，对中国市场也造成了一定的影响，到 1999 年初，曾局部存在的房价泡沫基本消失。c. 考虑数据的可得性，这里选择 1999 年 2 月作为第 t_0 期。

沫成分也呈现上升的态势，样本期内房价泡沫成分的水平有明显变化，2005年7月之前房价偏离房屋基础价值的成分低于800元，2005年8月到2008年2月房价泡沫成分在900元左右波动，此后在2008年下降至400元以下，2009年到2010年房价泡沫主要在1500元左右，并于2011年2月达到局部最大(接近2600元)，之后房价泡沫成分的波动区间相对稳定，大部分集中在800元到2400元。房屋基础价值也一直呈现明显的上升趋势。与陈长石和刘晨晖(2015a)的观点一致，我们认为房价上涨的最关键支撑仍然是房屋基础价值的上涨，房地产市场炒作是在房屋基础价值上涨的基础上进行的。受益于中国十多年来的经济高增长、中国城镇化进程的加快、相关政策的实施以及中国土地供给严重不足，“地王”频出和居民的旺盛需求促成了房屋基础价值的持续向上。

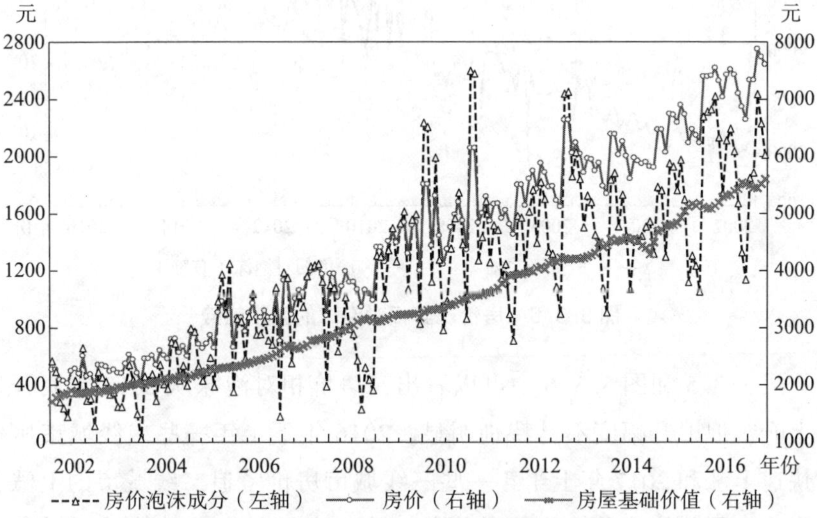

图3.3.5　房价、房屋基础价值及房价泡沫的变化趋势

图3.3.6给出了房价及其泡沫相对规模的走势。从图3.3.6中可以看出，房价相对泡沫在2005年之前维持在20%左右，低于30%。从2005年到2007年维持在25%左右。2008年受全球金融危机的影响，房价泡沫从1月的27%直线降到9月的7%，此后中央政府为应对全球金融危机，大大增加了流动性供给，导致房价相对泡沫上升至2009年1月的29%。2009年到2010年，随着房价的大幅持续上涨，房价泡沫也不断上涨，房价相对泡沫基本维持在

30%以上，在2011年2月达到此次上涨的峰值42%。经过中央政府的各种政策调控，2011年3月到2015年12月，房价相对泡沫逐渐趋稳，维持在40%以下。在2014年到2015年股市牛市阶段，房地产市场受到一定影响，房价相对泡沫有小幅下降。股灾之后，大量资金转向房地产市场，引来2015年底到2016年9月的房价再次上升，后受国家“限购”政策的影响，2016年底房价泡沫回落到20%左右，但是随着三线城市房价的上涨，2017年3月，房价相对泡沫短暂突破30%。

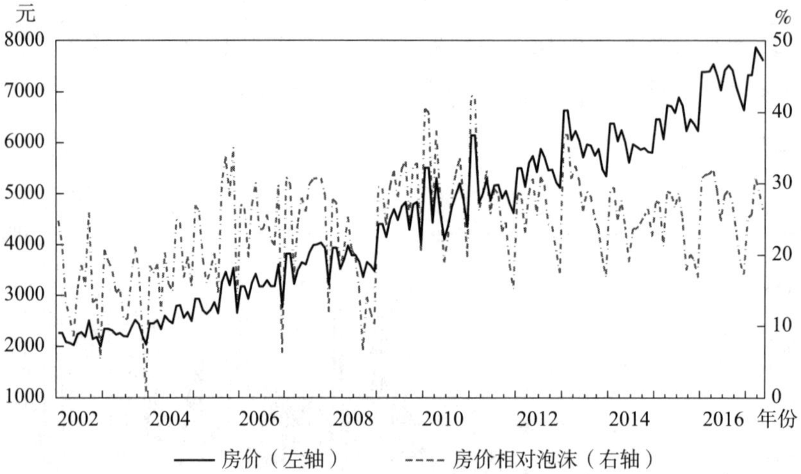

图3.3.6　房价及其相对泡沫的变化趋势

从图3.3.5和图3.3.6中可以看出，房价相对泡沫从2015年底开始虽然有上升，但上升幅度不是特别明显。2016年下半年一些二线城市房价的短暂快速上涨和2017年上半年一些三线城市房价紧追二线城市的上涨，并没有影响全国平均房价泡沫度的增加，这一方面是由于其他城市对房价上涨的平均作用，另一方面可能是因为随着经济增长，房价基本面有所提升，一些三线城市房价的上涨除了受到二线城市房价上涨的传染，实际上更多的是受基本面因素的影响。图3.3.5和图3.3.6表明，本书对房价泡沫的测度结果与市场实际情况是吻合的，中国房价泡沫已经存在，并且已形成一定规模。

3.4　不同资产价格泡沫间的相互影响

股票市场和房地产市场之间的关系一直是学者们关注的焦点。已有关于股票市场和房地产市场之间相互作用及关系的研究主要体现在三个方面：①采用线性、非线性或协整方法考察股票市场和房地产市场两者是分割还是整合的（Lin 和 Fuerst，2014）。②运用 DCC-IGARCH 模型讨论股票市场和房地产市场的动态相关性（Heaney 和 Sriananthakumar，2012）。③股票市场和房地产市场之间的格兰杰因果检验受到广泛关注，但是结论并不唯一（Li 等，2015）。鉴于资产价格泡沫测度的复杂性，以往研究主要是基于股价和房价进行的，较少在股价泡沫和房价泡沫的测度基础上来考察两者之间的关系。本节在前两节基础上，进一步讨论两种不同资产价格泡沫之间的关系。由前文分析可知，无论是股价泡沫还是房价泡沫，均存在一定的状态转换和结构突变特征，故两者之间的关系也可能是非线性的。我们采用 Bootstrap 滚动宽窗格兰杰因果检验来分析股价泡沫和房价泡沫之间的时变动态关系。

3.4.1　研究方法

Bootstrap 滚动宽窗格兰杰因果检验由 Balcilar 等（2010）提出，结合 Bootstrap-F 统计量和滚动宽窗技术，该方法不仅能够检验变量之间随时间改变的格兰杰因果关系，还能够刻画出变量之间相互影响的大小和方向。下面我们简单介绍该方法的原理和实现步骤。

考虑如下两变量 VAR 模型：

$$\begin{bmatrix} SB_t \\ HB_t \end{bmatrix} = \begin{bmatrix} \phi_{SB} \\ \phi_{HB} \end{bmatrix} + \begin{bmatrix} \phi_{SB,SB}(L) & \phi_{SB,HB}(L) \\ \phi_{HB,SB}(L) & \phi_{HB,HB}(L) \end{bmatrix} \begin{bmatrix} SB_t \\ HB_t \end{bmatrix} + \begin{bmatrix} \varepsilon_{SB,t} \\ \varepsilon_{HB,t} \end{bmatrix} \tag{3.4.1}$$

其中，SB_t 和 HB_t 分别表示股价泡沫和房价泡沫；$\phi_{ij}(L) = \sum_{k=1}^{p+1} \phi_{ij,k} L^k$，$i$，$j=HB$，$SB$；$L$ 是滞后算子，含义为 $L^k x_{i,t} = x_{i,t-k}$，i，$j=HB$，SB；p 为滞后阶数，通常通过 AIC 或 SCI 准则选择；$\varepsilon_t = (\varepsilon_{HB,t},\ \varepsilon_{SB,t})$ 是均值为 0、方差为 $\sum$ 的白噪声。在此模型下，股价泡沫 SB_t 不是房价泡沫 HB_t 的格兰杰原因的

原假设可以表示为 H_0：$\phi_{HB,SB,i}=0$，$i=1$，2，…，p；类似地，房价泡沫 HB_t 不是股价泡沫 SB_t 的格兰杰原因的原假设可以表示为 H_0：$\phi_{SB,HB,i}=0$，$i=1$，2，…，p。

Bootstrap 滚动宽窗格兰杰因果检验主要分四步实现。

第一步，估计修正的 LR 统计量(modified-LR)。将 VAR 模型写成向量形式：

$$Y=BZ+\eta \tag{3.4.2}$$

其中，$Y=(y_1, y_2, \cdots, y_T)$ 和 $\eta=(\varepsilon_1, \varepsilon_2, \cdots, \varepsilon_T)$ 为 $2\times T$ 矩阵；$B=(\Phi_0, \Phi_1, \cdots, \Phi_T)$ 是 $2\times(2p+1)$ 阶系数矩阵；$Z=(Z_0, Z_1, \cdots, Z_{T-1})$ 是 $(2p+1)\times T$ 阶矩阵，其中 $Z_t=(1, y_t, y_{t-1}, \cdots, y_{t-p+1})'$。记 η_u 和 η_r 分别为在无约束条件和有原假设约束条件时采用最小二乘法对式(3.4.2)估计得到的残差，则修正的 LR 统计量可以表示为

$$LR=(T-k)\ln\left(\frac{\det S_r}{\det S_u}\right) \tag{3.4.3}$$

其中，$k=2(2p+1)+p$，$S_r=\eta'_r\eta_r$，$S_u=\eta'_u\eta_u$。

第二步，计算 Bootstrap 统计量 LR^* 和 Bootstrap p 值。根据 $\eta_r-\overline{\eta_r}$，$i=1$，…，T 修正最小二乘残差得到独立同分布序列 η_1^*，η_2^*，…，η_T^*，进一步得到新的样本序列 $Y^*=\hat{B}Z^*+\eta^*$，其中 $\hat{B}$ 是最小二乘估计值。基于 Bootstrap 序列 Y^*，重复 n 次前两个步骤则有 n 个 LR^* 统计量，进而可得到 Bootstrap p 值：$P^*(LR^*\geqslant LR)$。

第三步，检验全样本 VAR 模型的稳定性。根据 Nyakabawo 等(2015)，采用 L_c，$Sup-LR$，$Mean-LR$ 和 $Exp-LR$ 统计量检验模型参数的稳定性。其中，L_c 用来检验模型长期的稳定性，看参数是否服从随机游走过程(Andrews, 1993)；$Sup-LR$、$Mean-LR$ 和 $Exp-LR$ 用来检验参数短期的稳定性，$Sup-LR$ 考察参数是否存在快速变化，而 $Mean-LR$ 和 $Exp-LR$ 考察参数是不是逐步变化的(Nyblom，1989)。如果全样本 VAR 模型的参数是不稳定的，说明股价泡沫和房价泡沫之间的格兰杰因果关系具有结构突变性，会随着时间的推移发生结构性突变。

第四步，为克服参数的不稳定性，并说明结构性突变对股价泡沫和房价泡沫关系的影响，采用滚动宽窗技术获得两者之间的动态格兰杰因果关系。设滚动宽窗窗口宽度为 l，在子样本 $t=\tau-l+1$，$\tau-l$，…，l，$\tau=l$，$l+1$，…，T

上运用 Bootstrap-*LR* 统计量检验股价泡沫和房价泡沫的格兰杰因果关系。

3.4.2　股价泡沫和房价泡沫之间的动态关系

在进行格兰杰因果检验之前，首先采用 ADF 和 PP 检验对股价泡沫和房价泡沫进行平稳性检验，结果见表 3.4.1。从表 3.4.1 中可以看出，当 ADF 检验和 PP 检验中均考虑截距和趋势项时，在 1%的水平下，股价泡沫和房价泡沫序列均是平稳的。

表 3.4.1　股价泡沫和房价泡沫的单位根检验

变量	ADF 检验			PP 检验		
	无截距和趋势	截距	截距和趋势	无截距和趋势	截距	截距和趋势
SB	-12.864*** (0.000)	-12.827*** (0.000)	-12.794*** (0.000)	-12.858*** (0.000)	-12.858*** (0.000)	-12.787*** (0.000)
HB	0.848 (0.893)	-1.054 (0.7332)	-3.524** (0.040)	-1.071 (0.2563)	-4.113*** (0.001)	-8.982*** (0.000)

注：括号内为 p 值。***表示在 1%的水平下显著。

表 3.4.2　全样本格兰杰因果检验

	SB≠>*HB*		*HB*≠>*SB*	
	统计量	p 值	统计量	p 值
标准 F 检验	2.415*	0.068	0.239	0.869
Bootstrap-*LR* 检验	6.481*	0.074	0.737	0.877

注：* 表示在 10%的水平下显著。"≠>"表示"不能格兰杰引起"。采用 SC 准则选择进行格兰杰因果检验的 VAR 模型的滞后阶数为 3。

表 3.4.2 给出了全样本期内股价泡沫和房价泡沫之间的格兰杰因果检验结果。从表 3.4.2 中可以看出，无论采用传统的 *F* 检验还是采用 Bootstrap-*LR* 检验，均在 10%的水平下拒绝股价泡沫不是房价泡沫格兰杰原因的原假设，但是无法拒绝房价泡沫不是股价泡沫格兰杰原因的原假设。这说明在全样本期内，股价泡沫能够格兰杰引起房价泡沫，但是房价泡沫不能格兰杰引起股价泡沫。

为进一步采用滚动宽窗格兰杰因果检验研究股价泡沫和房价泡沫之间的关系，首先需要对因果检验采用的 VAR 模型的参数进行稳定性检验，以确保变量之间存在非线性关系。模型参数稳定性检验的结果见表 3.4.3。从

表3.4.3中可以看出，无论是对股价泡沫方程和房价泡沫方程，还是对整个VAR系统来讲，L_c统计量表明其参数均具有长期稳定性，但是，*Sup-LR*、*Mean-LR*和*Exp-LR*统计量中至少有两个在5%的水平下拒绝参数稳定的原假设，说明股价泡沫方程、房价泡沫方程和VAR模型的参数在短期内均是不稳定的，这支持了股价泡沫和房价泡沫之间具有非线性关系的结论。因此，全样本内股价泡沫和房价泡沫之间的因果关系是值得怀疑的。我们进一步采用滚动宽窗格兰杰因果检验考察股价泡沫和房价泡沫之间的时变因果关系。

表3.4.3 参数稳定性检验

	*SB*方程		*HB*方程		VAR系统	
	统计量	*p*值	统计量	*p*值	统计量	*p*值
Sup-F	24.611**	0.020	116.905***	0.000	41.249***	0.005
Mean-F	9.318	0.164	24.083***	0.000	23.357	0.130
Exp-F	8.533**	0.027	53.793***	0.000	16.832***	0.004
L_c	1.028	0.438	1.473	0.195	2.501	0.278

注：*、**和***分别表示在10%、5%和1%的水平下显著。

图3.4.1和图3.4.2给出了股价泡沫和房价泡沫之间的滚动宽窗格兰杰因果检验的结果，包括每个宽窗采用Bootstrap-*LR*检验对应的*p*值，以及股价泡沫和房价泡沫之间的影响大小①。其中，图3.4.1为股价泡沫对房价泡沫的时变因果检验，图3.4.2为房价泡沫对股价泡沫的时变因果检验，两图中横轴代表宽窗的中间位置。

从图3.4.1中的*p*值可以看出，在2005年12月至2006年1月、2006年5月至8月、2007年4月至2008年8月、2008年10月至2009年7月以及2011年10月至2012年4月这五个子样本区间内，Bootstrap-*LR*统计量在10%的水平下能够拒绝股价泡沫不是房价泡沫的格兰杰原因的原假设，说明在这些期间股价泡沫能够格兰杰引起房价泡沫的变化。与全样本格兰杰因果检验结果不同，采用滚动宽窗技术后发现，股价泡沫对房价泡沫的格兰杰影响并不是固定的，而是随时间变化的，与所处的经济金融环境有关。2005年12月

① 滚动宽窗的窗口选择没有严格统一的标准，要兼顾准确性（窗口越大，参数估计越准确）和代表性（窗口越小，代表性越高）。根据Pesaran和Timmermann（2005）的观点，分别设定28~37（样本容量的15%~20%）的窗口宽度，发现实证结果的显著性没有发生明显变化。结合本书数据频率特征，选择滚动宽窗的窗口为36。

至2006年1月、2006年5月至8月对应样本期内中国房价及其泡沫水平的第一次大幅变化，2007年4月至2008年8月、2008年10月至2009年7月和2011年10月至2012年4月分别与2008年全球金融危机、中国政府加大投资和2011年欧洲主权债务危机对应，说明重大金融事件尤其是金融危机会加强股价泡沫对房价泡沫格兰杰影响的显著性。结合图3.4.1中股价泡沫对房价泡沫影响的系数可以发现，在上述五个显著性区间，股价泡沫对房价泡沫均具有明显的正向影响，说明股价泡沫的膨胀会刺激房价泡沫变大。这从资产价格泡沫的角度支持了Li等(2015)的结论，很好地解释了股票市场和房地产市场之间的"财富效应"，即股票价格的上涨会带来房地产价格的上涨。

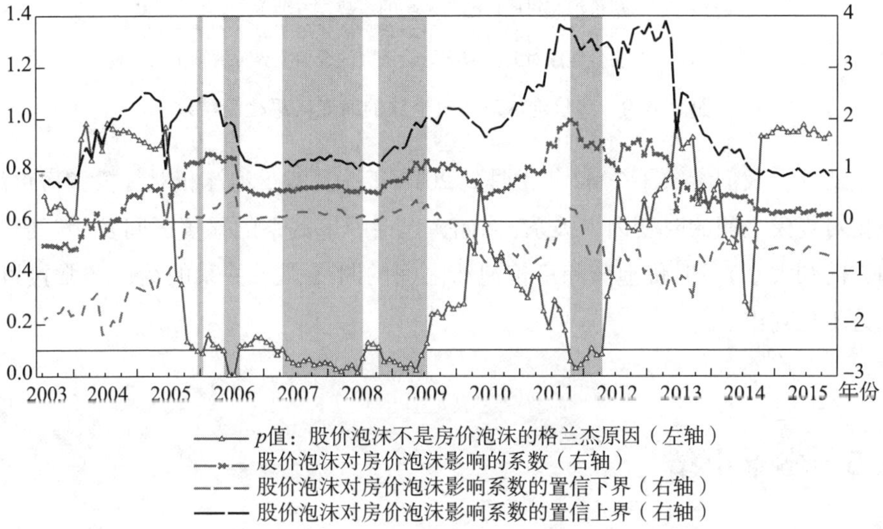

图3.4.1　股价泡沫对房价泡沫的时变因果检验结果

从图3.4.2中的p值可以看出，2003年9月至2004年4月，Bootstrap-*LR*统计量在10%的水平下能够拒绝房价泡沫不是股价泡沫的格兰杰原因的原假设，说明在此期间房价泡沫能够格兰杰引起股价泡沫的变化。这与全样本格兰杰因果检验得出的房价泡沫不能格兰杰影响股价泡沫的结论不一致，尽管房价泡沫对股价泡沫具有显著性影响的时期较短，但是时变因果检验的结论表明，在一定条件下股价泡沫会对房价泡沫起到负向作用。结合图3.4.2中房价泡沫对股价泡沫影响的系数可以发现，在上述显著性区间，房价泡沫对股价泡沫的影响为负，即房价泡沫的减少会刺激股价泡沫膨胀。

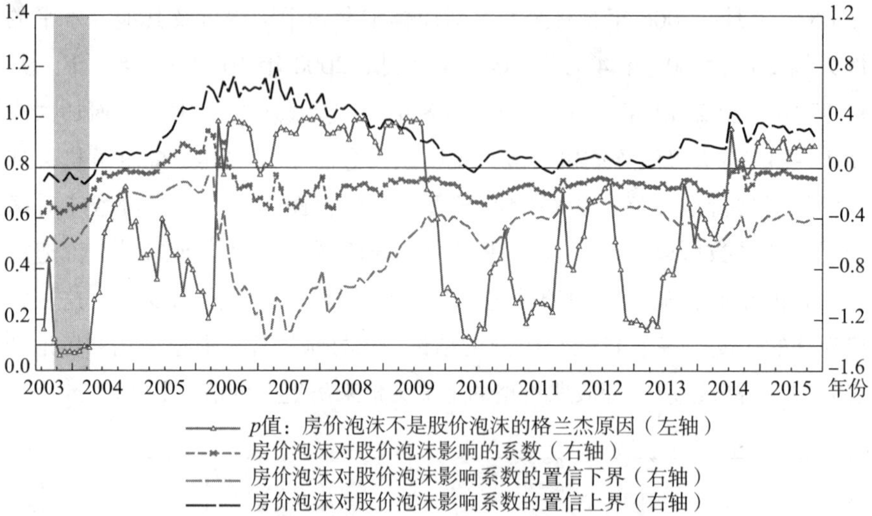

图 3.4.2　房价泡沫对股价泡沫的时变因果检验结果

此外，我们考察了 2002 年 1 月到 2017 年 5 月股价泡沫相对规模和房价泡沫相对规模之间的时变因果关系，结论(包括因果关系的显著区间及相互影响的方向和大小)与股价泡沫和房价泡沫之间的时变因果关系的结论非常接近，此处不再列出。

3.5　本章小结

本章从资产价格泡沫的定义着手，分析了泡沫的分类及特征，重点阐述了理性泡沫的形式和爆炸性特征，并以此为基础分别对我国股价和房价进行了泡沫识别。鉴于泡沫识别仅从资产价格本身出发，不能得到具体的资产价格泡沫序列，本章进一步对股价和房价的泡沫进行了测度，并在泡沫测度的基础上讨论了股价泡沫和房价泡沫之间的时变因果关系。资产价格泡沫的识别和测度为下文资产价格泡沫的形成机制研究奠定了基础。本章的主要结论如下：

(1)资产价格泡沫的定义是后续研究的基础。由于泡沫的定义不可能涵盖其所有的影响因素，因此本书认为泡沫的定义应根据不同的研究目的而有所侧重。泡沫识别对资产价格演化路径的特征要求较高，因此一般将泡沫定义为资产价格在连续变化过程中的陡然上升或下降；泡沫测度及形成机制研究对泡沫的实质要求较高，因此一般将泡沫定义为资产价格偏离其基础价值的部分。

(2)重点阐述了理性泡沫的多种形式，总结出理性泡沫自我膨胀的爆炸性特征，并以此为理论基础，运用 SADF 和 GSADF 检验对我国股价和房价进行了泡沫识别。研究发现：①股价泡沫主要发生于 2006 年 9 月至 2007 年 11 月和 2014 年 11 月至 2015 年 6 月，与我国股市的两轮牛市相对应，且第二次泡沫的显著性水平小于第一次泡沫。②房价泡沫主要有四次，虽然四次泡沫的具体产生时点和破裂时点会随着研究对象(全国平均房价和一、二、三线城市的房价指数)的变化而变化，但是四次房价泡沫所处的时期对全国和一、二、三线城市来讲都比较接近，主要分布于 2007 年中到 2008 年初、2009 年底到 2011 年下半年、2013 年初到 2014 年上半年和 2016 下半年到 2017 年上半年。从时间和程度来看，房价泡沫的产生和破裂在一、二、三线城市之间具有传染性。

(3)采用不同的方法对股票和房屋的基础价值进行了估计，进而测度出股价泡沫和房价泡沫。①对于股价，采用合适的宏观经济变量(工业增加值、居民消费价格指数和银行间 7 日同业拆借利率)来衡量基本面，对股价和宏观经济变量进行协整检验，并通过建立误差修正模型提取了股价泡沫。②对于股价泡沫序列，采用马尔科夫区制转换模型进行状态划分，发现股价正泡沫最长的两个生存期分别是 2006 年 10 月至 2007 年 11 月和 2014 年 5 月至 2015 年 6 月，在具体测度泡沫大小的基础上支持了股价泡沫识别的结论。③对于房价泡沫，采用变量筛选、迭代消除内生变量的方法将房价中的基础价值和泡沫成分分离。结果发现，房价泡沫水平在 2005 年 7 月、2009 年初有两次较大幅度的增加，中国房价泡沫已经存在，并且已形成一定规模。与此同时，房屋基础价值也一直呈现明显的上升趋势，所以房屋基础价值的上涨是房价上涨的关键支撑。

(4)在股价泡沫和房价泡沫测度的基础上，运用滚动宽窗技术研究了股价泡沫和房价泡沫之间的时变格兰杰因果关系，为股票市场和房地产市场关系研究提供了新的视角。结果发现，股价泡沫和房价泡沫之间的因果关系具有随时间变化的特征，且与金融经济事件相关，如金融危机会加强股价泡沫对房价泡沫的格兰杰原因的显著性。在两者因果关系显著的时期内，股价泡沫对房价泡沫具有正向影响，房价泡沫对股价泡沫则具有负向影响。

第4章 基于行为金融视角的资产价格泡沫形成机制

行为金融理论是分析资产价格泡沫形成机制的重要理论，主要从投资者预期、信心、情绪和行为等方面考虑。本章首先建立异质性预期下的噪声交易者模型，分析不同类型噪声交易者即信息挖掘者和动量交易者对资产价格泡沫产生的贡献，利用数值模拟分析噪声交易者预期的影响因素对泡沫变化的作用机制。其次，在测度出投资者情绪和羊群行为指标序列的基础上，运用TVP-SV-SVAR模型探讨投资者情绪、羊群行为和股价泡沫之间关系的时变特征。最后，从理论上揭示过度自信和市场流动性对股价泡沫正向作用的内在机理，并结合时变转移概率马尔科夫区制转换理论(MS-TVTP)，构建基于投资者过度自信和市场流动性的泡沫动态演化机制模型，对中国股价泡沫的形成和破裂进行探究。

4.1 异质性预期下的噪声交易者泡沫模型

De Long等(1990)提出噪声交易者模型(DSSW模型)。他们明确定义了噪声交易者，并利用其正反馈交易行为来解释交易者的非理性表现，对股价泡沫的形成机制给出了合理的解释。基本的DSSW模型包括两种不同的描述：一种将市场交易时期分为四期，将投资者分为两种理性投资者(知情和不知情)和一种噪声交易者，从有限理性出发证明噪声交易者的认知偏差会导致资产价格偏离基础价值，从而产生资产价格泡沫。另外一种将投资者的生命周期分为工作和消费两个阶段，将投资者分为理性投资者和噪声交易者。噪声交易者基于自己认为正确的特殊信息产生资产定价错觉，造成其对基础价值的认识偏差，从而影响市场参与者的投资决策行为，并最终导致资产价格与基础价值的长期偏离。基本的四期 DSSW 模型在求解过程中仅分析了理性投资者为完全知情或者完全不知情两种特殊情况，而两期的 DSSW 模型假设噪声交易者的预期一致。本节首先介绍基本的四期 DSSW 模型，在此基础上求出其通解，并比较理性交易者中知情者与不知情者的比例对资产价格变动走势的影响。其次，基于两期 DSSW 模型的思想，考虑噪声交易者预期的异质性，构造异质性预期下的噪声交易者模型，并利用数值模拟分析噪声交易者预期的影响因素对资产价格泡沫形成过程的作用。

4.1.1　基本的噪声交易者模型

4.1.1.1　模型假设及说明

假设金融市场中有四个交易时期：$t=0$，1，2，3。该模型中存在三类投资者：第一类是噪声交易者(用 n 表示，数量为 1)。他们无法获得内部信息，非理性地把市场上的噪声信息当作有价值的信息，并通过分析噪声信息决定其投资交易策略。噪声交易者的特征主要表现在非理性的跟风交易，在资产价格上涨时买进，在资产价格下跌时卖出，因此噪声交易者又被称为正反馈交易者。第二类是知情的理性投资者(用 ir 表示，数量为 u)。他们知道内部信息，通过对信息的全面收集和合理分析作出交易决策。知情的理性交易者在当前资产价格低于基本价值时进行投资，并在资产价格恢复到基本价值时出售资产以赚取利润，在当前资产价格高于基本价值时，一般选择不进入市场。知情的理性投资者又被称为理性套利者。第三类是不知情的理性投资者(用 ur 表示，数量为 $1-u$)。与知情的理性套利者不同，他们不知道市场的任何信息，在任何时期都是仅仅依靠资产价格与基础价值之差来决定投资股票的数量，因此被称为被动套利者。

该模型有两种资产：风险资产股票和无风险资产现金。现金具有完全的弹性供给，没有净收益，随时可以交换等量的消费品，价格记为 1。股票作为风险资产，其基础价值可以改变(设在 $t=0$ 时期的价值为 0)，在 $t=3$ 时期支付风险红利为 $\Phi+\theta$，其中 $\Phi\in(\phi,\ 0,\ -\phi)$，$\theta\sim N(0,\ \sigma_\theta^2)$。$\Phi\in(\phi,\ 0,\ -\phi)$ 表示股票在 $t=3$ 时期的基础价值相对于 $t=0$ 时期的基础价值增加、不变或减少，增减的量为 ϕ；$\theta\sim N(0,\ \sigma_\theta^2)$ 表示基础价值变动的随机误差，并且在 $t=3$ 时期市场上没有任何关于 θ 的信息；关于 Φ 的信息，在 $t=1$ 时期被具有内部信息的理性投机交易者获知，在 $t=2$ 时期 Φ 公布，成为公开信息。

4.1.1.2 模型构建：投资者行为分析

$t=0$ 时期：股票价格等于其基础价值，即 $P_0=0$，市场上没有任何信号显示，不存在任何的交易。$t=0$ 时期的资产价格为噪声交易者的决策提供了基准，因为噪声交易者通过股票价格从 $t=0$ 到 $t=1$，2 的价格涨跌来确定他们在 $t=1$，2 时期的需求。

$t=1$ 时期：知情的理性交易者获得关于 $t=2$ 时期资产基础价值的信息 Φ 的一个基本信号 $\varepsilon\in\{\phi,\ 0,\ -\phi\}$，并根据该信号决定其在 $t=1$ 时期的需求，记为 D_1^{ir}。ε 存在两种情况：第一种情况，该信号没有噪声，即 $\varepsilon=\Phi$。第二种情况，该信号存在噪声，假设噪声信息和正确信息的联合分布满足：$prob(\varepsilon=\phi,\ \Phi=\phi)=0.25$，$prob(\varepsilon=\phi,\ \Phi=0)=0.25$，$prob(\varepsilon=-\phi,\ \Phi=-\phi)=0.25$，$prob(\varepsilon=-\phi,\ \Phi=0)=0.25$，则知情交易者在信息有噪声情况下对股票红利的预期减半，即若知情理性投资者接收到的信号 $\varepsilon=\phi$，则其对红利的预期为 $\phi/2$，若知情理性投资者接收到的信号 $\varepsilon=-\phi$，则其对红利预期为 $-\phi/2$。不知情理性交易者根据资产价格相对于基础价值的高低决定其需求量，他们遵循低买高卖的原则，在 $t=1$ 时期的需求函数为 $D_1^{ur}=\alpha(P_0-P_1)=\alpha P_1$。噪声交易者只对过去的价格变化作出反应，对当前价格没有反应，因此他们在 $t=1$ 时期的需求量为 $D_1^{n}=0$。

$t=2$ 时期：知情的理性交易者和不知情的理性交易者已知晓 Φ 的值。知情的理性交易者知道 $t=2$ 时期股票的基础价值，且预期 $t=3$ 时期的价格将向其基础价值回归。他们根据均值-方差效用函数最大化原则进行投资，假设该理性投资者的风险厌恶系数为 γ，则在 $t=2$ 时期知情的理性交易者的股票需求量为 $D_2^{ir}=(\Phi-P_2)/(2\gamma\sigma_\theta^2)=\alpha(\Phi-P_2)$，其中 $\alpha=1/(2\gamma\sigma_\theta^2)$。不知情的理性交易者在 $t=2$ 时期的股票需求量与股价相对于基础价值的偏差负相关，假设其与知情的理性交易者的风险规避系数一样，则他们的股票需求量与知情的理性套利者相同，即 $D_2^{ur}=\alpha(\Phi-P_2)$。噪声交易者的买入与 $t=2$ 时期的价格无关，只与 $t=1$ 与 $t=2$ 时期的价格变化有关，他们在 $t=2$ 时期的股票需求量为 $D_2^{n}=\beta(P_1-P_0)=\beta P_1$。

$t=3$ 时期：市场上不存在交易，投资者根据各自手中持有的股票头寸和已公开的红利信息 $\Phi+\theta$ 进行交割，最后的平仓行为将价格推向基础价值。

4.1.1.3　模型求解

在 $t=1$ 和 $t=2$ 时期的市场出清条件分别为

$$D_1^n+uD_1^{ir}+(1-u)D_1^{ur}=0 \tag{4.1.1}$$

$$D_2^n+uD_2^{ir}+(1-u)D_2^{ur}=0 \tag{4.1.2}$$

由于在 $t=2$ 时期各投资者的需求函数是已知的，将其代入该时期的市场出清条件，有

$$0=\beta P_1+\alpha(\phi-P_2) \tag{4.1.3}$$

市场信号不含噪声时的求解：

当市场上存在知情的理性交易者，即 $u>0$ 时，对套利者而言，$t=1$ 和 $t=2$ 时期不存在股价不确定性。由于信号不存在噪声，套利者在 $t=1$ 时期接收到的市场信号 ε 与 $t=2$ 时期的冲击 Φ 完全正相关，再加上允许卖空，知情的理性套利者在 $t=2$ 时期有足够多的股票交易给噪声交易者，则知情的理性套利者对 $t=1$ 和 $t=2$ 时期股价的评定是完全一样的。因此，当存在知情的理性套利者时，$t=1$ 和 $t=2$ 时期股价相等，即

$$P_1=P_2,\ u>0 \tag{4.1.4}$$

联立式(4.1.3)和式(4.1.4)，有

$$P_1=P_2=\frac{\alpha\phi}{\alpha-\beta},\ u>0 \tag{4.1.5}$$

当市场上不存在知情的理性交易者，即 $u=0$ 时，则 $P_1=0$，$P_2=\phi$。这是因为，除知情的理性套利者之外的投资者接收不到任何关于价格的信息，没有人预测 $t=2$ 时期股票的基础价值，$t=1$ 时期股价仍为 0，直到 $t=2$ 时期新价值信息 Φ 公布，股价上涨时，不知情的理性交易者的买入行为会将股价推至 ϕ，并在 $t=3$ 时期向噪声交易者卖出并卖空股票，使股价维持在 ϕ。

综上可知，

$$\begin{cases} P_1=P_2=\dfrac{\alpha\phi}{\alpha-\beta},\ u>0 \\ P_1=0,\ P_2=\phi,\ u=0 \end{cases} \tag{4.1.6}$$

由式(4.1.6)可知，由于 $\alpha/(\alpha-\beta)>1$，故 $\alpha\phi/(\alpha-\beta)>\phi$，说明知情的理性套利者参与交易后($u>0$)，他们的行为并没有缓和股价的波动，而是和非理性的噪声交易者一起促进股价进一步背离其基础价值。这主要是因为，知情的理性套利者在 $t=1$ 时期获得无噪声的信号时开始买入股票，导致股价上

升至 $\alpha\phi/(\alpha-\beta)$，而非理性的噪声交易者在 $t=2$ 时期根据股价在 $t=1$ 时期的上升程度 $[P_2-P_1=\alpha\phi/(\alpha-\beta)]$ 来决定买入理性套利者此时卖出股票的数量。存在知情的理性套利者时的股价如图 4.1.1 所示，从中可以直观地看出，知情的理性套利者的存在($u>0$)使股价被推到离其基础价值更远的地方。

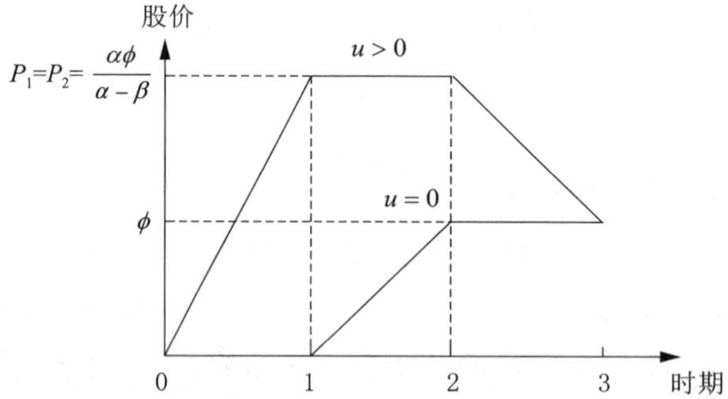

图 4.1.1　市场信号不含噪声时股价的走势

市场信号含噪声时的求解：

若知情的理性套利者接收到的信号具有噪声，以正信号为例，即当 $\varepsilon=\phi$ 时，$\Phi=\phi$ 的概率为 0.5，$\Phi=0$ 的概率也为 0.5。假设 $\Phi=\phi$ 时 $t=2$ 时期的股价为 x，$\Phi=0$ 时 $t=2$ 时期的股价为 y。

当 $\Phi=\phi$ 时，$t=2$ 时期的市场出清条件为

$$0=\beta P_1+\alpha(\phi-P_2) \tag{4.1.7}$$

当 $\Phi=0$ 时，$t=2$ 时期的市场出清条件为

$$0=\beta P_1+\alpha(0-y) \tag{4.1.8}$$

在 $t=1$ 时期，知情的理性套利者的需求与预期收益成正比，与风险成反比。在接收信号存在噪声时，$t=1$ 时期知情的理性套利者的预期收益和风险分别为 $t=2$ 时期股价的期望和方差。由噪声的分布函数易知，预期期望为$(x+y)/2$，方差为$(x-y)^2/4$。根据均值-方差效用最大化，该时期知情的理性套利者的需求就是该时期的预期收益除以 2γ 与风险的乘积，可以表示为

$$D_1^{ir}=\frac{(x+y)^2-2P_1}{\gamma\ (x-y)^2} \tag{4.1.9}$$

将其与不知情的理性交易者和噪声交易者在 $t=1$ 时期的股票需求量，即 $D_1^{ur}=\alpha P_1$ 和 $D_1^{z}=0$ 代入 $t=1$ 时期的市场出清条件式(4.1.1)，有

$$u\frac{(x+y)^2-2P_1}{\gamma(x-y)^2}+(1-u)\alpha P_1=0 \tag{4.1.10}$$

联立式(4.1.7)、式(4.1.8)和式(4.1.9)，可得

$$P_2=\begin{cases} x=\dfrac{\beta}{\alpha}P_1+\phi, & \Phi=\phi \text{ 时} \\ y=\dfrac{\beta}{\alpha}P_1, & \Phi=0 \text{ 时} \end{cases} \tag{4.1.11}$$

$$P_1=\frac{u\alpha\phi}{2u(\alpha-\beta)-(1-u)\gamma\alpha^2\phi^2} \tag{4.1.12}$$

特殊地，当理性交易者均为知情套利者，即 $u=1$ 时，$P_1=\alpha\phi/2(\alpha-\beta)$；当知情交易者均为不知情的被动交易者，即 $u=0$ 时，$P_1=0$。

图 4.1.2 给出了存在知情和不知情理性交易者、只存在知情理性套利者和只存在不知情理性被动交易者时的股价走势，从中可以看出，在存在知情的理性套利者时，他们在 $t=1$ 时期买入股票，从而使股价在第一期高于基础价值，而不知情的理性被动交易者在观察到此现象后也会买入。因此，不知情的理性交易者推离 $t=1$ 时期的股价高于基础价值的程度更大。$t=1$ 时期股价的上涨吸引非理性的噪声交易者在 $t=2$ 时期买入股票，从而使得股价进一步偏离其基础价值，形成资产价格泡沫。

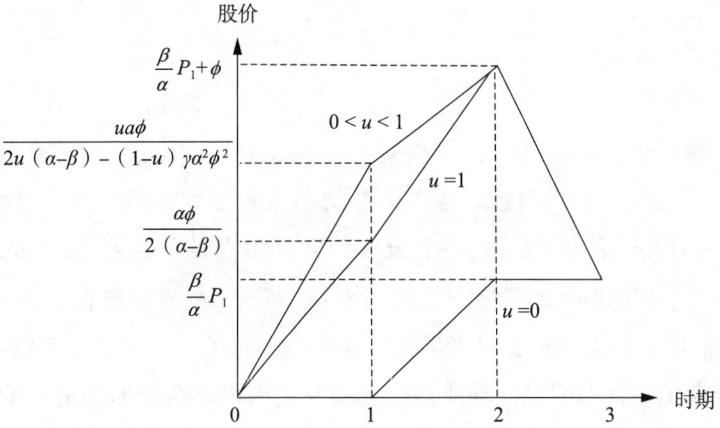

图 4.1.2　市场信号存在噪声时的股价走势示意

DSSW 模型从有限理性角度证明噪声交易者的认知偏差导致了资产价格的波动，使资产价格长期偏离其基础价值，从而产生资产价格泡沫。但是，基

本的 DSSW 模型并没有考虑影响噪声交易者预期偏差的因素，预期偏差也是确定的概率分布，因此，下一部分将考虑导致噪声交易者预期偏差的影响因素，如过度自信、市场流动性等，并允许噪声交易者对资产价格预期的判断误差随时间变化，对现有的 DSSW 模型进行扩展，揭示非理性资产价格泡沫在噪声交易者非理性预期下的生成及膨胀机制。

4.1.2 异质性预期、噪声交易与资产价格泡沫的理论模型

4.1.2.1 模型假设及说明

交易时期：

考察第 t 期和第 $t+1$ 期的交易者行为。市场中所有投资者的目标都是在第 t 期选择一个风险资产 U 和无风险资产 S 的组合，使得第 $t+1$ 期的期望效用最大，并且假设第 t 期市场中的交易者没有消费和收入。

两种资产：

假设市场上有两种资产：一是无风险资产 S，支付固定红利 r，其供给是完全弹性的，随时可以交换成等量的消费品，其价格固定记为 1。二是风险资产 U，同样支付固定股息 r，其供给具有无弹性的特点，并且其资产的数量不变，为方便阐述，我们将风险资产 U 的供给数量标准化为 1。在 t 时期，U 的资产价格记为 P_t。

三类交易者：

两期 DSSW 模型中假设市场上有两种投资者，即噪声交易者和理性交易者，其中噪声交易者在进行投资决策时，通过分析噪声信息或者伪信号，对风险资产 U 的价格进行判断。错误信息的利用会导致他们对资产价格的预期产生偏差，用 ρ_t 表示。ρ_t 是一个服从独立同分布的正态随机变量，即 $\rho_t \sim N(\rho^*, \sigma_\rho^2)$，$\rho^*$ 和 σ_ρ^2 表示噪声交易者对风险资产 U 的价格预期的期望和方差。DSSW 模型假设噪声交易者的预期偏差是一致的，但是实际市场中噪声交易者的预期偏差存在明显的异质性，这主要是由以下两个原因造成的：第一，两期 DSSW 模型中的噪声交易者虽然不能获得内部消息，但是会挖掘市场信息，并根据挖掘的信息（似乎是真实的，但实际是噪声信息）分析资产的基本价值，但是受到噪声的影响，他们认为的资产基本价值与实际的基本价值有一定的差异，若资产价格已经高于实际资产基本价值，但是还没有达到他们

分析的基本价值，他们会投资该资产；若资产价格高于他们分析的资产基本价值，他们会退出市场。这类交易者属于积极的噪声交易者，我们称之为“信息挖掘的噪声交易者”，简称“信息挖掘者”。然而在真实的资本市场中，还存在另外一类噪声交易者，他们既不根据基本面来发现价格，也不根据噪声信息分析资产的基本价值，只是受噪声的影响而产生跟风行为，如执行正反馈策略的追涨杀跌的交易者(四期 DSSW 模型中的噪声交易者即为此类正反馈交易者)。这类交易者属于消极的噪声交易者，根据过去历史价格的变动作出投资决策，我们称之为“动量交易者”。第二，同一类噪声交易者的预期偏差 ρ_t 会受到交易者是否过度自信、乐观或悲观的情绪等投资者自身的非理性以及市场流动性和资产是否缺乏弹性等市场环境的影响，因此他们中不同个体的预期偏差 ρ_t 可能服从不同的分布。

我们假设市场上有三类投资者：

第一类为理性交易者，用 r 表示，占市场所有交易者的比例为 μ_r。

第二类为信息挖掘者，用 i 表示，占市场所有交易者的比例为 μ_i。用 ρ_t^i 表示信息挖掘者对风险资产 U 期望价格的判断偏差，令 ρ_t^i 为服从正态分布的随机变量，由于交易者具有不同的非理性特征(如不同信念、不同过度自信程度等)，在不同市场环境(如不同的流动性状态、不同资产弹性)下，ρ_t^i 服从的正态分布也不尽相同，假设 $\rho_t^i \sim N(a_i\alpha_i\rho^*,\ b_i\beta_i\sigma_\rho^2)$，其中 a_i，b_i，α_i，β_i 均大于 0，a_i，b_i 是信息挖掘者预期偏差的调整系数，α_i，β_i 表征信息挖掘者内部预期的异质性，即预期随着 α_i，β_i 改变，而 α_i，β_i 是噪声交易者信心值和客观市场环境的综合结果。

第三类为动量交易者，用 m 表示，占市场所有交易者的比例为 μ_m。$\mu_r+\mu_i+\mu_m=1$。对动量交易者而言，他们消极地根据价格的历史变化形成对未来价格的预期，其对 $t+1$ 期风险资产 U 期望价格的判断偏差(用 ρ_t^m 表示)与 ΔP 有关。ΔP 表示历史价格动量，其均值和方差分别为 ΔP^*，$\sigma_{\Delta P}^2$。假设 $\rho_t^m = a_m\alpha_m\Delta P$，其中 a_m 是信息挖掘者预期偏差的调整系数，α_m 表征动量交易者内部预期的异质性，同样受动量交易者信心值和市场环境的综合影响。信息挖掘者和动量交易者均为非理性的噪声交易者，一般动量交易者的预期偏差大于信息挖掘者的预期偏差。

三类交易者分别对第 $t+1$ 期的风险资产价格 P_{t+1} 的分布进行预期，以期望效用最大化为目标来作出投资组合决策。假设所有的交易者都表现出绝对的风险厌恶，且风险厌恶系数相同，记为 γ。到 $t+1$ 期，三类投资者均将自己的无风险资产 S 变换成消费品，并将风险资产 U 以价格 P_{t+1} 转卖给下一个交易者，然后全部消费掉自己的财富。在第 $t+1$ 期，三类交易者对自身的财富 ω 均具有效用函数：$U=-e^{-2\gamma w}$。

4.1.2.2 资产价格泡沫的生成

在上述假设条件下，若风险资产 U 的收益服从正态分布，则其期望效用函数为 $E(U)=\tilde{\omega}-\gamma\sigma_{\omega}^{2}$。其中，$\tilde{\omega}$ 为期望财富，σ_{ω}^{2} 为期望财富的方差，γ 为系数。理性交易者、信息挖掘者和动量交易者的期望效用函数分别为

$$E(U)_r=C_0+\lambda_t^r[r+{}_tP_{t+1}-P_t(1+r)]-\gamma(\lambda_t^r)^2_t\sigma^2_{P_{t+1}} \tag{4.1.13}$$

$$E(U)_i=C_0+\lambda_t^i[r+{}_tP_{t+1}-P_t(1+r)]-\gamma(\lambda_t^i)^2_t\sigma^2_{P_{t+1}}+\lambda_t^i\rho_t^i \tag{4.1.14}$$

$$E(U)_m=C_0+\lambda_t^m[r+{}_tP_{t+1}-P_t(1+r)]-\gamma(\lambda_t^i)^2_t\sigma^2_{P_{t+1}}+\lambda_t^m a_m\alpha_m\Delta P \tag{4.1.15}$$

其中，C_0 是在第 t 期投资中取得的无风险固定收入；前置下标 t 指在第 t 期的一个预期，${}_tP_{t+1}=E_t(P_{t+1})$ 表示投资者在第 t 期对第 $t+1$ 期风险资产价格的预期，${}_t\sigma^2_{P_{t+1}}=E_t\{[P_{t+1}-E_t(P_{t+1})]^2\}$ 为投资者在第 t 期对第 $t+1$ 期风险资产价格方差的预期；λ_t^r，λ_t^i，λ_t^m 分别是理性交易者、信息挖掘者和动量交易者持有风险资产 U 的数量。比较式(4.1.13)至式(4.1.15)，不同在于式(4.1.14)和式(4.1.15)的最后一项，式(4.1.14)的最后一项捕捉了信息挖掘者对持有 λ_t^i 单位风险资产期望回报的错误知觉，式(4.1.15)的最后一项捕捉了动量交易者利用历史价格变化对持有 λ_t^i 单位风险资产期望回报的调整。

将三类交易者的期望效用函数最大化，可以得到交易者持有的最优资产数量：

$$\lambda_t^r=\frac{r+{}_tP_{t+1}-(1+r)P_t}{2\gamma_t\sigma^2_{P_{t+1}}} \tag{4.1.16}$$

$$\lambda_t^i=\frac{r+{}_tP_{t+1}-(1+r)P_t}{2\gamma_t\sigma^2_{P_{t+1}}}+\frac{\rho_t^i}{2\gamma_t\sigma^2_{P_{t+1}}} \tag{4.1.17}$$

$$\lambda_t^m=\frac{r+{}_tP_{t+1}-(1+r)P_t}{2\gamma_t\sigma^2_{P_{t+1}}}+\frac{a_m\alpha_m\Delta P}{2\gamma_t\sigma^2_{P_{t+1}}} \tag{4.1.18}$$

由于风险资产 U 的数量固定并被标准化为 1，当市场均衡时，其需求等于供给，因此 $\mu_r\lambda_t^r+\mu_i\lambda_t^i+\mu_m\lambda_t^m=1$，结合式(4.1.16)至式(4.1.18)及 $\mu_r+\mu_i+\mu_m=$

1，可计算出风险资产 U 的均衡价格：

$$P_t=\frac{1}{1+r}\{r+{}_tP_{t+1}-2\gamma_t\sigma^2_{P_{t+1}}+\mu_i\rho_t^i+\mu_n a_m\alpha_m\Delta P\} \tag{4.1.19}$$

其中，${}_t\sigma^2_{P_{t+1}}$ 为噪声交易者（包括信息挖掘者和动量交易者）对资产价格预期错误判断的方差的函数，即

$${}_t\sigma^2_{P_{t+1}}=\frac{\mu_i^2 b_i\beta_i\sigma_\rho^2+\mu_m^2 a_m^2\alpha_m^2\sigma_{\Delta P}^2}{(1+r)^2} \tag{4.1.20}$$

假定 P_t 具有相同的概率分布，消除内生的下一期 U 的价格预期 ${}_tP_{t+1}$，可得到均衡价格：

$$P_t=1+\frac{\mu_i(\rho_t^i-a_i\alpha_i\rho^*)}{1+r}+\frac{\mu_i a_i\alpha_i\rho^*}{r}+\frac{\mu_m a_m\alpha_m(\Delta P-\Delta P^*)}{1+r}+\frac{\mu_m a_m\alpha_m\Delta P^*}{r}-\frac{2\gamma(\mu_i^2 b_i\beta_i\sigma_\rho^2+\mu_m^2 a_m^2\alpha_m^2\sigma_{\Delta P}^2)}{r(1+r)^2} \tag{4.1.21}$$

为得到风险资产市场价格中的泡沫成分，只需进一步确定资产的基本价值。风险资产的市场均衡价格是由理性交易者、信息挖掘者和动量交易者共同作用于资产而形成的，通过计算三类交易者持有的风险资产可以表示市场价格：

$$\begin{aligned}P_t&=\mu_r\lambda_t^r P_t^r+\mu_i\lambda_t^i P_t^i+\mu_m\lambda_t^m P_t^m\\&=\mu_r\lambda_t^r P_t^r+\mu_i\lambda_t^i(P_t^r+b_t^i)+\mu_m\lambda_t^m(P_t^r+b_t^m)\\&=P_t^r+\mu_i\lambda_t^i b_t^i+\mu_m\lambda_t^m b_t^m\\&=P_t^r+B_t\end{aligned} \tag{4.1.22}$$

式（4.1.22）中，P_t^r 是市场中只有理性交易者时确定的资产价格，即资产的基本价值；P_t^i 是市场中只有信息挖掘者时确定的价格；P_t^m 是市场中只有动量交易者时确定的价格；b_t^i 是市场上只有信息挖掘者时所产生的资产价格泡沫；b_t^m 是市场上只有动量交易者时所产生的资产价格泡沫；B_t 是市场上存在三类交易者时市场价格中包含的泡沫成分，即资产的市场价格与基本价值之差。由于受到信息挖掘者和动量交易者噪声交易的影响，资产价格会超过其基本价值产生泡沫，因此，计算市场上只有理性交易者时风险资产的均衡价格，便可得到资产的基本价值。

如果市场上只有理性交易者，他们的期望效用函数仍用式（4.1.13）表示。理性交易者面临基本价值变化带来的风险，由于风险资产 U 的数量标准化为 1，市场均衡时风险资产的供给和需求相同，因此 $\lambda_t^r=1$。由此可得市场上的

交易者均是理性交易者时风险资产的均衡价格为

$$P_t^r=\frac{r+{}_tP_{t+1}-2\gamma_t\sigma_{P_{t+1}}^2}{1+r} \tag{4.1.23}$$

假定 P_t 具有相同的概率分布，并通过递归求解消除内生的下一期 U 的价格预期${}_tP_{t+1}$，可以得出只有理性交易者时的风险资产 U 的合理价格：

$$P_t^r=1-\frac{2\gamma(\mu_i^2b_i\beta_i\sigma_\rho^2+\mu_m^2a_m^2\alpha_m^2\sigma_{\Delta P}^2)}{r(1+r)^2} \tag{4.1.24}$$

将式(4.1.21)、式(4.1.24)代入式(4.1.22)可以计算出市场达到均衡时由于非理性交易者参与产生的非理性资产价格泡沫成分：

$$B_t=\frac{\mu_i(\rho_t^i-a_i\alpha_i\rho^*)}{1+r}+\frac{\mu_ia_i\alpha_i\rho^*}{r}+\frac{\mu_ma_m\alpha_m(\Delta P-\Delta P^*)}{1+r}+\frac{\mu_ma_m\alpha_m\Delta P^*}{r} \tag{4.1.25}$$

式(4.1.25)中，前两项表示由于信息挖掘者的非理性行为引起的资产价格泡沫，后两项表示由于动量交易者的非理性行为引起的资产价格泡沫。具体地，第一项表示信息挖掘者错误信念对资产价格的影响，当这类噪声交易者对价格相对乐观时，$\rho_t^i-a_i\alpha_i\rho^*>0$，资产价格被推高，资产价格泡沫随之变大，反之，资产价格降低，资产价格泡沫相应变小。第二项表示当信息挖掘者对资产价格产生定价偏差的均值 $a_i\alpha_i\rho^*$ 不为 0 时，资产价格相对基础价值产生的偏离程度。第三项表示动量交易者根据历史价格变化做出的交易行为对资产价格的影响，当上一期历史资产价格变动大于其均值时，$\Delta P-\Delta P^*>0$，资产价格被推高，资产价格泡沫随之变大；反之，当上一期历史价格波动小于其均值时，$\Delta P-\Delta P^*<0$，资产价格降低，资产价格泡沫相应减小。第四项表示资产价格历史变化的均值 ΔP^* 不为 0 时，资产价格相对基础价值产生的偏离程度，它会受到动量交易者自身的非理性特征和市场环境的影响。可见，如果不存在信息挖掘者风险($\rho_t^i=0$)，则由于信息挖掘者产生的泡沫成分(前两项)等于 0；如果市场上不存在动量交易者，资产价格的历史变化对投资者的决策行为没有直接的影响(或者上一期的资产价格没有变化，$\Delta P=0$)，则动量交易者产生的泡沫成分(后两项)等于 0；如果市场上既不存在信息挖掘者，也不存在动量交易者，则资产价格的非理性泡沫成分为 0；噪声交易者(信息挖掘者和动量交易者)占所有交易者的比例越高，即 $\mu_i+\mu_m$ 越大，资产价格泡沫的波动也就越大。

4.1.3　异质性预期、噪声交易与资产价格泡沫的仿真分析

为了更加直观地分析异质噪声交易者的非理性行为对资产价格泡沫的作用，我们使用 Matlab 模拟和灵敏度分析的方法综合讨论资产价格泡沫如何随信息挖掘者和动量交易者的某些关键行为参数的变化而变化。参数设置参考方勇(2010)、扈文秀等(2016)的研究。

图 4.1.3 描述了信息挖掘者对资产价格的预期偏差均值和自身非理性特征(以悲观情绪和乐观情绪为例分析)对资产价格泡沫的影响。可变参数为信息挖掘者的平均认知偏差 ρ^* 和非理性行为特征的调整系数 a_i，其他参数保持不变，具体设定为：$r=0.1$，$\alpha_i=a_m=\alpha_m=1$，$\sigma_\rho^2=1$，$\Delta P=2$，$\Delta P^*=0$。

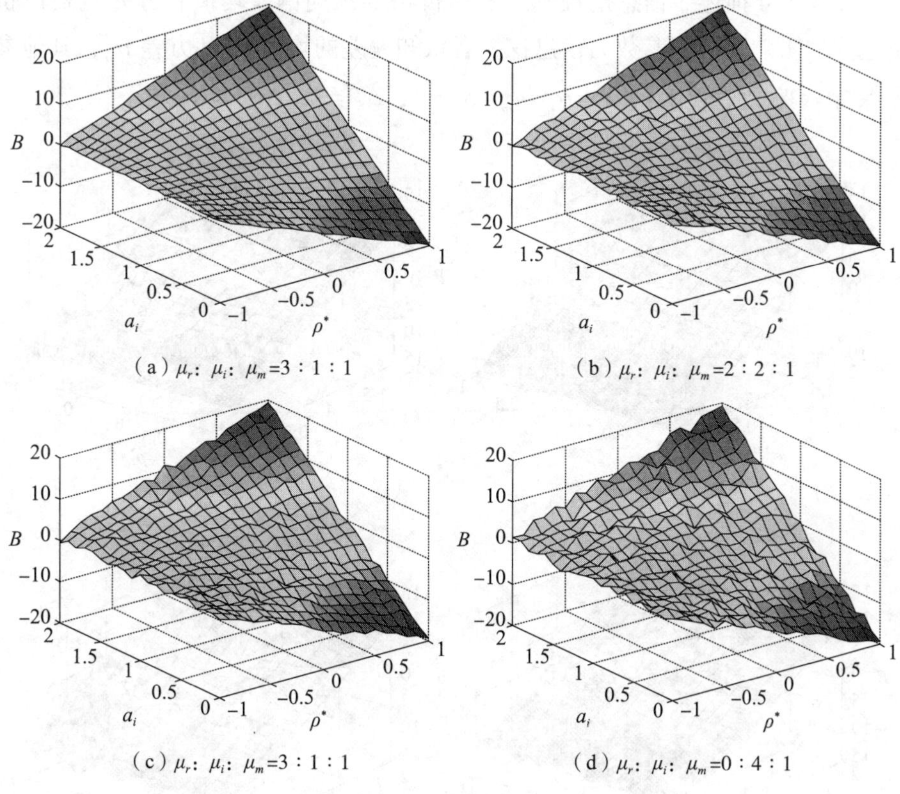

(a) μ_r: μ_i: μ_m=3 : 1 : 1　(b) μ_r: μ_i: μ_m=2 : 2 : 1

(c) μ_r: μ_i: μ_m=3 : 1 : 1　(d) μ_r: μ_i: μ_m=0 : 4 : 1

图 4.1.3　ρ^* 和 a_i 对资产价格泡沫的影响

从图 4.1.3中可以看出：首先，当信息挖掘者处于悲观情绪，即预期偏差的调整系数 $0<a_i<1$ 时，资产价格泡沫 B 的变化随信息挖掘者对资产价格期望

价格偏差的均值 ρ^* 的变大表现出不确定性，但整体上有减小的趋势，且减小速度随信息挖掘者悲观情绪程度的增加而增加；当信息挖掘者处于乐观情绪，即预期偏差的调整系数 $1<a_i<2$ 时，资产价格泡沫 B 的变化随信息挖掘者对资产价格期望价格偏差的均值 ρ^* 的变大也表现出不确定性，但整体上有变大的趋势，且变大速度随信息挖掘者乐观情绪程度的增加而增加。其次，无论信息挖掘者对资产价格期望判断偏差的均值 ρ^* 大小，资产价格泡沫 B 的变化随信息挖掘者情绪 a_i 的上扬幅度都不确定，但整体上具有上扬的趋势，且在预期偏差均值较大的时候，其上扬的速度会加快。最后，随着信息挖掘者占所有投资者比例 μ_i 的增加，资产价格泡沫 B 的波动程度增加，这和理论分析的结论是一致的。

图 4.1.4 描述了信息挖掘者对资产价格的预期偏差均值和方差对资产价格泡沫的影响。可变参数为信息挖掘者认知偏差的均值 ρ^* 和方差 σ_ρ^2，其他参数保持不变，设 $r=0.1$，$a_i=\alpha_i=a_m=\alpha_m=1$，$\Delta P=2$，$\Delta P^*=0$。

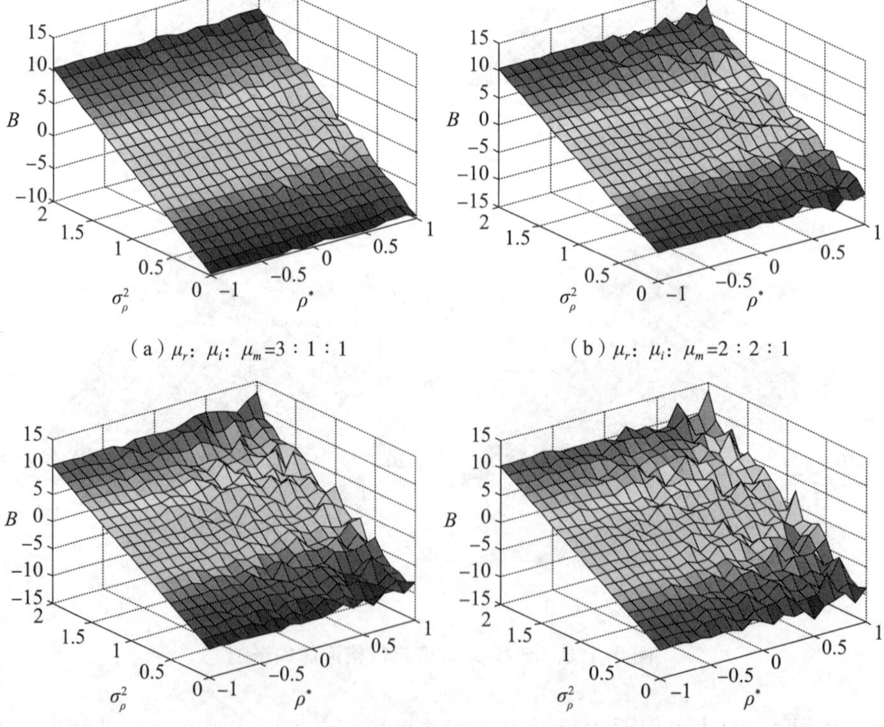

(a) μ_r: μ_i: μ_m=3 : 1 : 1　　(b) μ_r: μ_i: μ_m=2 : 2 : 1

(c) μ_r: μ_i: μ_m=3 : 1 : 1　　(d) μ_r: μ_i: μ_m=0 : 4 : 1

图 4.1.4　ρ^* 和 σ_ρ^2 对资产价格泡沫的影响

从图 4.1.4 中可以看出：首先，资产价格泡沫随信息挖掘者预期偏差均值的变化可能出现正负波动，当信息挖掘者平均低估资产价格，即$-1<\rho^*<0$时，资产价格泡沫随着ρ^*的变化不明显；当信息挖掘者平均高估资产价格，即$0<\rho^*<1$时，资产价格泡沫随ρ^*的变化呈现一定的波动。其次，随着信息挖掘者信息偏差的方差σ_ρ^2的增加，资产价格泡沫的变化方向也不唯一，但是整体上呈现上升的趋势。最后，类似于图 4.1.3，我们可以看出随着信息挖掘者占所有投资者比例μ_i的增加，资产价格泡沫 B 的波动幅度加大。

图 4.1.5 刻画了历史资产价格变化 ΔP 和动量交易者利用 ΔP 制定决策时的信念调整系数 a_m(仍以乐观情绪和悲观情绪为例进行分析)对资产价格波动的影响。可变参数为 ΔP 和 a_m，其他参数保持不变，设 $r=0.1$，$\sigma_\rho^2=1$，$\rho^*=1$，$\Delta P^*=0$，$a_i=\alpha_i=\alpha_m=1$。

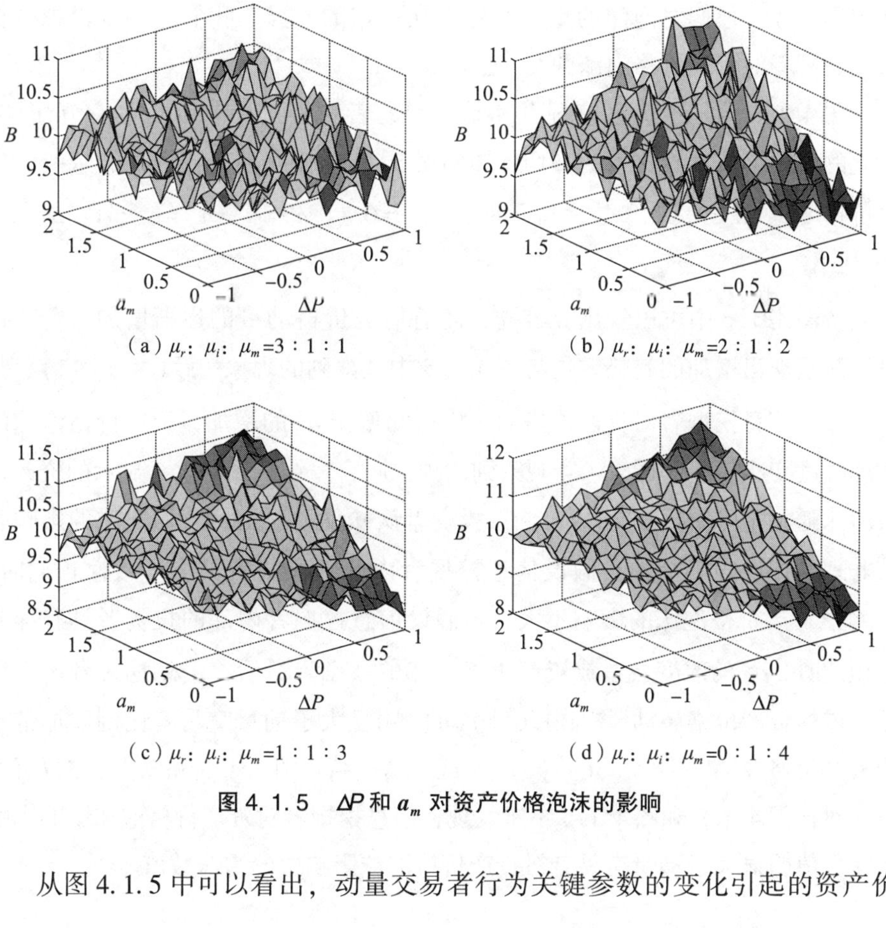

(a) μ_r: μ_i: μ_m=3 : 1 : 1

(b) μ_r: μ_i: μ_m=2 : 1 : 2

(c) μ_r: μ_i: μ_m=1 : 1 : 3

(d) μ_r: μ_i: μ_m=0 : 1 : 4

图 4.1.5　ΔP 和 a_m 对资产价格泡沫的影响

从图 4.1.5 中可以看出，动量交易者行为关键参数的变化引起的资产价格泡沫的波动性更为明显，但是随着动量交易者占所有投资者比例的增加，其波动也表现出一定的规律。首先，资产价格泡沫随历史价格 ΔP 的变化可能出现正负波动，但仍有一定的规律。当动量交易者处于悲观情绪，即调整系数 $0<a_m<1$ 时，资产价格泡沫随历史价格变化的增加有减小的趋势，且减小速度随动量交易者悲观情绪程度的增加而加快；当动量交易者处于乐观情绪，即调整系数 $1<a_m<2$ 时，资产价格泡沫随历史价格变化的增加有增大的趋势，且变大速度随动量交易者乐观情绪程度的增加而加快。其次，无论资产价格的历史变化大小，资产价格泡沫 B 的变化随动量交易者情绪 a_m 的上扬都具有变大的趋势，且在历史价格变化较大的情况下，其上扬的速度加快。

动量交易者和信息挖掘者两类噪声交易者对资产价格泡沫的影响有相同之处，这是因为两类投资者均会产生非理性行为，但是鉴于他们制定策略的标准不一致，他们对泡沫的影响必然存在一定的差异。我们进一步模拟分析两类交易者对资产价格泡沫的交互影响。

图 4. 1. 6 刻画了信息挖掘者和动量交易者对资产价格泡沫的交互影响。变化的参数是信息挖掘者的平均认知偏误 ρ^* 和动量交易者投资决策依赖的历史价格变化 ΔP，其他参数保持不变，设 $r=0.1$，$a_i=\alpha_i=a_m=\alpha_m=1$，$\sigma_\rho^2=1$，$\Delta P^*=0$。

从图 4. 1. 6 中可以看出：首先，随着历史价格动量的逐渐增加，资产价格泡沫呈现出增加的趋势，这与图 4. 1. 5 中观察到的现象一致(取 $a_m=1$)。其次，随着信息挖掘者对资产价格的平均认知偏误 ρ^* 的增加，资产价格泡沫的变动幅度变小，这和图 4. 1. 4 观察到的现象吻合。结合图 4. 1. 3 显示的资产价格泡沫随 ρ^* 改变的结论可以推断，投资者认知偏差对资产价格泡沫的影响受其非理性行为的影响，当假设信息挖掘者内部的投资者具有一致性预期时，ρ^* 对总资产价格泡沫的影响不大，当假设信息挖掘者内部的投资者具有异质性预期时，ρ^* 的改变会造成资产价格泡沫的波动。最后，信息挖掘者比例增加造成的资产价格波动[图 4. 1. 6(b)(d)]明显大于动量交易者比例增加带来的资产价格波动[图 4. 1. 6(a)(c)]。这一结论结合图 4. 1. 3 和图 4. 1. 5也可看出。对比图 4. 1. 3 和图 4. 1. 5 不难发现，信息挖掘者对资产价格泡沫影响中的泡沫数值明显大于动量交易者对资产价格泡沫影响中的泡沫数值。

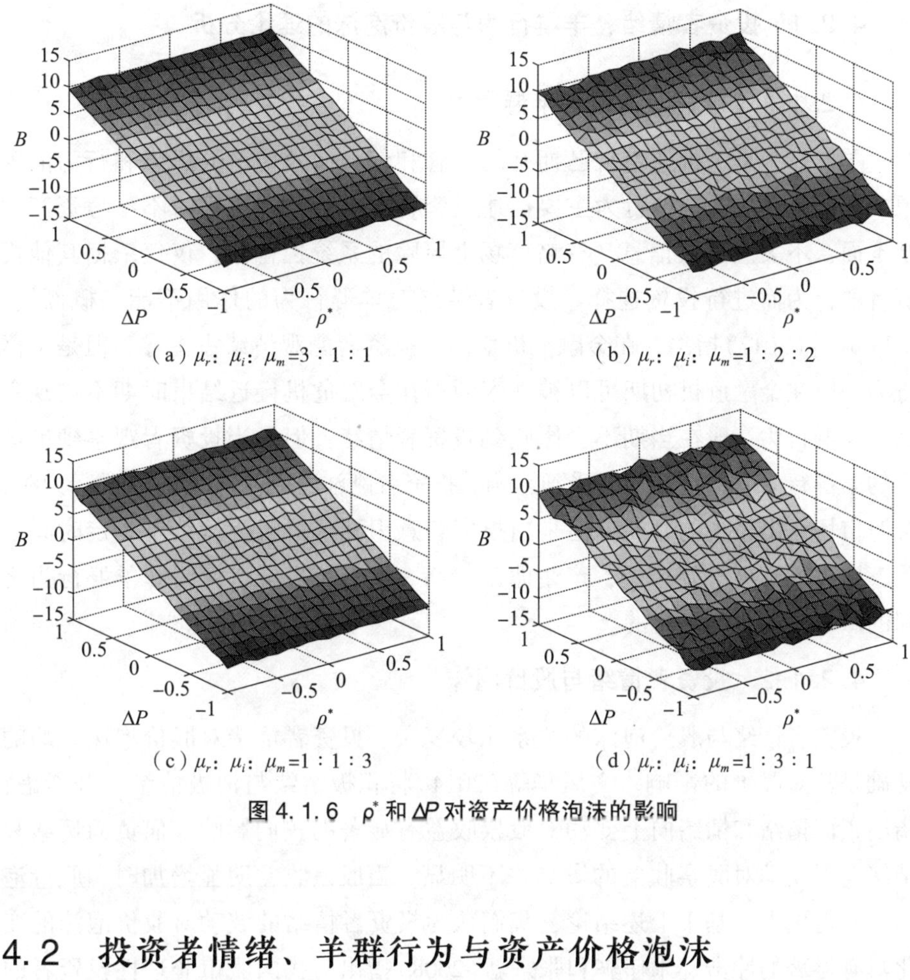

（a）μ_r：μ_i：μ_m=3：1：1　（b）μ_r：μ_i：μ_m=1：2：2

（c）μ_r：μ_i：μ_m=1：1：3　（d）μ_r：μ_i：μ_m=1：3：1

图 4.1.6　ρ^* 和 ΔP 对资产价格泡沫的影响

4.2　投资者情绪、羊群行为与资产价格泡沫

行为金融学理论认为，证券市场中资产价格不仅由基本经济因素决定，还会受到非市场因素如投资者信念、情绪和行为的影响。投资者作为股票市场的主要参与者，其情绪直接受股价波动的影响，反之，投资者情绪也会影响其投资决策，进而对股价形成反馈。投资者情绪的变化会在一定程度上刺激市场上羊群行为的形成，进而推动股价上涨和下跌的速度和幅度，诱发证券市场流动性变化和股价泡沫的形成。因此，研究投资者情绪、羊群行为对资产价格泡沫的影响具有一定的理论意义和实践价值。本节以股价泡沫为例进行深入分析。

4.2.1 投资者情绪、羊群行为与股价泡沫的理论分析

4.2.1.1 投资者情绪与羊群行为

羊群行为是一种忽略自己拥有的信念和信息而效仿他人思想和行为的现象。在金融领域，羊群行为主要描述投资者在进行投资决策时不参考资产的基本面，不关注私人信息，忽略市场上风险的系统性警报，仅仅依据其他投资者的行为而进行投资选择。投资者情绪对羊群行为的作用不能一概而论。Bekiros 等(2017)指出，在金融危机期间，投资者悲观情绪占主导，但是羊群行为一般在金融危机初期可以被观察到而在金融危机接近结束时期不被观察到。羊群行为一般在当期不会影响到投资者情绪，但是当投资者观察到市场上的羊群行为时，情绪便会受到影响。投资者刚注意到市场上的羊群行为时，会对市场作出乐观的判断，但是当投资者意识到羊群行为持续了一定时间之后，则可能不再看好市场，产生悲观情绪。可见，投资者情绪和羊群行为之间的影响方向是不确定的。

4.2.1.2 投资者情绪与股价泡沫

投资者情绪与股价泡沫的关系比较复杂。投资者情绪对股价泡沫影响的基础是其对股价的影响。文凤华等(2014)将积极情绪与消极情绪分开考虑，指出正面情绪和情绪向上变动对股票收益有显著的正向影响，而负面情绪和情绪向下变动对股票收益的影响并不明显。当股票收益明显增加时，股价泡沫膨胀得更大。基于上述结论，我们认为投资者情绪的波动对股价泡沫的变化具有显著的冲击。朱伟骅和张宗新(2008)指出，我国股市非理性投资者的存在为股市投机泡沫的产生提供了微观基础，投资者情绪与股价变化存在动态关系。事实上，股价泡沫的内在持续性可引起投资者情绪持续高涨的正反馈效应，此时如果市场中理性投资者占主导地位，则股价会被控制在基本价值合适的范围之内，如果非理性交易者占主导地位，则投资者超额收益的需求会随着股价攀升而上涨，从而促使投机泡沫生成，而泡沫在承受一定压力之后会破灭，从而使收益变负，即长期的投资者情绪高涨可能对市场产生负面作用。因此，投资者情绪与股价泡沫之间的关系是不确定的。

4.2.1.3 羊群行为与股价泡沫

羊群行为在金融市场上普遍存在。Demirer、Kutan 和 Chen(2010)指出，

在不确定和非对称信息环境下，非理性投资者可能按照短期市场价格最大的原则而非资产的基本价值来选择他们认为可靠的资产组合。在市场极端情况下，羊群行为通常更加强烈(Bekiros 等，2017)。羊群行为的时变特征使其与泡沫之间的关系非常复杂。在股价上涨阶段，不确定的羊群行为可能造成投资者非理性的热情，即带来更加严重的非理性跟风买卖，导致市场上股价泡沫，并抑制投资者错误定价的修正，减弱其风险感知。此时，羊群行为会促使价格泡沫产生。但是，在股价下跌阶段，跟风卖出的羊群行为会提高泡沫缩小的概率，刺激泡沫破裂。因此，羊群行为能够增加市场的波动，加快泡沫膨胀和破裂的速度。

综上所述，投资者情绪、羊群行为与股价泡沫之间存在动态的联动机制。本节利用时变随机波动率结构向量自回归模型(TVP-SV-SVAR)，深入考察三者之间的时变影响效应。

4.2.2　投资者情绪与羊群行为的测度

4.2.2.1　投资者情绪指标的构建

考虑到国内股票市场的实际情况、数据的可获得性以及单个情绪指标的局限性，本书选取 2006 年 1 月到 2017 年 6 月的封闭式基金折价率($DCEF$)、市场换手率($TURN$)、IPO 数量($IPON$)、IPO 上市首日收益($IPOR$)、消费者信心指数(CCI)和市盈率(PER)六个情绪代理指标的月度数据进行分析，数据来源于同花顺金融数据库和国家统计局网站。我们采取主成分分析法构建中国股票市场投资者情绪综合指数的月度指标(张宗新和王海亮，2013)。其中，封闭式基金折价率($DCEF_t$)是当月所有基金折价率按照各自份额加权的平均值，其计算公式为

$$DCEF_t = \sum_{i=1}^{n} (P_{it} - NAV_{it}) \cdot N_{it} / \sum_{i=1}^{n} NAV_{it} \cdot N_{it} \qquad (4.2.1)$$

其中，n 是第 t 个月公开发行封闭式基金的数量，P_{it}、NAV_{it} 和 N_{it} 分别是第 i 只基金第 t 个月最后一个交易日的收盘价、单位净值和份额。

IPO 数量($IPON_t$)是以发行公告日为基准统计的每月 IPO 数量，IPO 上市首日收益($IPOR_t$)采用加权平均形式，即

$$IPOR_t = \sum_{i=1}^{n} (P_{it} - P'_{it}) \cdot N_{it} / \sum_{i=1}^{n} N_{it} \qquad (4.2.2)$$

其中，n 为第 t 个月新股发行的数量，P_{it}、P'_{it} 和 N_{it} 分别为第 i 只新发股票第 t 个月最后一个交易日的收盘价、发行价和发行流通股数；换手率是场内投资者情绪的代理指标，沪深两市换手率按照市值加权平均后得到整个市场换手率；市盈率是沪深两市各月流通股数加权市盈率。

表 4.2.1 列示了单个情绪指标的描述性统计及相关系数，从中可以看出，市场换手率的均值和标准差比其他情绪指标大，说明场内投资者情绪较高。相关系数表明，情绪变量之间具有一定的相关性，且均会受到市场上投资者情绪这一因素的影响。为避免单个指标在反映投资者情绪水平上的片面性，本书采用主成分因子分析法提取上述六个情绪指标受到相同影响的部分，将多个情绪指标降维转化为投资者情绪综合指数。

表 4.2.1　单个情绪指标的描述性统计及相关系数

	DCEF	*TURN*	*IPON*	*IPOR*	*CCI*	*PER*
均值	−13.935	235.010	14.297	4.986	105.813	24.137
标准差	12.977	121.511	13.219	6.525	4.358	11.540
最小值	−45.217	89.954	0	−2.320	97.000	12.410
最大值	1.217	754.517	54	39.160	113.690	69.751
偏度	−0.865	1.831	0.733	2.738	0.037	1.998
峰度	−0.401	4.120	−0.297	9.433	−0.937	4.415
相关系数	*DCEF*	*TURN*	*IPON*	*IPOR*	*CCI*	*PER*
DCEF	1					
TURN	0.219** (0.010)	1				
IPON	0.369*** (0.000)	0.134 (0.116)	1			
IPOR	−0.072 (0.398)	0.131 (0.126)	0.110 (0.197)	1		
CCI	−0.377*** (0.000)	−0.033 (0.704)	0.153 (0.073)	0.341*** (0.000)	1	
PER	−0.328*** (0.000)	0.133 (0.121)	0.110 (0.200)	0.554*** (0.000)	0.579*** (0.000)	1

注：括号内为 p 值。***、**和 * 分别表示在 1%、5%和 10%的水平下显著。

根据图 4.2.1 中的碎石检验和平行分析结果，选择 3 个主成分是合理的。表 4.2.2 显示了六个情绪指标的主成分分析结果：前三个主成分的累计解释百分比达到76.8%，在损失较少数据信息的基础上已经可以很好地解释大部分信息，因此选取前三个主成分，按照各自解释百分比进行加权构建投资者情绪综合指数($SENT_t$)，即

$$SENT_t = (0.363 \times F_1 + 0.252 \times F_2 + 0.153 \times F_3)/0.768 \tag{4.2.3}$$

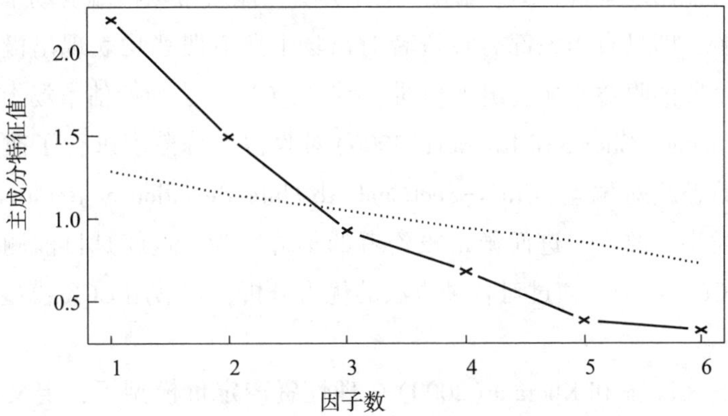

图4.2.1 碎石检验和平行分析图

表4.2.2 情绪代理指标主成分分析

特征向量	1	2	3	4	5	6
特征值	2.177	1.514	0.919	0.683	0.379	0.328
百分比	0.363	0.252	0.153	0.114	0.063	0.055
累计百分比	0.363	0.615	0.768	0.883	0.945	1.000

4.2.2.2 羊群行为的测度

学者们对羊群行为的检测方法主要有四种，即LSV、PCM、CH和CCK方法。LSV方法由Lakonishock等(1992)提出，主要利用某类股票买卖双方投资者数量的特征来刻画羊群行为的强弱程度。该方法不考虑股票的交易量和交易价格，对股票和时间段的选取具有较高的要求，不能同时衡量不同时段不同市场的羊群行为。PCM方法即组合变动度量方法，由Wermers(1999)提出，用股票占有权重的变动特征来测度投资者交易在方向和力度上的羊群行为。该方法赋予资金量大的投资者较大的比重，由于单纯股价的变动(不包括任何买卖行为)也会引起股票市值比重的变动，因此会导致结果失真，检测到虚假的羊群行为。Christie和Huang(1995)提出的CH方法是一种基于收益率分散

度的羊群行为测度方法，收益率分散度利用横截面收益标准差（Cross-Sectional Standard Deviation of Returns，CSSD）来衡量投资者决策的一致性。其主要思想是，当市场大幅波动时，如果个股收益率紧密分布在市场收益率周围，投资者会忽略个人对某些股票的判断，对市场上的所有股票一致对待，因此极有可能出现羊群行为。显然，CH方法只能对市场极端变动下的羊群行为进行检测，即只有当大部分投资者对市场上所有股票均表现出极强的羊群行为时，个股的收益率才会出现趋同。因此，CH方法会低估市场上羊群行为的程度。Chang、Cheng和Khorana（2000）对收益率分散度进行了改进，提出用横截面收益绝对偏差（Cross-Sectional Absolute Deviation of Returns，CSAD）来衡量收益率分散度，进而衡量投资者的羊群行为，这就是目前测度羊群行为常用的CCK模型。通过对各种方法的优劣分析，本书用CCK模型来测度羊群行为。

Chang、Cheng和Khorana（2000）在理性资产定价模型下，定义横截面收益率绝对偏差为收益率分散度的指标，具体公式如下：

$$CSAD_t = \frac{1}{N}\sum_{i=1}^{N} |R_{i,t} - R_{m,t}| \tag{4.2.4}$$

其中，N为股票市场上资产组合的股票样本数，$R_{i,t}$为第i只股票在第t期的收益率，$R_{m,t}$为该市场t时期资产组合的平均收益率。在投资者完全理性和资产定价模型基础上，收益率分散度$CSAD_t$与市场绝对平均收益$|R_{m,t}|$成正线性关系。当收益率分散度随市场收益率提高而减小时，两者的正线性关系被打破。如果市场上投资者的羊群行为存在，他们会作出大致相同的投资者决策，这将使收益率分散度变小。如果投资者之间相互效仿，买卖行为出现跟风状态，收益率分散度会迅速减小，收益率分散度和市场收益率之间呈现非线性关系。我们利用CCK模型来刻画收益率分散度和市场收益率之间的非线性关系：

$$CSAD_t = \gamma_0 + \gamma_1 |R_{m,t}| + \gamma_2 R_{m,t}^2 + \varepsilon_t \tag{4.2.5}$$

如果市场上股价出现大幅波动，投资者往往会忽略他们的私人信息而围绕市场达成共识，羊群行为显著，从而使收益率分散度减小的速度加快，这种情况下收益率分散度指标和市场平均收益率之间会呈现非线性关系，如模型（4.2.5）所示。在模型（4.2.5）中，当市场收益率平方项$R_{m,t}^2$的系数γ_2显著为负时，意味着股票市场中存在羊群行为。参照顾荣宝等（2015）的观点，本

书定义羊群行为指标 HERD(Herding Behavior Index)为

$$HERD_t=\begin{cases}|\gamma_2|, & \gamma_2<0\\ 0, & \gamma_2\geqslant 0\end{cases}\tag{4.2.6}$$

羊群行为指标 $HERD_t$ 的数值越大，模型(4.2.5)中的回归系数 γ_2 为负越显著，即市场上投资者的羊群行为越强。

本书以上证综合指数及其成分股的每日收盘价为研究对象，样本区间选取 2006 年 1 月 1 日至 2017 年 6 月，共计 2779 个样本时点。我国两轮牛市和全球金融危机等重要事件均在此期间发生。为包含尽可能多的成分股样本，本书以年为周期，剔除一年内缺失连续两个收盘价的成分股，各年保留的股票数量及采用的样本观察值个数见表 4.2.3。

表 4.2.3　股票数量和观察值个数

年份	股票数量	观察值	年份	股票数量	观察值
2006	113	27233	2012	660	160380
2007	464	112288	2013	657	156366
2008	576	141696	2014	523	128135
2009	587	143228	2015	350	85400
2010	609	147378	2016	620	151280
2011	634	154696	2017①	903	107457

资料来源：同花顺金融数据库。

注：①2017 年数据为上半年数据。

假定股票在第 t 期的日收盘价为 P_t，本节股价收益率采用对数收益率，即收盘价的对数差分 $R_t=\ln P_t-\ln P_{t-1}$。为方便计算，本节市场平均收益率以上证综合指数的对数收益率为代表。参照 Cajueiro 和 Tabak(2005)、顾荣宝等(2015)的观点，我们采用滚动宽窗回归技术来考察上海股票市场羊群行为的演化过程。由于羊群行为的短暂性，以 21 个观察值，即约一个月的股票交易日为滚动窗口的宽度，对每个窗口中的收益率分散度序列($CSAD_t$)采用 CCK 模型(模型 4.2.5)进行回归得到相应的羊群行为指标，并以窗口中间的时间点所对应的时间为指标，由此得到股票市场羊群行为的日度数据。本书中的投资者情绪、股价泡沫均采用月度数据，我们能过将羊群行为每月的日度数据进行平均得到其月度序列。

4.2.2.3 研究变量的描述性分析

图 4.2.2 描述了样本期内投资者情绪、羊群行为和股价泡沫的变化趋势，其中投资者情绪以右轴刻度表示。

股价泡沫的走势在第 3 章已经分析过，这里不再赘述。从投资者情绪的走势来看，2006 年到 2007 年以及 2014 年到 2015 年数值偏高，而 2008 年以及 2011 年到 2013 年数值则明显偏低。事实上，如果市场的实际发展趋势与投资者预期吻合，则会使投资者情绪高涨。在 2006 年到 2007 年以及 2014 年到 2015 年股市上行阶段，大部分投资者对股价有较高的预期，市场走势证实了这种预期的正确性，从而大大鼓励了投资者的积极情绪；而 2008 年的金融危机及 2011 年的欧洲主权债务危机的影响则导致投资者出现悲观情绪，说明本书构建的情绪综合指数能够较好地描述中国股市投资者情绪的变化。

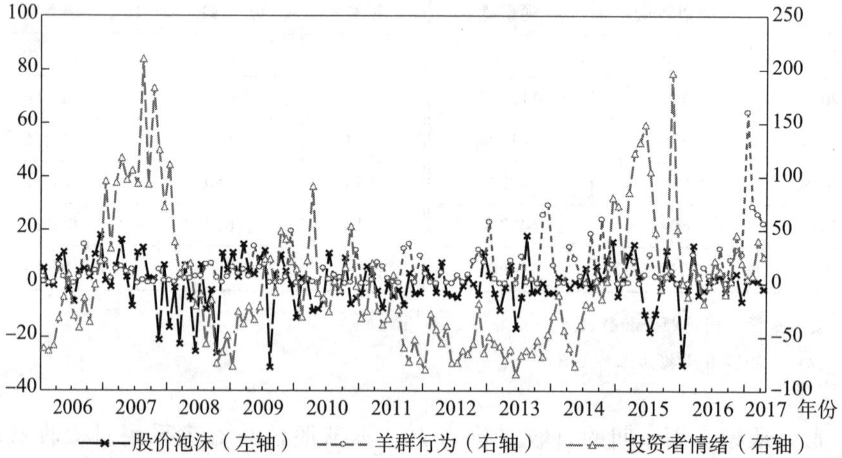

图 4.2.2 投资者情绪、羊群行为与股价泡沫的变化趋势

从羊群行为的走势来看，大部分时间羊群行为指标大于 0，只有个别时期羊群行为指标等于 0，说明中国股票市场的投资者在大部分时间具有羊群行为的特征。其中，羊群行为达到局部最大且大于 10（γ_2 大于 0.1）的时间点有：2006 年 9 月、2009 年 12 月、2010 年 12 月、2011 年 10 月、2013 年 1 月、2013 年 12 月、2014 年 5 月、2014 年 8 月、2014 年 10 月、2015 年 4 月、2015 年 6 月、2016 年 3 月、2016 年 8 月和 2017 年 1 月。可见，2014 年到 2015 年上半年羊群行为比较明显的时间点出现频繁，这与此期间中国股市经历牛市到股灾的背景相契合，说明投资者羊群行为在牛市或熊市中特征显著且波动较大。

从整体来看，投资者情绪与股价泡沫的走势有一致的区间(如两轮牛市期间)，也有相反的区间(比较明显的是2008 年金融危机期间、2011 年欧洲主权债务危机前后和 2015 年股灾之后)，说明投资者情绪和股价泡沫的关系不是唯一的；而羊群行为指标与股价泡沫的变化趋势也具有一致和相反的区间，时变特征明显，且羊群行为特征显著的时期早于股价正向泡沫出现的时期，说明羊群行为指标对股价泡沫具有一定的预测作用。与理论分析结果一致，投资者情绪、羊群行为与股价泡沫之间存在动态的联动机制，因此有必要采用合适的计量模型进一步考察三者之间的时变互动效应。

进一步地，采用 ADF 单位根检验对三个研究变量的平稳性进行检验，结果见表 4.2.4。由表 4.2.4 可知，在 1%的水平下，上证综合指数的泡沫、投资者情绪和羊群行为的指标均是平稳序列。因此，可以采用时变 VAR 模型对投资者情绪、羊群行为和股价泡沫三者之间的非线性关系进行分析。

表 4.2.4　研究变量的平稳性检验

	检验形式(C，T，L)	ADF 检验	1%临界值	5%临界值	p 值	结论
$SENT_t$	(0，0，0)	-2.584***	-2.582	-1.943	0.010	平稳
$HERD_t$	(0，0，0)	-3.653***	-2.582	-1.943	0.000	平稳
B_t	(0，0，0)	-11.334***	-2.582	-1.943	0.000	平稳

注：检验类型 C、T、L 分别表示 ADF 检验模型中的常数项、趋势和滞后阶数。ADF 检验统计量中的***表示在 1%的水平下显著。

4.2.3　投资者情绪、羊群行为与股价泡沫的时变互动

4.2.3.1　研究设计

TVP-SV-SVAR 模型是 VAR 在结构性和非线性方向扩展的代表模型，能够捕捉灵活经济体系基本结构的时变特征：一方面通过时变系数估计获得变量间不稳定的关系，另 ·方面通过时变波动率解决模型异方差问题。本书采用 TVP-SV-SVAR 模型对投资者情绪、市场流动性与股价泡沫之间的时变互动效应进行分析。TVP-SV-SVAR 模型的定义如下：

$$y_t = B_{0t} + B_{1t} y_{t-1} + \cdots + B_{st} y_{t-s} + A_t^{-1} \sum_t \varepsilon_t, \quad \varepsilon_t \sim N(0, I_k) \qquad (4.2.7)$$

其中，y_t 是 k 维列向量，$y_t = (SENT_t, HERD_t, BUBB_t)$；$A_t$ 为 $k \times k$ 时变结

构矩阵；B_{0t}，B_{1t}，…，B_{st}为 $k\times k$ 时变系数矩阵；$\sum_t$ 是以$[\sigma_{1t},\ \sigma_{2t},\ \cdots,\ \sigma_{st}]$为对角线的 $k\times k$ 对角矩阵。对 B_{it} 中的元素进行重组可得到$(k^2s+k)\times 1$ 的列向量β_t，定义矩阵 $X_t=I_n\otimes[1,\ y'_{t-1},\ \cdots,\ y'_{t-s}]$，其中$\otimes$表示克罗内克积，则式(4.2.7)可表示为

$$y_t=X_t\beta_t+A_t^{-1}\sum\nolimits_t\varepsilon_t,\quad t=s+1,\ \cdots,\ n \tag{4.2.8}$$

式(4.2.8)中，系数β_t、参数 A_t 和 $\sum_t$ 都是随时间变化的。对 A_t 中无约束因素重组成 $k(k-1)/2$ 维列向量 $\alpha_t=[\sigma_{21},\ \sigma_{31},\ \sigma_{32},\ \sigma_{41},\ \cdots,\ \sigma_{k,k-1}]$，定义 k 维列向量 $h_t=[h_{1t},\ \cdots,\ h_{kt}]$，其中 $h_{jt}=\log\sigma_{jt}^2$。为充分捕捉潜在经济结构的渐变和突变，根据 Nakajima(2011)设定 TVP-SV-SVAR 模型中所有的参数服从随机游走过程，即

$$\beta_{t+1}=\beta_t+\mu_{\beta t},\quad \alpha_{t+1}=\alpha_t+\mu_{\alpha t},\quad h_{t+1}=h_t+\mu_{ht} \tag{4.2.9}$$

$$\begin{pmatrix}\varepsilon_t\\ \mu_{\beta t}\\ \mu_{\alpha t}\\ \mu_{ht}\end{pmatrix}\sim N\left(0,\ \begin{pmatrix}1 & 0 & 0 & 0\\ 0 & \sum_\beta & 0 & 0\\ 0 & 0 & \sum_\alpha & 0\\ 0 & 0 & 0 & \sum_h\end{pmatrix}\right) \tag{4.2.10}$$

其中，$\beta_{s+1}\sim N\left(\mu_{\beta_0},\ \sum_{\beta_0}\right)$，$\alpha_{s+1}\sim N\left(\mu_{\alpha_0},\ \sum_{\alpha_0}\right)$，$h_{s+1}\sim N\left(\mu_{h_0},\ \sum_{h_0}\right)$，且 $\sum_\beta$，$\sum_\alpha$ 和 $\sum_h$ 都是正定对角矩阵。$\sum_\beta$ 为对角矩阵，表示时变参数的随机扰动性不相关；$\sum_\alpha$ 为块对角矩阵，表示变量的同期相关系数是独立的；$\sum_h$ 的对角性能够在不影响估计结果的前提下有效提高估计效率。

TVP-SV-SVAR 模型中需要估计的参数有 β_t，α_t，h_t，$\sum_\beta$，$\sum_\alpha$ 和 $\sum_h$，波动率的时变性使得传统极大似然估计需要大量重复卡尔曼滤波来估计每个参数集的极大似然函数，计算量繁重，不易实现。Nakajima(2011)提出的贝叶斯统计推断框架下的马尔科夫蒙特卡罗(Markov Chain Monte Carlo, MCMC)算法有效地解决了上述问题。

首先，设定参数的先验概率分布，提供 MCMC 算法的初始迭代值。参考 Primiceric(2005)的观点选取学习样本，将常系数 VAR 模型的估计结果作为贝叶斯估计的先验值，设定矩阵 $\sum_\beta$ 和 $\sum_\alpha$ 服从逆威沙特(IW)分布，$\sum_h$ 服从

逆伽马(IG)分布，参数的先验信息如下：

$$\beta_0 \sim N[\beta_{OLS},\ 4V(\beta_{OLS})],\ \alpha_0 \sim N[\alpha_{OLS},\ 4V(\alpha_{OLS})]$$

$$h_0 \sim N[h_{OLS},\ 4V(h_{OLS})],\ \sum\nolimits_{\beta} \sim IW[k^2_{\sum_\beta}\tau V(\beta_{OLS}),\ \tau]$$

$$\sum\nolimits_{\alpha} \sim IW[k^2_{\sum_\alpha}(1+n_\alpha)V(\alpha_{OLS}),\ (1+n_\alpha)]$$

$$\sum\nolimits_{h} \sim IG[k^2_{\sum_h}(1+n_h)I_k,\ (1+n_h)]$$

其中，τ 为学习样本的时期数，n_α 和 n_h 分别表示矩阵 $\sum_\alpha$ 和 $\sum_h$ 的维度，为提高模型估计的准确性，新引入参数 $k_{\sum_\beta}$，$k_{\sum_\alpha}$ 和 $k_{\sum_h}$ 的设定应使模型后验分布的概率接近于 1，依据 Primiceric(2005)的观点分别取 0.05，0.01 和 0.1。

其次，根据 MCMC 算法依次对参数的条件后验概率进行 Gibbs 抽样，形成参数的后验分布。令 $w=(\sum_\beta,\ \sum_\alpha,\ \sum_h)$，给定 $y=\{y_t\}_{t=1}^{n}$ 的观测数据集，根据给定参数 w 的先验信息，对后验分布 $\pi(\beta,\ \alpha,\ h,\ w|y)$ 进行抽样，具体步骤如下：

第 1 步，初始化 β，α，h，w，根据经验设定参数初始值：$\mu_{\beta_0}=\mu_{\alpha_0}=\mu_{h_0}=0$，$\sum_\beta=\sum_\alpha=\sum_h=10I$。其中，I 是单位矩阵。

第 2 步，给定 α，h，$\sum_\beta$，y，根据后验条件分布 $\pi(\beta|\alpha,\ h,\ \sum_\beta,\ y)$ 对 β 进行抽样。

第 3 步，给定 β，根据后验条件分布 $\pi(\sum_\beta|\beta)$ 对 $\sum_\beta$ 进行抽样。

第 4 步，给定 β，h，$\sum_\alpha$，y，根据后验条件分布 $\pi(\alpha|\beta,\ h,\ \sum_\alpha,\ y)$ 对 α 进行抽样。

第 5 步，给定 α，根据后验条件分布 $\pi(\sum_\alpha|\alpha)$ 对 $\sum_\alpha$ 进行抽样。

第 6 步，给定 β，α，$\sum_h$，y，根据后验条件分布 $\pi(h|\beta,\ \alpha,\ \sum_h,\ y)$ 对 h 进行抽样。

第 7 步，给定 h，根据后验条件分布 $\pi(\sum_h|h)$ 对 $\sum_h$ 进行抽样。

第 8 步，返回步骤 2 重复。

最后，构造合适的冲击矩阵对简约形式的冲击进行重组，验证相关约束形成的脉冲响应结果。假设 TVP-SV-SVAR 模型所对应的向量移动平均(VMA)表达式为 $y_t=\sum_{i=0}^{\infty}\theta_{t,i}u_{t-i}$，那么以后 h 期的脉冲响应就可用 $\theta_{t,h}$ 来反映，可见各个时期的脉冲响应函数是不一样的。因此，在进行脉冲响应分析时，可以做出各个时期不同滞后期的三维脉冲响应图，更加清楚地展现变量之间的动态效应。

4.2.3.2 参数估计基本结果分析

根据AIC准则选择VAR模型的最优滞后阶数为2，用MCMC算法抽样模拟10000次得到有效样本，TVP-SV-SVAR模型参数估计结果见表4.2.5。表4.2.5中参数的Geweke收敛诊断值均未超过5%置信水平，对应的临界值为1.96，不能拒绝趋于后验分布的原假设，表明预烧期已经能使马尔科夫链趋于集中。非有效因子表示为得到不相关样本所需要抽样的次数，非有效因子越低，表明样本越有效。表4.2.5中非有效因子都非常低，其中最大值为99.21，可以获得至少10000/99.21≈101个不相关的样本。因此，本章通过MCMC算法对TVP-SV-SVAR模型进行参数的模拟估计是有效的。

表4.2.5 参数估计结果

参数	均值	标准差	95%置信区间	Geweke	非有效性(Inefficiency)
$(\sum_{\beta})_1$	0.0023	0.0003	[0.0018, 0.0029]	0.217	6.96
$(\sum_{\beta})_2$	0.0023	0.0003	[0.0018, 0.0028]	0.107	11.47
$(\sum_{\alpha})_1$	0.0054	0.0016	[0.0033, 0.0097]	0.003	43.98
$(\sum_{\alpha})_2$	0.0057	0.0020	[0.0033, 0.0112]	0.007	68.07
$(\sum_{h})_1$	0.0058	0.0017	[0.0035, 0.0098]	0.412	38.60
$(\sum_{h})_2$	0.2473	0.0782	[0.1036, 0.4145]	0.154	99.21

4.2.3.3 变量影响关系的时变特征分析

图4.2.3反映的是投资者情绪、羊群行为与股价泡沫的相互影响随时间变化的特征。其中，实线为同期影响系数，虚线为同期影响系数95%置信区间的上下限。

从图4.2.3(a)中可以看出，样本期内投资者情绪对羊群行为的同期影响系数($\tilde{a}_{1t}$: SENT→HERD)符号并不确定。2006年到2007年上半年投资者情绪对羊群行为的同期影响为正，2007年下半年到2011年投资者情绪对羊群行为的同期影响为负，且该负向同期影响逐渐增强，2011年之后该负向影响有所回落，到 2016 年又回归到正向影响。这可能是因为虽然在中国股票市场第一轮牛市中投资者积极的情绪对羊群行为表现出了促进的作用，但是受到全球金融危机以及 2011 年欧洲主权债务危机的影响，投资者悲观的情绪抑制了股票市场投资者羊群行为的程度。经历中国股市第二轮牛市的刺激，投资者情绪对羊群行为的影响又回归到正向影响。

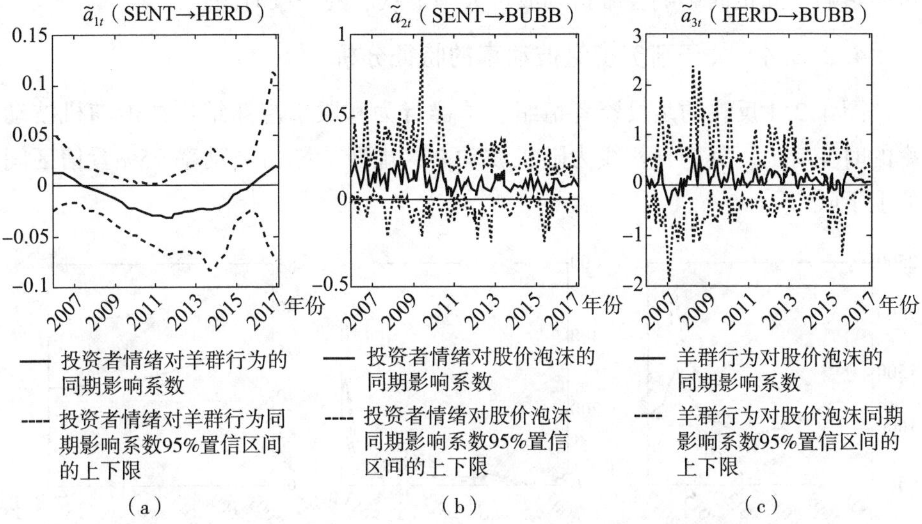

图 4. 2. 3　投资者情绪、羊群行为与股价泡沫同期关系的时变特征

从图 4. 2. 3(b) 中可以看出，样本期内投资者情绪对股价泡沫的同期影响系数($\tilde{a}_{2t}$：SENT→BUBB) 都是正值，但是影响程度却随着时间的推移有所改变。容易看出，投资者情绪对股价泡沫的影响程度整体上在 2011 年之前明显大于 2011 年之后。

从图 4. 2. 3(*c*) 中可以得到类似的结论，即样本期内羊群行为对股价泡沫的同期影响系数($\tilde{a}_{3t}$：HERD→BUBB) 也具有明显的时变特征，且投资者羊群行为对股价泡沫的影响程度整体上在 2011 年之前大于 2011 年之后。投资者情绪和羊群行为对股价泡沫影响力度的减小，可能有两个方面的原因：一是随着信息技术发展及投资者受教育程度的提高，投资者获取信息及分析信息的能力增强，在其进行投资决策过程当中理性程度提高，从而导致投资者的情绪和行为对股价泡沫的作用减弱；二是宏观经济因素对股价泡沫的影响有所加强，中国经济的飞速增长、杠杆投资的蓬勃发展(如券商融资、伞形信托、银行借贷) 等削弱了投资者情绪和羊群行为对股价泡沫的影响。此外，

图 4. 2. 3(c)还表明，大部分时间内羊群行为对股价泡沫的同期影响系数为正值，但是在 2007 年下半年和 2015 年上半年这两个阶段内，羊群行为对股价泡沫的同期影响系数出现了明显的负值。事实上，上证综合指数在两轮牛市中，分别于 2007 年 10 月和 2015 年 5 月达到最高点之后急剧下跌，这说明在股价疯狂上涨到一定程度之后，羊群行为对股价泡沫的正向影响会逐渐转为负向影响，此负向影响会维持到股价大幅下跌后的一段时间。

4. 2. 3. 4　关于研究变量波动率的特征分析

图 4. 2. 4 反映的是投资者情绪、羊群行为和股价泡沫结构冲击随机波动率的时变特征。其中，实线为随机波动率，虚线为随机波动率 95%置信区间的上下限。

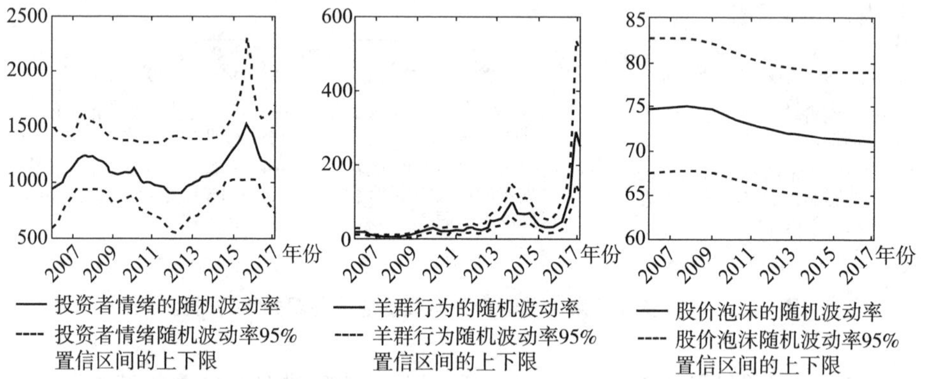

（a）　　（b）　　（c）

图 4. 2. 4　投资者情绪、羊群行为和股价泡沫的时变随机波动率

从图 4. 2. 4(a)中可以看出，投资者情绪的随机波动率在 2006 年到 2007 年 10 月具有较快的变大趋势，在 2007 年 11 月之后逐渐变小，并且在 2011 年底达到最小值，随后逐渐上升，2015 年中期至今，该随机波动率又处于下降的趋势。在 2006 年到 2007 年 10 月的股市牛市中，市场投资者预期股价会进一步上涨，而实际市场中股价的走势证实了投资者预期的正确性，投资者情绪变得更加乐观，其随机波动率因此逐渐上升。受 2008 年全球金融危机的影响，投资者悲观的情绪占主导，随后由于房地产市场在 2009 年到 2010 年大涨对股票市场的“挤出”效应，以及 2011 年欧洲主权债务危机的影响，投资者对股市的悲观情绪并没有得到抑制，直到 2012 年之后才开始缓慢回升，在 2014 年到 2015 年上半年的牛市中，投资者情绪的波动率再次迅速变大，但是 2015 年上半年的股灾事件再次导致投资者情绪波动率的下降。综上可知，投资者情绪随机波动率的时变特征和实际市场环境是吻合的。

从图 4. 2. 4(b)中可以看出，羊群行为的随机波动率在 2009 年之前处于较低的水平，甚至接近于 0。从 2009 年开始，羊群行为的随机波动率缓慢上升，在 2014 年达到局部高点后趋于下降，2016 年下半年又重拾升势，且升势迅速。这是由于股灾后投资者对股市的判断失去了信心，跟风行为有所凸显。羊群行为的随机波动率整体上在 2011 年之后明显大于 2011 年之前。这是因为：一方面，市场中投资者决策的理性程度增加，羊群行为不出现的概率增加；另一方面，随着金融投资方式的增加，机构投资者持有股票投资资金量巨大，此时投资者从众操作便会带来羊群行为程度的巨大变动，即羊群行为程度的上限不断加大，从而会导致羊群行为的随机波动率变大。

从图 4. 2. 4(c)中可以看出，股价泡沫的随机波动率在 2006 年到 2009 年相对稳定，之后呈缓慢下降趋势，从 2014 年开始又相对稳定。可以看出，股价泡沫的波动率有所下降，在中国股市第二轮牛市期间明显低于第一轮牛市期间，说明股价偏离其基础价值的现象虽然持续存在，但其波动幅度却有所降低。

4. 2. 3. 5　时变脉冲响应分析

图 4. 2. 5 和图 4. 2. 6 刻画了由 TVP-SV-VAR 模型得到的两种不同的脉冲响应函数。图 4. 2. 5 是在不同时点上一单位标准正向冲击形成的脉冲响应，横轴表示滞后期数，纵轴表示脉冲响应函数值，比较的时点是 2006 年 12 月、2007 年 7 月、2012 年 7 月、2014 年 8 月和 2015 年 6 月，这些时点兼具随机性和代表性；图 4. 2. 6 反映的是不同提前期一单位标准正向冲击形成的脉冲响应函数的序列，提前期分别为 4 期、8 期与 12 期。

1)不同时点的脉冲响应时变特征分析

从图 4. 2. 5 中可以看出，羊群行为对投资者情绪正向冲击的脉冲响应(SENT→HERD)在 2006 年 12 月和 2007 年 7 月以及 2014 年 8 月和 2015 年 6 月分别一致，在 2012 年 7 月则表现出不同的反映。在 2006 年 12 月与 2007 年 7 月，羊群行为当期对投资者情绪冲击有正向的响应，随后下降转为负向响应，并于滞后 4 期之后表现为稳定的缓慢上升。在 2014 年 8 月和 2015 年 6 月，羊群行为当期对投资者情绪冲击有负向的响应，并均从滞后 4 期开始表现为稳定的缓慢上升。可以看出，在 2006 年 12 月、2007 年 7 月、2014 年 8 月和 2015 年 6 月这四个时点，滞后 4 期之后羊群行为对投资者情绪正向冲击的脉冲响应走势类似，不同的是 2006 年 12 月和 2007 年 7 月的响应程度明显大于 2014 年 8 月和 2015 年 6 月的响应程度。但是，2012 年 7 月投资者情绪短期内加强羊群行为的程度，从第 3 期开始羊群行为对投资者情绪冲击的响应便稳定于接近于 0 的负值。综上所述，投资者情绪对羊群行为的当期影响方向不确定[这与图 4.2.3(a)得到的结论一致]，从长期来看，有微弱的负向效应，且投资者情绪在股价波动幅度较大时对羊群行为的滞后影响期限较长。

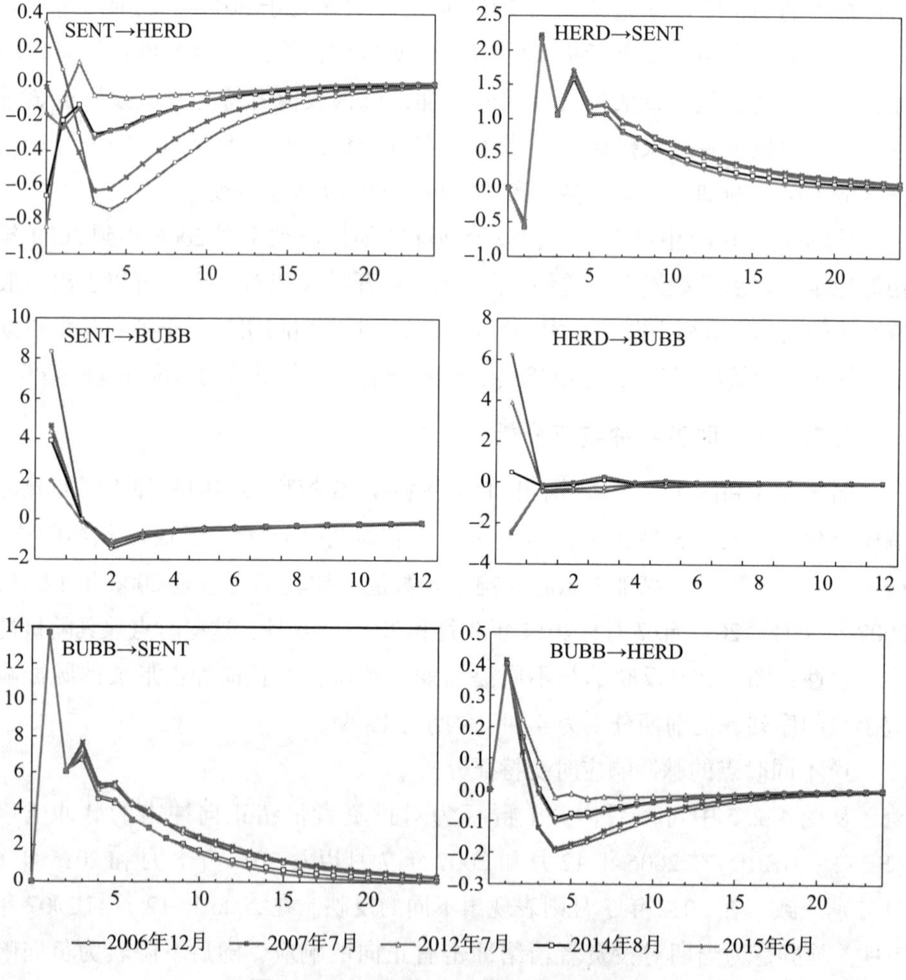

图 4.2.5　不同时点上的脉冲响应函数

投资者情绪对羊群行为正向冲击的脉冲响应(HERD→SENT)在五个时点上基本保持一致。当期羊群行为对投资者情绪没有作用，羊群行为在滞后 1

期能够起到稳定投资者情绪的作用，但在滞后 2 期对投资者情绪有较大的正向刺激作用，随后正向作用震荡减弱，并从滞后 6 期开始稳定减弱。从影响程度来看，2006 年 12 月和 2007 年 7 月投资者情绪对羊群行为冲击的脉冲响应程度略大于 2014 年 8 月和 2015 年 6 月投资者情绪对羊群行为冲击的脉冲响应程度。综上所述，羊群行为对投资者情绪的滞后影响时间较长，且随着时间推移，影响略有减弱。

股价泡沫对投资者情绪正向冲击的脉冲响应(SENT→BUBB)在五个不同的时点上也基本保持一致，投资者情绪在当期能够起到刺激泡沫膨胀的作用。股价泡沫对投资者情绪的冲击在当期有明显的正向响应，且此响应会随着时间的推移逐渐减弱(从 8 降到 2)，这与图 4. 2. 3(b)得到的结论一致，之前已经分析过原因。在滞后 2 期时，股价泡沫对投资者情绪冲击表现出负向响应，但是从滞后 3 期开始股价泡沫对投资者情绪冲击的响应已经稳定趋于 0。

股价泡沫对羊群行为正向冲击的脉冲响应(HERD→BUBB)在五个时点上的表现并不一致。在 2006 年 12 月、2012 年 7 月和 2014 年 8 月股价泡沫对羊群行为冲击的脉冲响应与 2007 年 7 月和 2015 年 6 月这两个时点的响应走势不同。对于 2006 年 12 月、2012 年 7 月和 2014 年 8 月的羊群行为冲击，股价泡沫的响应值当期为正，滞后 1 ~ 4 期为负，于滞后 5 期开始稳定于 0；对于 2007 年 7 月和 2015 年 6 月的羊群行为冲击，股价泡沫的响应值当期为负，滞后 1 ~ 4 期为正，同样于滞后 5 期开始稳定于 0。2006 年 12 月和 2014 年 8 月处于两轮牛市中股价上涨的初始阶段，2007 年 7 月和 2015 年 6 月处于两轮牛市中股价上涨接近波峰阶段，2012 年 7 月处于股价的短期小幅下跌过程。可见，羊群行为对股价泡沫的影响方向不确定，与股价处于上涨和下跌以及处于上涨过程的哪一阶段有关。

对于五个不同时点上股价泡沫的正向冲击，投资者情绪和羊群行为的脉冲响应在变化趋势上均相似。投资者情绪对泡沫冲击当期没有响应，滞后 1 期表现为较大的正向响应，随后迅速下降并于滞后 5 期之后表现为稳定缓慢下降。冲击的滞后影响期限较长，方向相同，但是 2006 年 12 月和 2007 年 7 月泡沫冲击对投资者情绪的影响略大于 2014 年 8 月和 2015 年 6 月泡沫冲击对投资者情绪的影响。羊群行为对泡沫冲击当期也没有响应，在 2006 年 12 月、2007 年 7 月、2014 年 8 月和 2015 年 6 月这四个时点，滞后 1 期表现为正向响应，随后迅速下降，于滞后 3 期转为负向响应，之后呈现稳定的上升趋势。2006 年 12 月和 2007 年 7 月泡沫冲击对羊群行为的负向影响大于 2014 年 8 月和 2015 年 6 月泡沫冲击对羊群行为的负向影响。但是，对于 2012 年 7 月的泡沫冲击，羊群行为的正向响应继滞后 1 期之后连续下降 3 期，于滞后 4 期稳定于 0 值附近。可见，股价泡沫对羊群行为的影响在股价大幅涨跌期间持续期较长，且短期能够刺激羊群行为，长期则能稳定羊群行为，而在股价波动较小期间，只有短期的正向刺激作用。

2) 不同提前期的脉冲响应时变特征分析

设定提前 4 期、8 期和 12 期分析模型系统对各变量冲击的响应。从图 4. 2. 6中可以看出，三个不同提前期冲击形成的脉冲响应的变化走势是相似的，但不同提前期形成的脉冲响应在方向上有所不同，具有明显的时变特征。

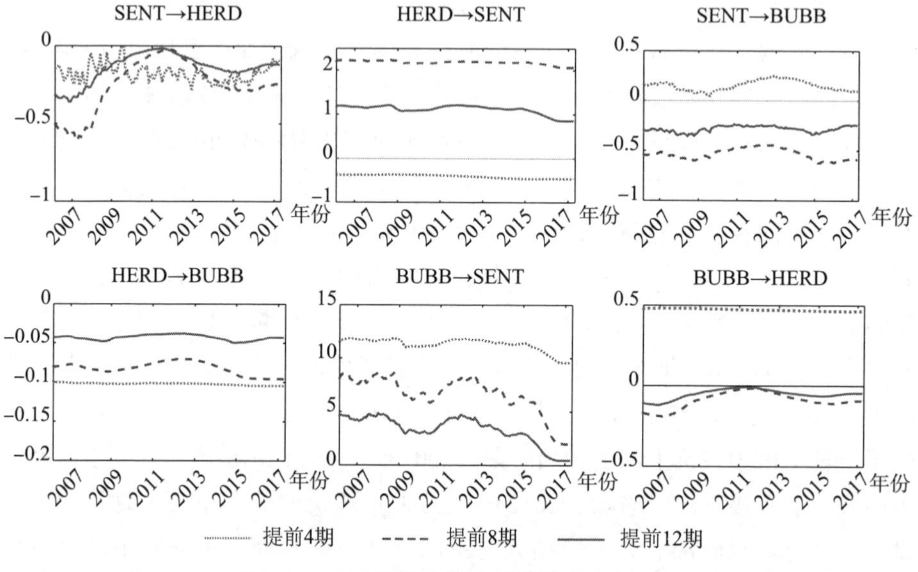

图 4. 2. 6　不同提前期冲击的脉冲响应函数

羊群行为对投资者情绪提前 4 期、8 期和 12 期冲击的负向脉冲响应在 2011 年初之前处于减弱态势，之后呈现增强态势，从 2015 年下半年开始缓慢回落。可见，两轮牛市中投资者情绪对羊群行为的影响均达到局部较大。投资者情绪对羊群行为提前 4 期、8 期和 12 期冲击的响应均为正值，2010 年之前脉冲响应函数值有微弱的下降趋势，2011 年到 2012 年缓慢回升，2013 年之后下降趋势加快，说明羊群行为对投资者情绪的影响从 2013 年起有所减弱。

股价泡沫对提前 4 期、8 期和 12 期投资者情绪冲击的响应均为负值。结合图 4. 2. 3 和图 4. 2. 5 可以发现，股价泡沫对投资者情绪冲击的当期和 1 期响应为较大的正值，说明投资者情绪对股价泡沫的影响短期为正、长期为负。2015 年以后，股价泡沫对提前 4 期、8 期和 12 期投资者情绪冲击的响应均有明显的减弱态势，而从图 4.2.5 中可以看出，股价泡沫对投资者情绪冲击的当期响应随着时间的推移也有下降特征，说明投资者情绪对股价泡沫影响的当期和长期效应均在减弱。股价泡沫对提前 8 期和 12 期羊群行为冲击的负向响应程度在 2014 年之前相对比较稳定，在 2014 年之后有微小减弱。股价泡沫对提前 4 期羊群行为冲击的响应从 2013 年开始便有较强的增大趋势。

投资者情绪对股价泡沫冲击的脉冲响应程度随时间的推移有减弱的态势，即股价泡沫的膨胀能够刺激投资者乐观的情绪，但乐观的程度随时间推移有所减弱。羊群行为对股价泡沫正向冲击的脉冲响应在 2007 年下半年达到负的极值后程度逐渐变小，在 2011 年接近于 0，之后负向响应缓慢变大，并于 2014 下半年到 2015 年再次到达局部负的极值，说明股价泡沫对羊群行为的影响在两轮牛市中比较明显。

综上所述，投资者情绪、羊群行为与股价泡沫之间的关系不是唯一的，而是随时间的推移而不断改变，且表现出与所处经济金融背景相对应的客观规律，为监控股价泡沫演化及正确引导投资者理性决策提供了新的参考。

4.3　过度自信、市场流动性与股价泡沫

投资者是股票市场的主要参与者，其行为直接影响着股价的波动，投资者过度自信是资产价格泡沫出现的重要原因。Scheinkman 和 Xiong(2003)揭示了连续时间下过度自信和投机泡沫之间的关系，Hong、Scheinkman 和 Xiong(2006)在过度自信和投机泡沫的模型中引入了资产可流通量，研究其对泡沫的作用。Jlassi(2014)等对过度自信和市场波动进行了实证研究。此外，当股市出现剧烈波动时，中国政府主要通过涨跌停板限制和停牌来管理市场，势必会造成流动性冻结，导致流动性风险，进而影响泡沫的变化。因此，研究投资者过度自信和市场流动性如何影响我国股价泡沫的动态变化具有一定的理论意义和实践价值。

4.3.1　过度自信、市场流动性影响股价泡沫的理论模型

假设市场中存在单一的交易资产，此资产具有一般性，可代表股票、证

券投资组合或整个市场等，在本书中主要代表股票。假设整个市场中股票的供给量为 Q，整个市场分为 3 期，即 $t=0$，1，2，股票在 $t=0$，1 时期进行交易，在 $t=2$ 时期支付股利 f，f 服从正态分布，各个时期的股价为 P_t。

假设市场中有两类投资者 A 和 B，他们在新信息到来时，对信息有着不同的自信程度，即投资者具有异质性。过度自信通过在相同市场流动性水平下不同投资者利用新信息对股利的预期来反映。为方便比较投资者过度自信对股价泡沫的影响，假定每一类中所有投资者是同质的，他们对风险的偏好程度一样，且其风险承受能力有限，记为 η。

假设股票市场的流动性有两种可能的水平 C 和 D，市场流动性的差异通过相同投资者在不同流动性水平下对股利的预期来反映。

4.3.1.1 过度自信和市场流动性的参数设定

在 $t=0$ 时期，两种投资者在不同的市场流动性水平下，对资产在 $t=2$ 时期的股利 f 的分布有一个初始的判断，即 f 的先验分布，在市场流动性水平为 C 时，分别为 $N(\hat{f}_0^{AC},\ \sigma_0^2)$ 和 $N(\hat{f}_0^{BC},\ \sigma_0^2)$，在市场流动性水平为 D 时，分别为 $N(\hat{f}_0^{AD},\ \sigma_0^2)$ 和 $N(\hat{f}_0^{BD},\ \sigma_0^2)$，初始信念有相同的方差，即预期的精度相同，均为 $\tau_0=1/\sigma_0^2$，但是不同流动性水平下两种投资者对 f 的预期可以不等。在 $t=1$ 时期，投资者观察到市场上的四个公共信息：

$$S_f^A=f+\varepsilon_f^A,\ S_f^B=f+\varepsilon_f^B,\ S_f^C=f+\varepsilon_f^C,\ S_f^D=f+\varepsilon_f^D \tag{4.3.1}$$

其中，ε_f^I，$I\in\{A,\ B,\ C,\ D\}$ 是信息的随机扰动项，且 $\varepsilon_f^I\sim N(0,\ \sigma_\varepsilon^2)$；$S_f^A$、$S_f^B$ 用来讨论投资者过度自信的区别；S_f^C、S_f^D 用来讨论市场流动性的区别。记 $\tau_\varepsilon=1/\sigma_\varepsilon^2$ 为四个信息噪声项正态分布的精度。由于过度自信的存在，投资者 A 高估信息 A' 的精度为 $\varphi\tau_\varepsilon$，认为 $\varepsilon_f^A\sim N(0,\ \sigma_\varepsilon^2/\varphi)$，投资者 B 高估信息 B' 的精度为 $\varphi\tau_\varepsilon$，认为 $\varepsilon_f^B\sim N(0,\ \sigma_\varepsilon^2/\varphi)$。这里 φ 是过度自信参数，且 $\varphi>1$。①

市场流动性对资产价格的影响也会随着新信息的到来反映出来。对于流动性与股价波动的联动机制，已有文献表现出两种对立的观点。一些学者认为资产价格会随着高的市场流动性远离其基本价值，产生泡沫并表现出高的波动率，Hussam、Porter 和 Smith(2008) 以及 Valenzuela 等(2015) 支持此观点。

① 这里设定 $\varphi>1$ 是为了衡量投资者过度自信的变化方向，即由小变大，不代表后面实证分析中过度自信指标必须大于 1。

其他学者如 Jarrow、Protter 和 Roch(2012)认为，资产价格由市场交易行为决定，流动性风险是资产价格产生泡沫的显著性因素，流动性越大，资产价格越会随着套利的消失而趋于基本价值，价格波动相应越小。本书假设第一种观点成立，进行分析检验。在第一种观点的基础上，当信息反映出较高的市场流动性时，资产价格的波动率也较大。由于市场流动性不同，当市场流动性水平为 C 时，如果信息 C' 反映出较高的市场流动性，投资者会认为信息 C' 的精度变小为 τ_ε/ϕ，即 $\varepsilon_f^C \sim N(0,\ \phi\sigma_\varepsilon^2)$，这里 ϕ 是市场流动性的参数，且 $\phi>1$①。当市场流动性水平为 D 时，如果信息 D' 反映出较高的流动性，投资者会认为信息 D' 的精度变小为 τ_ε/ϕ，即 $\varepsilon_f^D \sim N(0,\ \phi\sigma_\varepsilon^2)$。

4.3.1.2　股价泡沫的推导

首先讨论两组投资者在 $t=1$ 时期对股票红利的预期。根据正态分布参数的贝叶斯估计，可得出以下结论：

命题 4.3.1　$t=1$ 时期两种投资者在不同流动性水平市场上对股票红利的预期均服从正态分布，分别记为 $N(\hat{f}_1^{AC},\ \sigma_1^2)$，$N(\hat{f}_1^{AD},\ \sigma_1^2)$ 和 $N(\hat{f}_1^{BC},\ \sigma_1^2)$、$N(\hat{f}_1^{BD},\ \sigma_1^2)$，其精度和方差相等，为

$$\tau_1=\tau_0+\left(2+\varphi+\frac{1}{\phi}\right)\tau_\varepsilon,\quad \sigma_1^2=\frac{\sigma_0^2\sigma_\varepsilon^2}{\sigma_\varepsilon^2+\left(2+\varphi+\dfrac{1}{\phi}\right)\sigma_0^2} \tag{4.3.2}$$

期望分别为

$$\hat{f}_1^{AC}=\hat{f}_0^{AC}+\frac{\varphi\tau_\varepsilon}{\tau_1}(S_f^A-\hat{f}_0^{AC})+\frac{\tau_\varepsilon}{\tau_1}(S_f^B-\hat{f}_0^{AC})+\frac{\tau_\varepsilon}{\phi\tau_1}(S_f^C-\hat{f}_0^{AC})+\frac{\tau_\varepsilon}{\tau_1}(S_f^D-\hat{f}_0^{AC}) \tag{4.3.3}$$

$$\hat{f}_1^{AD}=\hat{f}_0^{AD}+\frac{\varphi\tau_\varepsilon}{\tau_1}(S_f^A-\hat{f}_0^{AD})+\frac{\tau_\varepsilon}{\tau_1}(S_f^B-\hat{f}_0^{AD})+\frac{\tau_\varepsilon}{\tau_1}(S_f^C-\hat{f}_0^{AD})+\frac{\tau_\varepsilon}{\phi\tau_1}(S_f^D-\hat{f}_0^{AD}) \tag{4.3.4}$$

$$\hat{f}_1^{BC}=\hat{f}_0^{BC}+\frac{\tau_\varepsilon}{\tau_1}(S_f^A-\hat{f}_0^{BC})+\frac{\varphi\tau_\varepsilon}{\tau_1}(S_f^B-\hat{f}_0^{BC})+\frac{\tau_\varepsilon}{\phi\tau_1}(S_f^C-\hat{f}_0^{BC})+\frac{\tau_\varepsilon}{\tau_1}(S_f^D-\hat{f}_0^{BC}) \tag{4.3.5}$$

---

① 这里设定 $\phi>1$ 是为了衡量市场流动性的变化方向，即由小变大，不代表后面实证分析中市场流动性指标必须大于 1。

$$\hat{f}_1^{BD}=\hat{f}_0^{BD}+\frac{\tau_\varepsilon}{\tau_1}(S_f^A-\hat{f}_0^{BD})+\frac{\varphi\tau_\varepsilon}{\tau_1}(S_f^B-\hat{f}_0^{BD})+\frac{\tau_\varepsilon}{\tau_1}(S_f^C-\hat{f}_0^{BD})+\frac{\tau_\varepsilon}{\phi\tau_1}(S_f^D-\hat{f}_0^{BD}) \tag{4.3.6}$$

投资者 A 和 B 的平均预期分别为

$$\hat{f}_1^A=p\hat{f}_1^{AC}+(1-p)\hat{f}_1^{AD}, \quad \hat{f}_1^B=p\hat{f}_1^{BC}+(1-p)\hat{f}_1^{BD}$$

其中，p 为市场流动性水平为 C 的概率。

由命题 4.3.1 可知，股票红利预期的不同主要有三方面原因：一是不同投资者在不同流动性水平市场上的初始信念不同；二是当新信息到达时，过度自信水平的不同；三是当新信息到达时，市场流动性水平的不同。由于投资者过度自信和市场流动性均通过新信息来区分，为突出过度自信和市场流动性对股价的影响，我们只讨论后面两个原因，即假设不同投资者在不同流动性水平市场上的初始信念相同。令 $l_1=\hat{f}_1^A-\hat{f}_1^B$ 表示考虑市场流动性水平后投资者 A 和 B 对股票红利在 $t=1$ 时期预期的差异，则

$$l_1=\frac{(\varphi-1)\tau_\varepsilon}{\tau_0+\left(2+\varphi+\frac{1}{\phi}\right)\tau_\varepsilon}(\varepsilon_f^A-\varepsilon_f^B) \tag{4.3.7}$$

由(4.3.7)可知，l_1 服从正态分布，且均值为 0，方差为

$$\sigma_{l_1}^2=\frac{(\varphi-1)^2(\varphi+1)}{\varphi\tau_\varepsilon\left[\tau_0+\left(2+\varphi+\frac{1}{\phi}\right)\right]^2} \tag{4.3.8}$$

在命题 4.3.1 的结论基础上，考虑在 $t=1$ 时期的市场均衡价格和投资者股票均衡需求量。给定股票在 $t=1$ 时期的价格为 p_1，两种投资者对股票的需求量分别记为 x_1^A，x_1^B，则

$$x_1^A=\max[\eta\tau_1(\hat{f}_1^A-p_1),\ 0], \quad x_1^B=\max[\eta\tau_1(\hat{f}_1^B-p_1),\ 0] \tag{4.3.9}$$

结合市场出清条件 $x_1^A+x_1^B=Q$，可得到 $t=1$ 时期的股票均衡价格和投资者均衡需求量。

引理 4.3.1 考虑市场流动性水平和投资者过度自信程度的不同后，$t=1$ 时期的股票均衡价格和投资者需求量有以下三种情况：

(1)如果 $l_1>Q/\eta\tau_1$，则

$$x_1^A=Q,\quad x_1^B=0,\quad p_1=\hat{f}_1^A-\frac{Q}{\eta\tau_1} \tag{4.3.10}$$

(2) 如果 $|l_1|\leqslant Q/\eta\tau_1$，则

$$x_1^A=\eta\tau_1\left(\frac{l_1}{2}+\frac{Q}{2\eta\tau_1}\right),\ x_1^B=\eta\tau_1\left(\frac{-l_1}{2}+\frac{Q}{2\eta\tau_1}\right),\ p_1=\frac{\hat{f}_1^A+\hat{f}_1^B}{2}-\frac{Q}{2\eta\tau_1} \tag{4.3.11}$$

(3) 如果 $l_1<-Q/\eta\tau_1$，则

$$x_1^A=0,\ x_1^B=Q,\ p_1=\hat{f}_1^B-\frac{Q}{\eta\tau_1} \tag{4.3.12}$$

引理 4.3.1 的证明只需将式(4.3.10)至式(4.3.12)代入市场出清的条件即可。引理 4.3.1 是对 Scheienkman 和 Xiong(2003)提出引理的扩展，虽然形式上类似，但是三种情况的临界点 $l_1=\hat{f}_1^A-\hat{f}_1^B$ 的影响因素和具体大小不等。Scheienkman 和 Xiong(2003)只考虑了过度自信导致的投资者对股票红利预期的差异。本书在此基础上考虑了市场流动性对股票红利预期的影响。投资者都是风险厌恶的，希望其他投资者和他们一起分担市场上股票的流通量 Q，进一步共同承担风险，除非他们对股价的预期差异很大，这就是引理 4.3.1 中的情况(2)，此时股价由投资者 A 和 B 预期的平均值决定，并进行适当的风险调整$Q/2\eta\tau_1$。如果投资者 A 对股价的信心远大于投资者 B，投资者 A 会持有市场上股票的所有流通量 Q，此时股价由投资者 A 的预期决定，并进行适当的风险调整$Q/\eta\tau_1$，此即为引理 4.3.1 中的情况(1)。情况(3)是情况(1)的对称情形。

类似地，可以得出 $t=0$ 时期的股票均衡价格和投资者的股票均衡需求量。

引理 4.3.2　令 $l_0=E_0^Ap_1-E_0^Bp_1$ 表示考虑市场流动性水平后投资者 A 和 B 在 $t=0$ 时期对股价下一期预期的差异，则 $t=0$ 时期股票均衡价格和投资者均衡需求量有以下三种情况：

(1) 如果 $l_0>Q/\eta\tau_0^A$，则

$$x_0^A=Q,\ x_0^B=0,\ p_0=E_0^Ap_1-\frac{Q}{\eta\tau_0^A} \tag{4.3.13}$$

(2) 如果$-Q/\eta\tau_0^A\leqslant l_0\leqslant Q/\eta\tau_0^B$，则

$$x_0^A=\frac{\tau_0^A\tau_0^B}{\tau_0^A+\tau_0^B}\eta l_0+\frac{\tau_0^A}{\tau_0^A+\tau_0^B}Q,\ x_0^B=\frac{\tau_0^A\tau_0^B}{\tau_0^A+\tau_0^B}\eta l_0+\frac{\tau_0^B}{\tau_0^A+\tau_0^B}Q$$

$$p_0=\frac{\tau_0^A}{\tau_0^A+\tau_0^B}E_0^Ap_1+\frac{\tau_0^B}{\tau_0^A+\tau_0^B}E_0^bp_1-\frac{1}{(\tau_0^A+\tau_0^B)\eta}Q \tag{4.3.14}$$

(3)如果 $l_0<-Q/\eta\tau_0^B$，则

$$x_0^A=0,\ x_0^B=Q,\ p_0=E_0^B p_1-\frac{Q}{\eta\tau_0^B} \tag{4.3.15}$$

其中，x_0^A，x_0^B 为 $t=0$ 时期两种投资者对股票的需求量；$E_0^A p_1$ 和 $E_0^B p_1$ 分别是 $t=0$ 时期投资者 A 和 B 考虑市场流动性后对下一期股价的期望；τ_0^A，τ_0^B 分别为 $t=0$ 时期投资者 A 和 B 对股票下一期预期价格的精度，证明和经济意义同引理 4.3.1。

由引理 4.3.1 和引理 4.3.2 可得 $t=0$ 时期股价泡沫的表达式(见命题 4.3.2)。

命题 4.3.2 如果不同投资者在不同流动性市场上有相同的初始信念，新信息的到来反映出不同的投资者过度自信程度和市场流动性水平，则在 $t=0$ 时期，股价的投机泡沫可以表示为

$$B(\sigma_{l_1}^2)=\frac{\sigma_{l_1}}{\sqrt{2\pi}}e^{-\frac{Q^2}{2\eta^2\tau_1^2\sigma_{l_1}^2}}-\frac{Q}{\eta\tau_1}N\left(-\frac{Q}{\eta\tau_1\sigma_{l_1}}\right) \tag{4.3.16}$$

其中，$N(\cdot)$表示标准正态分布的累积分布函数。命题 4.3.2 说明投机泡沫是不同投资者在不同流动性水平市场上对股价预期差异的方差 $\sigma_{l_1}^2$ 的函数，结合式(4.3.7)可知，投机泡沫为过度自信参数 φ 和市场流动性参数 ϕ 的函数。

4.3.1.3 过度自信、市场流动性影响股价泡沫的结论

由式(4.3.16)容易验证 $\mathrm{d}B/\mathrm{d}\sigma_{l_1}^2>0$，$\partial\sigma_{l_1}^2/\partial\varphi>0$，$\partial\sigma_{l_1}^2/\partial\phi>0$，所以$\partial B/\partial\varphi>0$，$\partial B/\partial\phi>0$，且均不为常数，立即可得出以下结论：

命题 4.3.3 股价泡沫与投资者过度自信参数 φ 呈正相关关系，股价泡沫随着投资者过度自信程度的增大而增大，且不同程度的过度自信对资产价格泡沫的影响不同，投资者过度自信会促进股价泡沫的形成。

命题 4.3.4 股价泡沫与市场流动性参数 ϕ 呈正相关关系，股价泡沫会随着市场流动性水平的提高而增大，且不同水平的市场流动性对股价泡沫的影响不同，市场流动性不足会使股价泡沫破灭的可能性增大。

4.3.2 过度自信、市场流动性影响股价泡沫的实证模型设计

由 4.3.1 的理论分析可知，市场流动性和投资者过度自信对泡沫有正向的影响，并且这种影响会随着流动性水平和过度自信程度的不同而有所不同，

因此投资者过度自信和市场流动性对泡沫的动态演变有一定的区制效应。基于此，本节在 Brooks 和 Katsaris(2005)的三区制模型基础上，加入投资者过度自信和市场流动性变量，检验其对股价泡沫的影响。假设下一期泡沫可能处于三种区制[潜伏区制(用 D 表示)，膨胀区制(用 S 表示)和破裂区制(用 C 表示)]中的任意一种，股价泡沫的三区制转换模型可以表示为

$$r_{t+1}^{D}=\beta_{D,0}+u_{t+1}^{D} \tag{4.3.17}$$

$$r_{t+1}^{S}=\beta_{S,0}+\beta_{S,B}B_t+\beta_{S,OVER}OVER_t+u_{t+1}^{S} \tag{4.3.18}$$

$$r_{t+1}^{C}=\beta_{C,0}+\beta_{C,B}B_t+u_{t+1}^{C} \tag{4.3.19}$$

其中，r_t 表示 t 时期的股票收益率。区制之间转移概率的设定有两种情形：

(1)常转移概率：

$$P(S_t=J|S_{t-1}=I)=p_{IJ},\ I,\ J\in\{D,\ S,\ C\} \tag{4.3.20}$$

其中，S_t 表示 t 时期所处的区制。我们称模型(4.3.17)至模型(4.3.19)为 Hamilton 三区制变量扩展模型。如果限制 $\beta_{S,OVER}=0$，则为 Hamilton 三区制简单扩展模型；如果限制不存在潜伏区制 D，则退化为 Hamilton 模型。

(2)时变转移概率。Brooks 和 Katsaris(2005)认为，泡沫处于潜伏区制 D 时，有较大的可能性 n_t 下一期继续处在该区制中，投资者会忽略泡沫破裂的可能性，以 $1-n_t$ 的概率转移到膨胀区制 S；当泡沫离开潜伏区制 D 后，处于膨胀区制 S 或破裂区制 C，当泡沫处于膨胀区制 S 时，以一定的概率 q_t 继续留在该区制，以 $1-q_t$ 的概率转移到破裂区制 C。本书沿用此设定。但是，除了泡沫相对大小的绝对值以外，在 Brooks 和 Katsaris(2005)的模型中，转移概率还受到其他变量如超额收益率和异常交易量的影响。受此启发，我们在转移概率中引入投资者过度自信和市场流动性两个变量，并讨论其对股价泡沫的作用，则泡沫处在式(4.3.17)至式(4.3.19)中三种区制的概率分别为 n_t，$(1-n_t)q_t$，$(1-n_t)(1-q_t)$。设

$$n_t=N(\beta_{n,0}+\beta_{n,B}|B_t|+\beta_{n,OVER}OVER_t) \tag{4.3.21}$$

$$q_t=N(\beta_{q,0}+\beta_{q,B}|B_t|+\beta_{q,L}L_t) \tag{4.3.22}$$

其中，$N(\cdot)$为标准正态分布的累积分布函数；n_t，q_t 属转移概率。式(4.3.17)至式(4.3.19)、式(4.3.21)和式(4.3.22)为 VNS 三区制变量扩展模型，如果限制 $\beta_{S,OVER}=0$，$\beta_{n,OVER}=0$，$\beta_{q,L}=0$，则为 VNS 三区制简单扩展模型，如果限制不存在潜伏区制 D，则退化为 VNS 模型。

在运用样本数据检验泡沫是否满足式(4.3.17)至式(4.3.20)和式

(4.3.17)至式(4.3.19)、式(4.3.21)和式(4.3.22)之前，还需推导一些约束条件。在式(4.3.17)至式(4.3.19)中，收益率的均值应该不同，才能说明不同区制的存在，即要求$\beta_{D,0} \neq \beta_{S,0} \neq \beta_{C,0}$。式(4.3.18)和式(4.3.19)分别为泡沫处于膨胀和破裂两个不同区制。在实际股票市场上，股票在膨胀区制的预期收益率要比在破裂区制高，故要求$\beta_{S,B}>\beta_{C,B}$。式(4.3.17)至式(4.3.19)中引入投资者过度自信，是因为理论部分已经推导出资产价格泡沫会随着投资者过度自信程度的增加而增大，进而导致收益率增大，所以式(4.3.18)中过度自信的系数应该大于0，即$\beta_{S,OVER}>0$。式(4.3.21)和式(4.3.22)中，随着泡沫相对大小的绝对值$|B_t|$的增加，n_t和q_t下降，从而有$\beta_{n,B}<0$，$\beta_{q,B}<0$。式(4.3.21)是市场下一时期处于潜伏区制的概率，理论部分已证明，过度自信程度越高，泡沫越大，离开潜伏区制的概率越大，所以$\beta_{n,OVER}<0$。式(4.3.22)是市场下一时期处于膨胀区制的概率函数，理论部分已证明，市场流动性越小，泡沫破裂的概率越大，泡沫停留在膨胀区制的概率q_t越小，所以$\beta_{q,L}>0$。

4.3.3 过度自信、市场流动性影响股价泡沫的实证分析

4.3.3.1 变量测度

关于股价泡沫，我们在上一章已经进行了测度。此处只需对余下所需变量进行度量即可。

1)市场流动性的度量

测量市场流动性的指标有很多，本书采用Amihu(2002)提出的应用较广泛的市场非流动性指标(*Illiq*)来测量流动性。第t个月的市场非流动性可以表示为

$$Illiq_t = \frac{1}{Day_t}\sum_{i=1}^{Day_t}\frac{|(P_{t,i}-P_{t,i-1})/P_{t,i-1}|}{Tvalue_{t,i}}\times 10^{10} \tag{4.3.23}$$

其中，$|(P_{t,i}-P_{t,i-1})/P_{t,i-1}|$表示第$t$个月第$i$个交易日回报率的绝对值；$Tvalue_{t,i}$是第$t$个月第$i$个交易日的成交额；$Day_t$为第$t$个月的交易天数；乘以$10^{10}$是为了将非流动性指标值调整到适当的水平。市场非流动性指标(*Illiq*)是市场流动性的反向指标，即*Illiq*越小，市场越有深度，市场流动性越大。

2)投资者过度自信的测度

过度自信会影响投资者的交易行为，进而影响资产价格波动。一些研究

者如 Gervais 和 Odean(2001)认为，过去对市场信息判断的成功会激励投资者过度自信，从而促使其进行过度交易，产生市场交易量的反常增加，并推动股价的提高。如果投资者信心不足，则会导致交易量的减少。Huang(2007)进一步指出，投资者过度自信会导致股价的过度波动，这样势必会产生泡沫。此外，Deaves 等(2010)提出，投资者过度自信导致的行为可以通过过去的回报率对交易量的影响表示出来。Chuang 和 Lee(2006)将市场交易量的变化分为与投资者信心有关和与投资者信心无关两部分。本书将由于投资者过度自信造成的交易量变化和由于其他因素导致的交易量变化区分开来，借鉴 Chuang 和 Lee(2006)的方法，对投资者过度自信进行度量。将交易量分为两部分：

$$V_t = \alpha + \sum_{j=1}^{p} \beta_j r_{t-j} + \varepsilon_t = [\alpha + \varepsilon_t] + \sum_{j=1}^{p} \beta_j r_{t-j} = NONOVER_t + OVER_t \tag{4.3.24}$$

其中，V_t 是第 t 个月剔除当期股票流通股本增加效应后的交易量，称为去趋势交易量，其计算方法为对当日成交量与当日新增流通量股本的比值取对数，即 $V_t = \log(Tvolume_t / Newturnover_t)$。其中，$Tvolume_t$ 表示第 t 个月的成交量；$Newturnover_t$ 表示第 t 个月新增的流通股本；r_{t-j} 表示第 $t-j$ 个月的收益率；通过 AIC 准则选取上述动态回归模型的滞后阶数为 1，$NONOVER_t = \alpha + \varepsilon_t$，为非过度自信成分；估计出的投资者过度自信的指标记为 $OVER_t$。

4.3.3.2　数据说明

对于股票市场非流动性指标的计算，所需数据包括上证综合指数的收盘价和成交额的日度数据，根据式(4.3.23)可得其月度数据。对于过度自信指标的计算，所需数据包括上证综合指数的收益率、成交量、新增流通股本的月度数据，其中收益率通过收盘价计算可得，根据式(4.3.24)可获得过度自信的序列。考虑到数据的可得性和代表性，并与股价泡沫数据保持匹配，本节指标计算过程选取的样本区间为 1998 年 1 月到 2017 年 5 月，最终分析过度自信和市场流动性对股价泡沫影响时所用样本区间为 1998 年 5 月到 2017 年 5 月。

4.3.3.3　描述性统计分析

表 4.3.1 给出了全样本研究变量的描述性统计结果。从表 4.3.1 中可以看出，收益率的偏度为正，其分布具有右偏态性，说明收益率数据位于平均值

右边的比位于左边的多；泡沫相对大小的偏度为负，分布具有左偏态性，说明泡沫相对大小的数据位于平均值左边的比位于右边的多。收益率和泡沫相对大小的峰度均明显大于3，说明收益率和泡沫相对大小符合金融资产尖峰厚尾的特征。此外，JB统计量进一步支持了本节所研究变量的非正态性。因此，非线性的马尔科夫区制转换模型比简单的线性模型更适合研究过度自信和市场流动性对股价泡沫的作用机制。

表 4. 3. 1　股价泡沫、非流动性和过度自信的描述性统计结果

统计量	收益率	泡沫相对大小	非流动性	过度自信
样本容量	229	229	229	229
均值	0. 668	-0. 134	17. 320	1. 533
标准差	8. 036	7. 927	29. 639	13. 403
偏度	0. 130	-0. 751	3. 976	0. 515
峰度	4. 718	5. 122	26. 370	4. 454
最小值	-24. 632	-31. 359	0. 020	-36. 521
最大值	32. 056	18. 008	261. 169	54. 652
JB 统计量	28. 803*** (0. 000)	64. 493*** (0. 000)	5814. 793*** (0. 000)	30. 286*** (0. 000)

注：括号内为 p 值。***表示在1%的水平下显著。

表4. 3. 2列示了全样本各研究变量的相关系数，从中可以看出，收益率与泡沫相对大小、过度自信、非流动性都呈正相关关系，泡沫相对大小与投资者过度自信呈正相关关系、与非流动性呈负相关关系，这和理论模型部分(4. 3. 1节)得到的结果一致，说明可以用马尔科夫区制转换模型来对股价泡沫与市场流动性和过度自信之间的关系做进一步验证。

表 4. 3. 2　股价泡沫、非流动性和过度自信的相关系数矩阵

	收益率	泡沫相对大小	非流动性	过度自信
收益率	1			
泡沫相对大小	0. 125	1		
非流动性	0. 105	-0. 087	1	
过度自信	0. 159	0. 737	-0. 135	1

图 4.3.1 描述了样本期内股价泡沫相对规模、市场非流动性和投资者过度自信的变化趋势。首先，从投资者过度自信的走势来看，1999 年 3 月到 9 月、2006 年 8 月到 2007 年 10 月、2009 年 1 月到 2009 年 9 月以及 2014 年到 2015 年投资者过度自信程度较高，明显大于 0，而 2007 年 12 月到 2008 年 12 月则明显小于 0，其他时间在 0 上下波动。事实上，如果市场实际发展验证了投资者利用新信息对市场作出的判断，则会鼓励投资者相信自己预期的误差比较小，于是投资者过度自信的程度就会提高。在 2006 年到 2007 年以及 2014 年到 2015 年的牛市期间，大部分投资者对股价有较高的预期，而市场走势证实了这种预期的正确性，从而提高了投资者过度自信的程度，而 2008 年金融危机的出现导致投资者信心不足，说明本书度量中国股市投资者过度自信指标的方法是有效的。其次，从市场非流动性来看，2006 年以后的市场非流动性水平明显低于 2006 年以前的市场非流动性水平，说明随着中国股票市场的日趋完善，市场流动性水平越来越高。最后，从整体来看，股价泡沫相对规模与投资者过度自信的走势基本一致，而与市场非流动性指标的变化趋势基本相反，说明股价泡沫与市场流动性的变化趋势一致。这与理论部分得出的股价泡沫与投资者过度自信和市场流动性均呈正相关关系的结论一致。

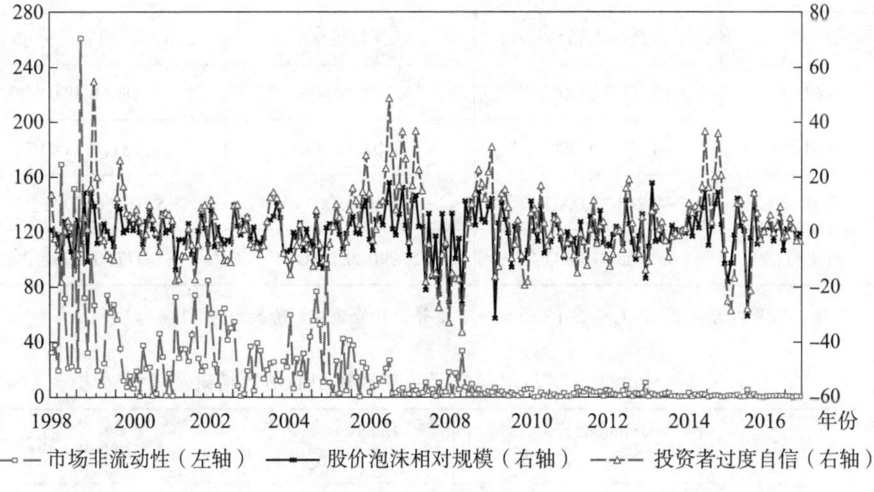

图 4.3.1　股价泡沫相对规模、投资者过度自信和市场非流动性的变化趋势

4.3.3.4 实证模型的参数估计结果及模型对比

在对模型进行参数估计之前，首先需要对各研究变量的时间序列进行单位根检验，结果见表4.3.3。由表4.3.3可知，在1%的水平下，上证综合指数的收益率、泡沫相对大小、市场非流动性指标和投资者过度自信的序列均是平稳序列，因此可以进行马尔科夫区制转换方程的估计。

表4.3.4给出了Hamilton式三个不同的马尔科夫区制转换模型的估计结果及模型对比。首先，三区制马尔科夫区制转换模型的参数估计结果的p值远小于两区制模型，其参数更显著，说明三区制模型更适合刻画股价泡沫的变化。其次，Hamilton三区制变量扩展模型的似然函数比Hamilton三区制简单扩展模型的似然函数大，且似然比统计量显著，说明增加过度自信变量会增加对泡沫动态变化的解释能力。另外，三个模型中泡沫相对大小的系数在膨胀区制均比破灭区制大，满足约束条件。但是，两区制模型的转移概率中有三个不显著，三区制模型的转移概率均出现概率为1或0的特殊值，这使得模型有效性受到质疑，所以用Hamilton式马尔科夫区制转换模型来识别中国股价泡沫具有一定的局限性，还需要进一步用非Hamilton式马尔科夫区制转换模型进行验证。

表4.3.3 股价泡沫、市场非流动性和投资者过度自信的ADF单位根检验

	不含截距项和趋势项	含截距项	含截距项和趋势项
收益率	-13.151(0.001)***	-13.209(0.000)***	-13.180(0.000)***
泡沫相对大小	-14.735(0.000)***	-14.707(0.000)***	-14.681(0.000)***
非流动性	-4.243(0.000)***	-4.554(0.000)***	-5.768(0.000)***
过度自信	-5.928(0.000)***	-5.990(0.000)***	-5.977(0.000)***

注：括号内为p值。***表示在1%的水平下显著，且检验滞后阶数均为12。

表4.3.4 Hamilton式马尔科夫区制转换模型的估计结果及模型对比

待估参数	Hamilton三区制变量扩展模型	Hamilton三区制简单扩展模型	Hamilton模型
$\beta_{D,0}$	0.071(0.00)***	9.279(0.00)***	—
$\beta_{S,0}$	5.841(0.00)***	20.621(0.00)***	2.288(0.88)
$\beta_{C,0}$	-6.052(0.00)***	-0.155(0.00)***	-0.063(0.10)**

续表

待估参数	Hamilton 三区制变量扩展模型	Hamilton 三区制简单扩展模型	Hamilton 模型
$\beta_{S,B}$	1. 287(0. 00) ***	1. 855(0. 00) ***	0. 154(0. 21)
$\beta_{C,B}$	−0. 811(0. 00) ***	−0. 107(0. 00) ***	0. 057(0. 48)
$\beta_{S,OVER}$	89. 361(0. 00) ***	—	—
p_{DD}	0. 88(0. 00) ***	0. 98(0. 00) ***	0. 98(0. 00) ***
p_{DS}	0. 08(0. 00) ***	0. 00(0. 00) ***	0. 02(0. 13)
p_{SD}	0. 00(0. 00) ***	0. 90(0. 00) ***	0. 06(0. 10)
p_{SS}	0. 25(0. 00) ***	0. 00(0. 00) ***	0. 94(1. 00)
p_{CD}	1. 00(0. 00) ***	0. 83(0. 00) ***	—
p_{CS}	0. 00(0. 00) ***	0. 05(0. 00) ***	—
σ_D^2	33. 735(0. 00) ***	255. 699(0. 00) ***	—
σ_S^2	240. 193(0. 00) ***	127. 790(0. 00) ***	29. 208(0. 00) ***
σ_C^2	13. 174(0. 00) ***	55. 970(0. 00) ***	133. 104(0. 00) ***
对数似然函数	−776. 728	−794. 752	−776. 654
似然比统计量	—	18. 024***	0. 074
似然比临界值	—	2. 706	9. 236

注：括号内为 p 值。***和**分别表示在 1%和 5%的水平下显著。

表 4. 3. 5 给出了非 Hamilton 式三个不同的马尔科夫区制转换模型的估计结果及模型对比①。可以看出，VNS 三区制变量扩展模型的所有参数均显著，VNS 三区制简单扩展模型的大部分系数显著，且两模型中符号都与预期相同，而 VNS 模型除各区制方差之外的参数均不显著，同表 4. 3. 4 结果一致，说明三区制模型更适合刻画我国股价泡沫的演化。通过模型对比，表 4. 3. 5 中第一个 LR 统计量在 10%的水平下显著拒绝了 VNS 三区制简单扩展模型的设定，意味着投资者过度自信和市场流动性在衡量泡沫并预测收益率方面有着强有力的解释作用。

① 用非流动性指标 $Illiq_t$ 来衡量市场的流动性，替代(4. 3. 22)中的 L_t，则待估计参数变为 $\beta_{q,Illiq}$，约束条件相应变换为 $\beta_{q,Illiq}<0$。

表 4.3.5 非 Hamilton 式马尔科夫区制转换模型的估计结果及模型对比

待估参数	VNS 三区制 变量扩展模型	VNS 三区制 简单扩展模型	VNS 模型
$\beta_{D,0}$	0.045(0.000)***	0.001(0.998)	—
$\beta_{S,0}$	2.176(0.000)***	4.972(0.013)**	2.275(0.177)
$\beta_{C,0}$	-0.396(0.000)***	-14.075(0.000)***	-0.162(0.737)
$\beta_{S,B}$	0.172(0.000)*	0.405(0.027)**	0.146(0.363)
$\beta_{C,B}$	-0.288(0.000)*	-0.697(0.013)**	0.052(0.567)
$\beta_{S,OVER}$	8.898(0.000)*	—	—
$\beta_{n,0}$	3.397(0.000)***	2.252(0.061)*	1.249(0.483)
$\beta_{n,B}$	-0.123(0.000)***	-0.068(0.652)	-2.363(0.480)
$\beta_{n,OVER}$	-8.746(0.000)***	—	—
$\beta_{q,0}$	1.767(0.00)***	-1.503(0.998)	—
$\beta_{q,B}$	-1.237(0.000)***	-2.267(0.999)	—
$\beta_{q,Illiq}$	-0.447(0.000)***	—	—
σ_D^2	31.035(0.000)***	30.430(0.000)***	—
σ_S^2	141.241(0.000)***	79.598(0.000)***	30.223(0.000)***
σ_C^2	72.678(0.000)***	46.565(0.163)	122.625(0.000)***
对数似然函数	-774.712	-770.099	-776.442
似然比统计量	—	4.613*	-1.730
似然比临界值	—	4.605	12.017

注：括号内为 p 值。***、**和*分别表示在1%、5%和10%的水平下显著。

进一步根据 VNS 三区制变量扩展模型的估计结果分析我国股价泡沫的特点。

首先，从状态方程的截距来看，$\beta_{D,0} \neq \beta_{S,0} \neq \beta_{C,0}$，当泡沫位于潜伏区制时，截距为0.045，意味着潜伏区制的基本预期回报率，即基本面价值的回报率为0.045%。当泡沫位于膨胀区制时，截距为2.176，说明在膨胀区制基本预期回报率大大增加，即使泡沫膨胀没有激发投资者过度自信程度的提高，资产回报率也会达到2.176%，远高于潜伏区制的水平。当泡沫位于破裂区制时，截距为-0.396，与泡沫破裂时收益率为负的实际情况相符。

其次，从状态方程中泡沫相对大小的系数来看，$\beta_{S,B} > \beta_{C,B}$，与预期相同，泡沫在膨胀区制的收益率比在破裂区制时高。在膨胀区制，收益率对泡沫有一个正的敏感度 1.287，表明当相对泡沫越来越大时，投资者会要求越来越高的资产回报率来补偿日益增加的泡沫破裂的风险。在破裂区制，收益率对泡沫的敏感度为-0.811，说明在破裂区制相对泡沫的增加会使预期收益率降低。应注意的是，$\beta_{S,B}$也会出现负值的情况，在膨胀区制，当大的泡沫要求高的资产回报率无法继续时，回报率就会大幅下跌，此时$\beta_{S,B}$可能为负。

再次，从状态方程中投资者过度自信的系数来看，$\beta_{S,OVER}>0$，说明在膨胀区制收益率对过度自信有正的敏感度，投资者过度自信的程度提高必然会要求预期收率的增加，从而对泡沫也有正向作用。

最后，从两个转移概率方程来看，$\beta_{n,B}$、$\beta_{n,OVER}$和$\beta_{q,B}$、$\beta_{q,Illiq}$均小于 0，与预期符号一致。随着泡沫相对大小和投资者过度自信程度的增加，泡沫继续维持在潜伏区制的概率降低；随着泡沫相对大小和非流动性的增加，泡沫继续维持在膨胀区制的概率也会降低，与理论结论一致。

4.3.3.5　中国股价泡沫的区制划分

由前文的比较分析可知，加入变量过度自信和市场流动性后，非 Hamilton 式马尔科夫三区制转换模型刻画股价泡沫动态变化的效果较好，因此我们给出根据 VNS 三区制变量扩展模型得到的股价泡沫处于潜伏、膨胀和破裂各个状态的平滑概率，如图 4.3.2 至图 4.3.4 所示。根据图 4.3.2 至图 4.3.4，可以判断每个时期最有可能出现的区制，判断依据如下：当某一时期处于状态 1 的平滑概率大于 0.5 时，表示泡沫处于潜伏区制；当某一时期处于状态 2 的平滑概率大于 0.5 时，表示泡沫处于膨胀区制；当某一时期处于状态 3 的平滑概率大于 0.5 时，表示泡沫处于破裂区制。

通过对上述 3 个图的观察可以得出，股价泡沫的区制划分十分清晰。在 229 个样本(1998 年 5 月至 2017 年 5 月)中，明显处于潜伏状态的时期有 1998 年 5 月至 1999 年 4 月、1999 年 7 月至 2006 年 3 月、2008 年 10 月至 2009 年 1 月、2009 年 8 月至 2014 年 9 月、2016 年 1 月至 2017 年 5 月；明显处于膨胀状态的时期有 1999 年 5 月、2006 年 4 月至 2007 年 9 月、2009 年 2 月至 2009 年 6 月、2014 年 10 月至 2015 年 11 月；明显处于破裂状态的时期有 1999 年 6 月、2007 年 10 月至 2008 年 9 月、2009 年 7 月、2015 年 12 月。可见，泡沫在潜伏区制的持续时间比在其他两个区制的持续时间长，说明泡沫在潜伏区制的惰性较强。泡沫膨胀区制持续较长的两个时期(2006 年 4 月至 2007 年 9 月，2014 年 10 月至 2015 年 11 月)与我国股市 2006 年下半年到 2007 年上半年以及 2014 年下半年到 2015 年上半年的两轮牛市对应，泡沫破裂持续较长的时期(2007 年 10 月至 2008 年 9 月)与全球金融危机爆发的时间对应，说明我国股价泡沫显著符合 VNS 三区制变量扩展模型，分析结果与股票市场的实际变化十分吻合。此外，与第 3 章采用 MS-AR 模型对股价状态进行划分的结果(见图 3.3.3 至图 3.3.4)相比，考虑投资者过度自信和市场流动性的影响之后，本节采用时变转移概率的马尔科夫区制转换回归模型得到的结果(见图 4.3.2至图 4.3.4)，使得股价泡沫区制的划分更加清晰明确，与实际市场也更加吻合，进一步说明投资者过度自信和市场流动性对股价泡沫的演化具有很强的解释能力。

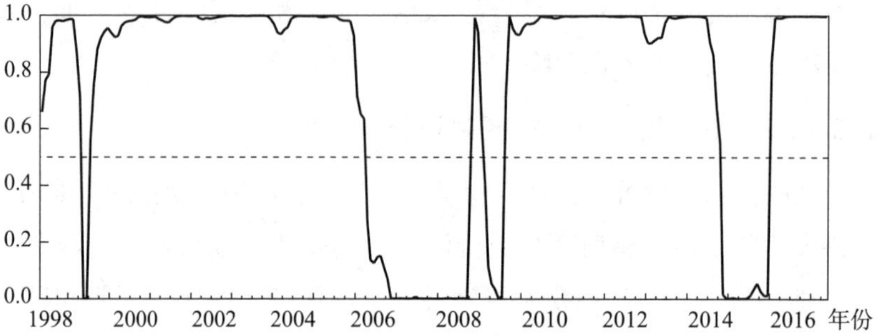

图 4.3.2　泡沫 VNS 三区制变量扩展模型处于潜伏区制的平滑概率

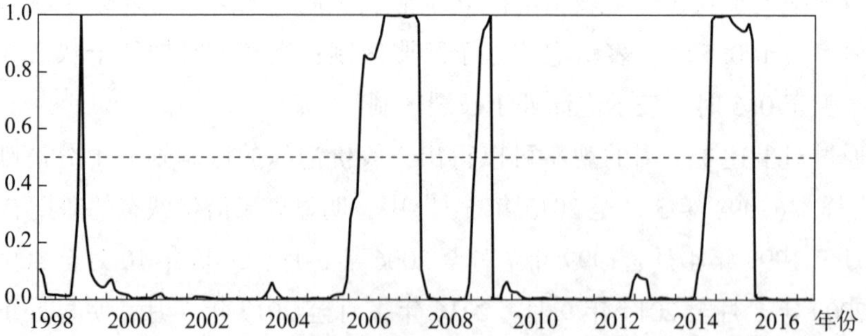

图 4.3.3　泡沫 VNS 三区制变量扩展模型处于膨胀区制的平滑概率

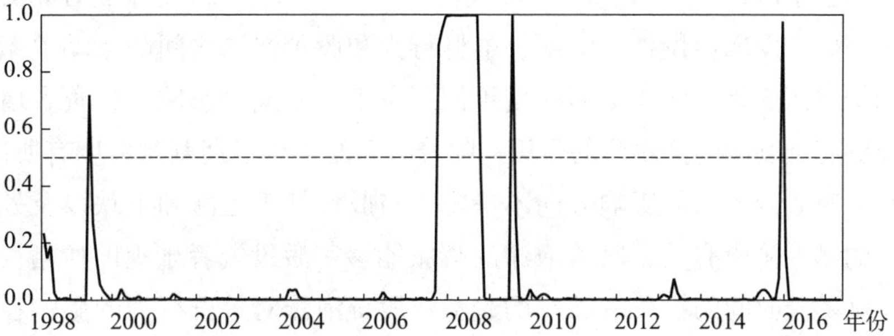

图 4.3.4　泡沫 VNS 三区制变量扩展模型处于破裂区制的平滑概率

4.4　本章小结

投资者的心理、信心和行为是资产价格泡沫演化过程中最为直接的影响因素。本章在 DSSW 模型的基础上，加入噪声交易者异质性预期的考虑，构建异质性预期下的噪声交易者泡沫模型。鉴于投资者情绪和羊群行为的不可观察性，本章对投资者情绪和羊群行为进行了合理测度，并进一步采用 TVP-SV-SVAR 模型分析了投资者情绪、羊群行为和股价泡沫之间的时变互动关系。同时，本章从理论上揭示了过度自信和市场流动性对股价泡沫存在正向作用的内在机理，并构建中国股价泡沫动态演化机制模型（VNS 三区制变量扩展模型）检验过度自信、市场流动性对泡沫演化的效应。本章的主要结论如下：

（1）建立考虑异质性预期的噪声交易者泡沫模型，刻画出两类不同的噪声交易者（信息挖掘者和动量交易者）的非理性行为导致的资产价格泡沫成分，通过数值模拟发现，信息挖掘者主要通过价格期望偏差影响资产价格泡沫：泡沫变化随信息挖掘者价格期望偏差均值的变大表现出不确定性，当信息挖掘者处于悲观情绪时，整体上有减小的趋势，当信息挖掘者处于乐观情绪时，整体上有加大的趋势；资产价格泡沫的变化随信息挖掘者情绪的上扬也呈现出不确定性，但整体上有上升的趋势。动量交易者主要通过历史价格变化程度来影响资产价格泡沫：泡沫随历史价格变化有可能膨胀也有可能缩小，在动量交易者处于悲观情绪时，有缩小趋势，在动量交易者处于乐观情绪时，有膨胀趋势；资产价格泡沫的变化随动量交易者情绪的上扬有变大的趋势，且在历史价格变化较大时变大的速度加快。

(2)运用 TVP-SV-SVAR 模型并基于 2006 年 1 月到 2017 年 5 月相关数据进行实证研究发现：投资者情绪、羊群行为和股价泡沫之间的互动关系随着时间的推移而变化，即在不同时期不同背景下有不同的影响。投资者情绪在当期能够起到刺激泡沫膨胀的作用，随着时间的推移当期刺激力度有所减小；羊群行为对股价泡沫的影响方向不确定，与股价处于上涨和下跌以及处于上涨过程的哪一阶段有关；股价泡沫的膨胀能够刺激投资者乐观的情绪，但乐观的程度随着时间的推移有缩小的趋势；股价泡沫对羊群行为的影响在股价大幅涨跌期间持续期较长，且短期能够刺激羊群行为，长期则能稳定羊群行为，而在股价波动较小的时期，只有短期的正向刺激作用。

(3)运用时变转移概率马尔科夫区制转换模型(MS-TVTP)可以发现：上证综合指数泡沫变化可划分为潜伏、膨胀和破裂三种状态，与 2008 年金融危机期间比较，发现危机前后中国股价泡沫的区制效应更加明显；投资者过度自信和市场流动性是未来收益率的有效预测指标，对泡沫的动态变化过程也有显著的影响。当泡沫处于潜伏区制时，随着相对泡沫的增加和投资者过度自信程度的提高，下一期处于膨胀区制的概率也会加大，导致投资者要求更高的风险报酬。当泡沫处于膨胀区制时，泡沫相对大小和市场流动性是泡沫是否即将破裂的有效信号，当泡沫相对较大或者市场流动性水平降低时，下一期泡沫破裂的可能性比较大。

第5章 基于金融经济环境视角的资产价格泡沫形成机制

宏观经济环境是资产价格泡沫形成的重要背景，金融自由化的日渐成熟、经济增长的速度变化、货币政策的结构调整和系统性金融风险等均是泡沫生成不可忽略的影响因素。本章重点研究经济增长、货币政策以及系统性金融风险对资产价格泡沫形成的作用机制。首先，基于 TVP-SV-SVAR 模型，结合各金融子市场风险对实体经济的时变冲击效应构建了动态权重系统性金融风险综合指数，然后通过 Bootstrap 滚动宽窗格兰杰因果检验方法考察系统性金融风险与资产价格泡沫之间的动态引导关系。其次，考虑经济增长和资产价格泡沫的周期性特征，运用频域格兰杰因果检验、小波分解和非线性格兰杰因果检验的方法分析不同周期的经济增长对资产价格泡沫的频域效应。最后，基于货币政策与资产价格泡沫的理论模型分析，运用门限结构 VAR 模型(ThSVAR)分析在紧缩或宽松状态下货币政策冲击对资产价格泡沫的非线性作用。

5.1 系统性金融风险与资产价格泡沫的时变互动

5.1.1 资产价格泡沫与系统性金融风险关系的理论分析

系统性金融风险是指来自金融系统或实体经济的冲击被金融体系自身放大(王悦和徐少君，2018)，导致金融体系整体崩溃并对实体经济产生较大负向外部性的风险(王春和韩朝亮，2010)，具有冲击、放大机制和负外部性三大要素和时间、空间两个演化维度(方意，2019)。其中，空间维度风险衡量的是某一时点金融系统内累积的、可相互溢出的风险，即风险跨部门、跨市场、跨境、跨区域的空间传播机制；时间维度风险度量的是某一时期金融系统内部风险从积聚到爆发的可能性，主要分析风险随时间推移的累计机制，对揭示系统性金融风险的本质非常关键。系列金融危机表明，极端资产价格泡沫是很大的系统性金融风险，往往会大幅提高金融危机爆发的可能。金融市场的正反馈机制，即资产价格和需求之间的反馈环，对理解资产价格泡沫的产生和崩溃以及系统性金融风险的演化非常重要。图 5. 1. 1 从系统性金融风险视角刻画了资产价格泡沫的演化过程，主要由两个相互转换的循环过程构成：资产价格正向泡沫冲击下的泡沫膨胀、系统性金融风险积聚过程和资产价格负向泡沫冲击下的泡沫破裂、系统性金融风险爆发过程。

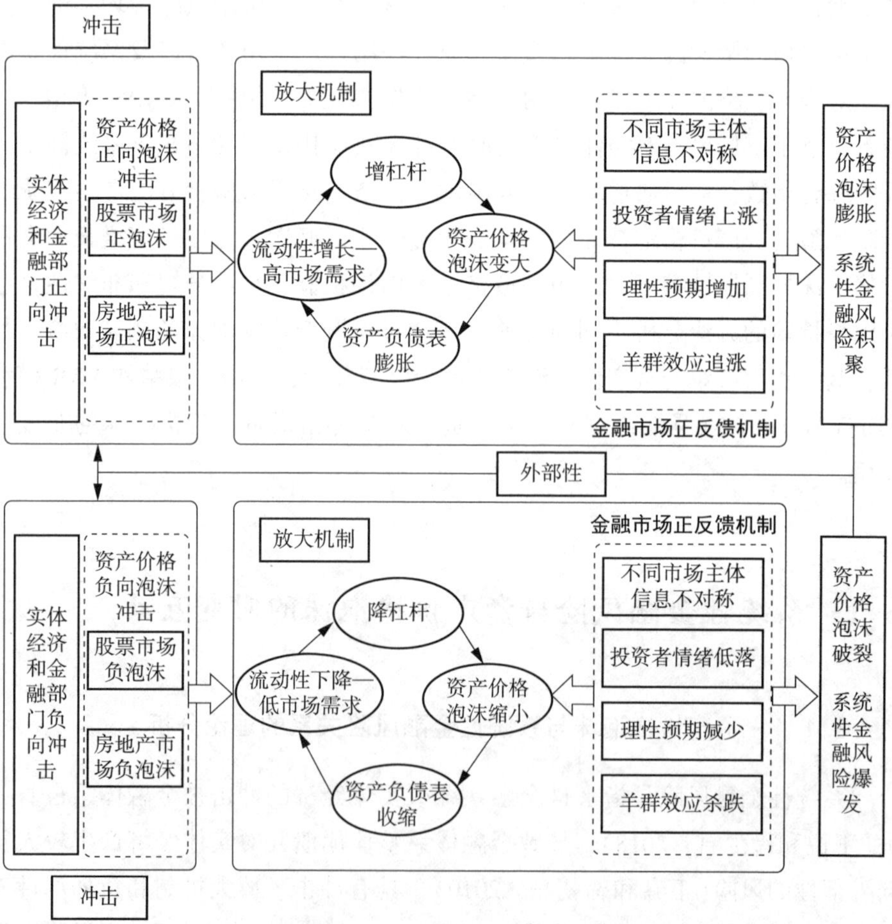

图 5. 1. 1　系统性金融风险视角下资产价格泡沫的循环机制

当金融部门内部和外部冲击为正时，比如监管规则放松、信用评级上升、公允价值增加、杠杆率上升等，会出现资产价格上涨现象和资产价格正向泡沫，此时市场需求也比较高(秦伟广 等，2015)，市场上的投资者包括住户部门、非金融企业部门和金融机构就会增加杠杆，在金融加速器和杠杆交易机制的推动下造成流动性过剩，激发投资者情绪上涨，增加预期，形成追涨的羊群效应，从而刺激资产价格泡沫变大，引起资产负债表的膨胀，进一步提高流动性和市场需求。这样的金融市场正反馈机制放大了泡沫膨胀过程，导致系统性金融风险逐渐积聚。在此过程中，适度的系统性风险有利于增加投资者收益，进而刺激实体经济的发展。

当金融部门内部和外部冲击为负时，比如监管规则收紧、信用评价下降、公允价值减少、杠杆率下降等，会出现资产价格下跌现象和资产价格负向泡沫，此时市场流动性减少必然对应较低的市场需求，市场上的投资者相应减少杠杆，导致投资者情绪低落，降低预期(周畅，2012)，形成杀跌的羊群效应，从而引致资产价格泡沫缩小，引起资产负债表的收缩，进一步降低流动性和市场需求。这样的金融市场正反馈机制恶化了泡沫破裂过程，导致系统性金融风险的爆发。此时较高的系统性风险将削弱整个金融系统的功能，减少投资者收益，进而对实体经济造成严重冲击，增加资产价格负向泡沫出现的可能性。

综上所述，资产价格泡沫膨胀、缩小的过程与系统性金融风险的积聚、爆发过程是相互影响的。尽管我们对资产价格泡沫正向冲击和负向冲击的循环分开进行分析，但两者是可以相互转换的。两者发展过程中的交互作用机制，使资产价格泡沫与系统性金融风险之间的关系呈现时变特征。因此，本章采用 Bootstrap 滚动宽窗格兰杰因果检验来探讨资产价格泡沫与系统性金融风险之间的非线性关系。

5.1.2　变量测度、数据说明与实证模型构建

5.1.2.1　资产价格泡沫的测度

资产价格泡沫提取常因基本价值的确定方法受到质疑，于是直接从资产价格本身运动特征来识别和度量泡沫的方法应运而生。Narayan 等(2016)用 GSADF 方法提取资产价格泡沫，运用检验原假设(无暴涨行为)随时间变化的

t 统计量来衡量泡沫的程度。本节借鉴其思想对中国股价和房价进行泡沫度量。以 2005 年 1 月至 2020 年 6 月的沪深 300 指数作为股价的代理变量，房价通过对应时间区域的全国商品住宅销售额除以销售面积计算获得，所需数据来源于 Wind 金融数据库，均为月度数据。在对房价泡沫分析前对房价进行了 X13 季节调整。表 5.1.1 中股价和房价的描述性统计显示，股价与房价的最大值和最小值之间差值及标准差数据较大，股价序列具有负的偏度，房价序列具有正的偏度，说明资产价格具有向下暴跌或向上跳跃的趋势，暗含可能存在正或负泡沫。单位根检验结果显示，股价与房价均为 I(1) 序列，因此运用传统的单位根检验来识别泡沫是不合适的。采用 GSADF 方法对我国股价和房价进行泡沫检验，检验窗口选择为 2 年，该方法可以给出随时间改变的检验统计量及临界值。图 5.1.2 和图 5.1.3 分别展示了对股价和房价进行 GSADF 检验对应的统计量值、显著性水平为 95%(90%) 的临界值及资产价格序列。

表 5.1.1 股价与房价的描述性统计和单位根检验

描述性统计						
变量	均值	最大值	最小值	标准差	偏度	峰度
股价	2947.754	5688.543	855.946	1007.536	-0.170	3.003
房价	5992.014	9846.546	2802.640	1934.425	0.234	1.999
单位根检验						
变量	原序列			一阶差分		
	ADF	PP	KPSS	ADF	PP	KPSS
股价	-0.059 (0.662)	-0.224 (0.604)	0.592***	-12.512*** (0.000)	-12.901*** (0.000)	0.040
房价	0.487 (0.986)	1.063 (0.9971)	1.625***	-3.038*** (0.003)	-17.023*** (0.000)	0.342

注：括号内为 p 值。***表示在 1%的水平下显著。

图 5.1.2 表明，样本考察期内股价发生过两次过度泡沫，分别为 2007 年至 2008 年初、2014 年 11 月至 2015 年 6 月。图 5.1.3 表明，我国房价的过度膨胀期主要分布在 2009 年 2 月至 2010 年 6 月、2013 年 1 月至 2014 年 6 月以及 2016 年之后。可见，采用 GSADF 方法对我国股价和房价进行泡沫检测的结果与中国市场的实际相吻合。本章以 GSADF 检验

统计量来衡量股价和房价的泡沫程度，进一步分析其与系统性金融风险的引导关系。

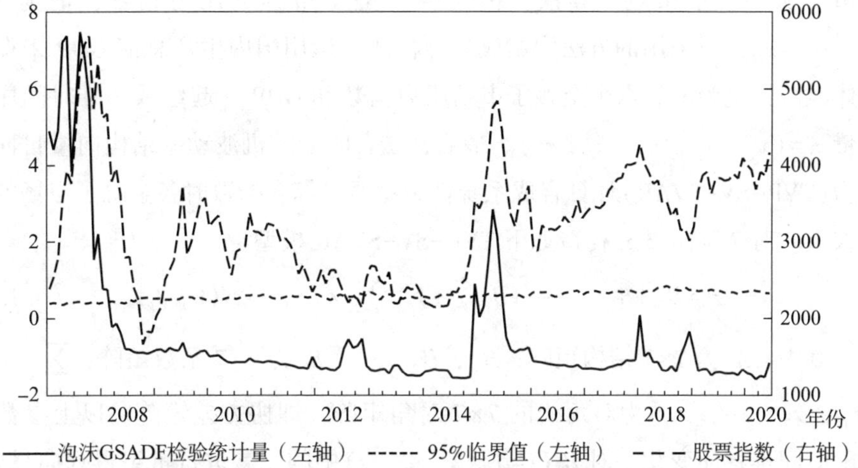

图 5.1.2　股价的 GSADF 泡沫检测

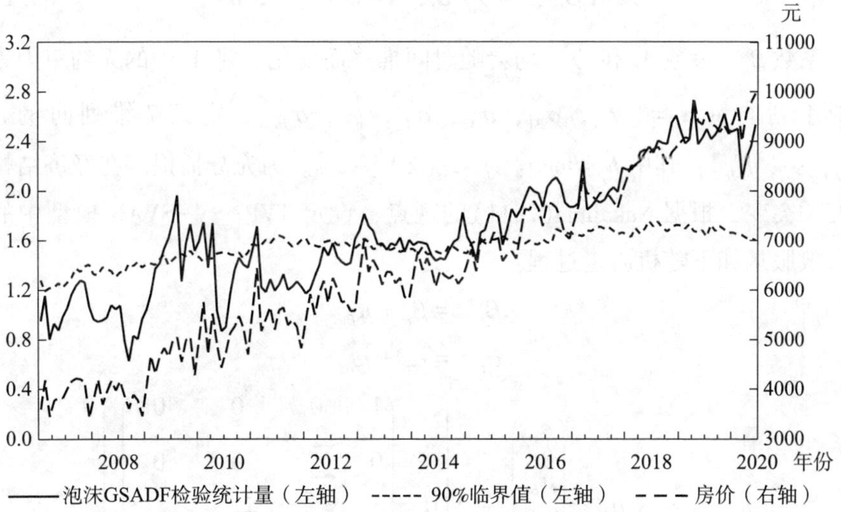

图 5.1.3　房价的 GSADF 泡沫检测

5.1.2.2　系统性金融风险的度量

1）系统性金融风险的度量方法

考虑到系统性金融风险对实体经济的外部性，我们从对实体经济时变冲击视角构建系统性金融风险综合指数。首先，按照不同金融子市场选取基础指标，包括银行部门、股票市场、房地产市场、债券市场、外部金融市场和货币市场六个子市场。其次，构建各金融子市场的压力指数，记为 x_{1t}，x_{2t}，…，x_{6t}，所采用的方法为主成分分析法。运用国内生产总值 GDP 来衡量实体经济，记为 y_t。六个金融子市场压力指数和 GDP 一起组成 7 维时间序列向量 $z_t=(x_{1t}, x_{2t}, \cdots, x_{6t}, y_t)$。最后，结合时变随机波动率结构向量自回归模型(TVP-SV-SVAR)计算合成系统性金融风险综合指数时各金融子市场的时变权重。对 7 维向量 z_t 构造如下 TVP-SV-SVAR 模型：

$$z_t=B_{0t}+B_{1t}z_{t-1}+\cdots+B_{st}z_{t-s}+A_t^{-1}\sum\nolimits_t\varepsilon_t,\quad \varepsilon_t\sim N(0, I_k) \tag{5.1.1}$$

其中，A_t 为 7×7 结构矩阵；B_{0t}，B_{1t}，…，B_{st}为 7×7 系数矩阵；$\sum_t$ 是以$[\sigma_{1t}, \sigma_{2t}, \cdots, \sigma_{7t}]$为对角线的 7×7 对角矩阵，即协方差矩阵。以上参数均会随时间推移而变化。对 $B_{it}(i=1, 2, \cdots, s)$中的元素进行重组得列向量$\beta_t$，定义矩阵 $X_t=I_{n+1}\otimes[1, z'_{t-1}, \cdots, z'_{t-s}]$，则模型可以简化为

$$z_t=X_t\beta_t+A_t^{-1}\sum\nolimits_t\varepsilon_t,\quad t=s+1, \cdots, n+1 \tag{5.1.2}$$

系数β_t、参数 A_t 和 $\sum_t$ 均会随时间推移而变化。将 A_t 中的无约束因素重组成下列向量 $\alpha_t=[\sigma_{21}, \sigma_{31}, \sigma_{32}, \sigma_{41}, \cdots, \sigma_{76}]$，定义 7 维列向量 $h_t=[h_{1t}, \cdots, h_{7t}]$，其中 $h_{jt}=\log\sigma_{jt}^2$，$j=1, 2, \cdots, s$。为充分捕捉潜在经济结构的渐变和突变，根据 Nakajima(2011)的观点，设定 TVP-SV-SVAR 模型中的所有参数服从如下随机游走过程：

$$\beta_{t+1}=\beta_t+\mu_{\beta t}$$

$$\alpha_{t+1}=\alpha_t+\mu_{\alpha t}$$

$$h_{t+1}=h_t+\mu_{ht},\quad \begin{pmatrix}\varepsilon_t\\ \mu_{\beta t}\\ \mu_{\alpha t}\\ \mu_{ht}\end{pmatrix}\sim N\left(0,\begin{pmatrix}1&0&0&0\\0&\sum_\beta&0&0\\0&0&\sum_\alpha&0\\0&0&0&\sum_h\end{pmatrix}\right) \tag{5.1.3}$$

其中，$\beta_{t+1}\sim N\left(\mu_{\beta_0}, \sum_{\beta_0}\right)$，$\alpha_{t+1}\sim N\left(\mu_{\alpha_0}, \sum_{\alpha_0}\right)$，$h_{t+1}\sim N\left(\mu_{h_0}, \sum_{h_0}\right)$，$\sum_\beta$、$\sum_\alpha$ 和 $\sum_h$ 均为正定对角矩阵。参数估计借鉴 Nakajima(2011)提出的

贝叶斯统计推断框架下的 MCMC 算法。假设 TVP-SV-SVAR 模型(5.1.2)所对应的向量移动平均(VMA)形式为 $z_t = \sum_{j=0}^{\infty} \Phi_{t,j} u_{t-j}$，则滞后 j 期脉冲响应用 $\Phi_{t,j}$ 来反映，由参数估计结果可进一步获得各时期变量之间的脉冲响应值。设 φ_{ijt} 表示实体经济变量 y_t 在第 t 时期受到来自第 i 个金融子市场压力指数 x_{it} 一个正向标准差冲击的滞后 j 期脉冲响应函数值，则第 i 个金融子市场在第 t 时期的权重 w_{it} 为

$$w_{it} = \frac{\left| \sum_{j=1}^{M} \varphi_{ijt} \right|}{\sum_{i=1}^{n} \left| \sum_{j=1}^{M} \varphi_{ijt} \right|} \tag{5.1.4}$$

进一步可得我国系统性金融风险综合指数($CISFR_t$)：

$$CISFR_t = \sum_{i=1}^{n} w_{it} x_{it} \tag{5.1.5}$$

2)系统性金融风险的度量结果及分析

已有文献主要从金融子市场和风险来源两个角度来选取基础指标(陶玲和朱迎，2016；郭娜，2018)。比较而言，从金融子市场角度选择基础指标能够更加清楚地区分子市场对系统性金融风险的贡献程度。因此，我们在尽量涵盖金融领域各个方面的原则下，参考陶玲和朱迎(2016)及清华大学国家金融研究院金融与发展研究中心课题组(2019)的做法，构建系统性金融风险基础指标体系，见表 5.1.2。样本区间为 2007 年 1 月至 2020 年 6 月，数据通过中国债券信息网和 Wind 数据库获得。

对基础指标数据进行以下预处理：对个别没有月度数据的指标(如不良贷款率)，运用 EViews 将其季度数据频率转换为月度数据；对于 1 月有缺失数据的指标(如商品房销售面积、销售额等)，采用插值法补齐；对于量纲不统一问题，借鉴 Kremer 等(2012)和清华大学国家金融研究院金融与发展研究中心课题组(2019)的做法，根据累积经验函数将基础指标数据转化为(0，1)区间的数据。对数据进行预处理之后，采用主成分分析法对各子市场的指标进行分析，按照解释比例超过 80%的原则提取主成分，并按照各自解释百分比进行加权构建各子市场的金融压力指数，结果如图 5.1.4 所示。

表 5.1.2　系统性金融风险基础指标

	基础指标	经济含义及计算方法	属性	依据
银行部门	银行不良贷款率	不良贷款与全部贷款之比	正	陶玲和朱迎(2016) 孙姝和姜薇(2018) 秦建文等(2017)
	银行业风险利差	1 年期金融债与国债到期收益率之差	正	
	M2 同比增速/M1 同比增速	反映整个国民经济活动中经济活动的构成	正	
	银行指数波动率	银行指数收益率 GARCH(1，1)模型的时变方差	正	
股票市场	股票市场波动	股价指数的 GARCH(1.1)模型的时变方差	正	许涤龙和陈双莲(2015) 马勇和黄科(2019)
	股票市场 *CMAX*	1-沪深 300 指数/一年期滚动窗口最大值	正	
	股市平均市盈率	上交所和深交所平均市盈率的均值	正	
外部金融市场	外汇市场波动	汇率 GARCH(1，1)模型的时变方差	正	王克达(2020) 章曦(2016) 刘晓星和方磊(2012) 黄济生和罗海波(2008)
	实际有效汇率指数	人民币兑美元的实际有效汇率指数	反	
	外汇储备增长率	外汇储备增长的速度	反	
	中美一年期存款利差	中国和美国一年期存款利率之差	正	
房地产市场	房价指数变化率	国房景气指数变化率	反	陈彦等(2005) 许涤龙和陈双莲(2015) 陶玲和朱迎(2016)
	房价增长波动率	房地产价格 GARCH(1，1)模型的时变方差	正	
	房地产投资增长率	(本期房地产投资-上期房地产投资)/上期房地产投资	正	
	商品房销售面积/竣工面积(住宅)	商品房销售面积占竣工面积的比例	正	
货币市场	泰德利差	3 个月银行同业拆借利率与国债到期收益率差	正	秦建文和王涛(2017) 陶玲和朱迎(2016) 何畅和邢天才(2018)
	实际利率	人民币贷款基准利率	正	
	银行间市场 7 日回购定盘利率	反映短期资金供求关系	正	
	1 周和 1 年 Shibor 期限利差	反映长短期资金拆借利差	正	
	隔夜 Shibor 利率波动率	隔夜 Shibor 利率 GARCH(1，1)的时变方差	正	
债券市场	上证国债指数波动率	上证国债指数收益率 GARCH(1，2)的时变方差	正	陶玲和朱迎(2016) 刘晓星和方磊(2012)
	5 年期国债收益率波动率	5 年期国债收益率 GARCH(2，1)的时变方差	正	
	中债综合指数	反映综合债券收益	正	
	债市利差	5 年国债与 3 个月国债到期收益率利差	正	

注：$CMAX_t=1-x_t/\max[x\in(x_{i-j}\mid j=0,1,\cdots,12)]$，其中 x_t 为沪深 300 指数的月度数据。

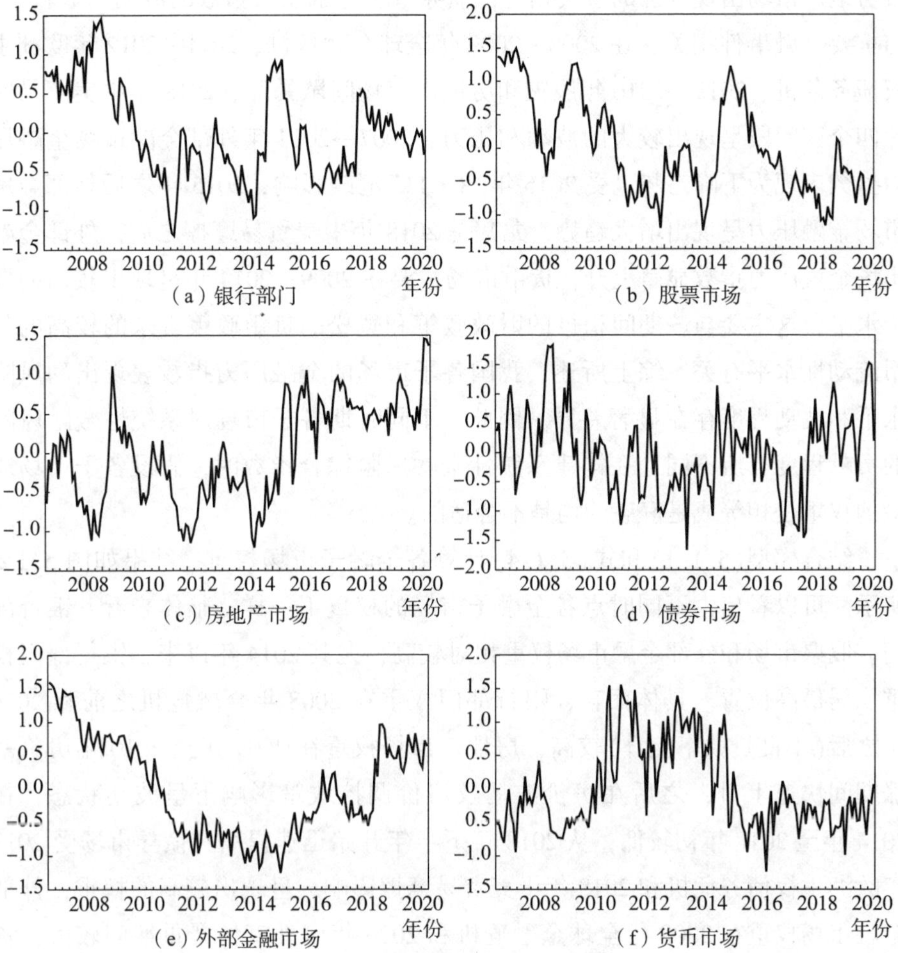

图 5.1.4　各子市场金融压力指数

结合图 5.1.4 各子市场金融压力指数的走势来看，受美国次贷危机、利率市场化推进和 2013 年“钱荒”问题、2015—2016 年杠杆水平增加和 2018 年中美贸易摩擦影响，银行部门在 2007—2009 年、2013 年、2015—2016 年和 2018 年 6 月至 2019 年 6 月呈现出较高的系统性金融风险水平；与两轮股市牛市时间相匹配，股票市场在 2007 年和 2014 年 6 月至 2015 年 6 月呈现出较高的风险水平，同时在全球金融危机及中美贸易摩擦之后，受短暂的市场利好预期影响，2009 年初和 2019 年初股票市场风险有所提高；在 2009—2010 年以及 2015 年底至今，房地产市场的风险水平明显高于其他时期，与这两个阶段房地产市场出现暴涨的事实相符；债券市场金融压力指数的波动明显较大，与重要金融事件相关，在2008—2009年全球金融危机、2011—2012年欧洲主权债务危机、2015—2016年股灾和房地产市场间歇暴涨、2018年中美贸易摩擦四个区间段呈现出较大的波动和压力；2007—2014年外部金融市场金融压力指数表现为下降态势，受2015年“8·11”汇改影响，2015年之后外部金融市场金融压力呈现出增大趋势，尤其是2018年中美贸易摩擦之后，外部金融市场金融压力指数显著上升；货币市场主要在2009—2014年呈现出较高的风险水平，这主要与该期间积极的财政政策和宽松的货币政策带来的较高的货币流动性水平有关。综上所述，我国各子市场的金融压力指数表现出的风险水平和波动程度存在显著差异。因此，不同时期各子市场对系统性金融风险的贡献程度有所不同，在构建系统性金融风险综合指数时，假设各子市场风险的权重是相等或是静态的均是不合适的。

结合模型(5.1.1)和式(5.1.4)计算各金融子市场权重，结果如图5.1.5所示。可以看出，不同时点各金融子市场的权重不一样。整体来看，银行部门、股票市场和外部金融市场权重相对较高，尤其2014年以来，银行部门权重稳居最高位置。具体而言，银行部门权重在2008年金融危机之前和2014年之后(不良贷款率上升)较高；房地产市场权重在2009年至2010年房价暴涨期间快速上升，之后在房价波动及房价调控政策影响下呈波动状态，在2014年至2018年初较低，从2018年下半年开始迅速提高；债券市场受2011年欧洲主权债务危机和2018年中美贸易摩擦影响，呈现出较高的权重；外部金融市场权重在2008年全球金融危机和2020年国外疫情严重期间较大；货币市场权重在2014年至2016年我国实施宽松货币政策期间较高。以上说明，本章计算的动态权重与经济事实吻合，并能区分不同阶段各子市场对系统性金融风险的贡献程度，有助于提高系统性金融风险度量的准确性。

图5.1.6展示了基于对实体经济时变冲击视角的动态权重系统性金融风险综合指数度量结果，该指数对我国系统性金融风险水平的刻画较为准确。中国系统性金融风险综合指数的走势能够很好地反映2008年金融危机及之后“四万亿”投资计划、2014—2015年股价泡沫到股灾、2018年中美贸易摩擦以及2019年末以来的新冠肺炎疫情等重要经济事件。2017年以来我国系统性金融风险呈现出较强的增强态势，这与各子市场该阶段呈现出来的风险积聚一致。

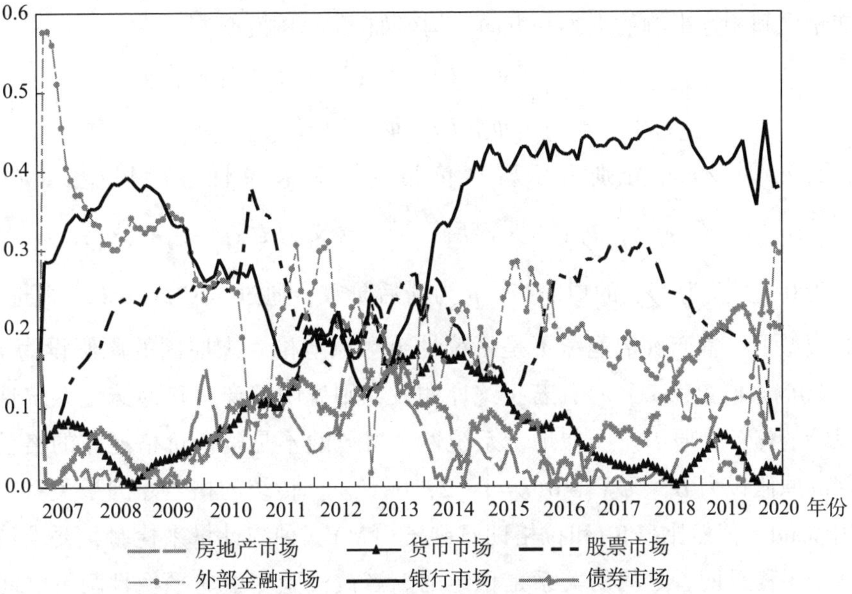

图 5.1.5　中国金融各子市场动态权重

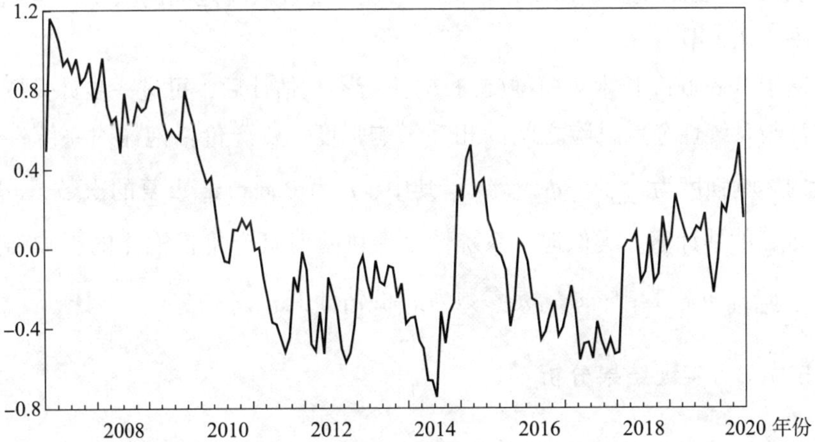

图 5.1.6　中国系统性金融风险综合指数

5.1.2.3　实证模型构建与估计方法

本章采用 Bootstrap 滚动宽窗格兰杰因果检验方法分析资产价格泡沫与系统性金融风险之间的时变互动关系。该方法由 Shukur 和 Mantalos(2000)、Balcilar 等(2010)提出，结合 Bootstrap-F 统计量和滚动宽窗技术，能够识别并处理结构性突变，且不仅可以检验变量之间随时间变化的因果关系，还可以刻画变量之间相互影响的大小和方向。构建如下 VAR 模型：

$$\begin{bmatrix} y_{1t} \\ y_{2t} \end{bmatrix} = \begin{bmatrix} \phi_{10} \\ \phi_{20} \end{bmatrix} + \begin{bmatrix} \phi_{11}(L) & \phi_{12}(L) \\ \phi_{21}(L) & \phi_{22}(L) \end{bmatrix} \begin{bmatrix} y_{1t} \\ y_{2t} \end{bmatrix} + \begin{bmatrix} \varepsilon_{1,t} \\ \varepsilon_{2,t} \end{bmatrix} \tag{5.1.6}$$

其中，y_{1t} 和 y_{2t} 分别表示资产价格泡沫和系统性金融风险；$\phi_{ij}(L)=\sum_{k=1}^{p+1}\phi_{ij,\ k}L^k(i,\ j=1,\ 2)$；$L$ 是滞后算子，含义为 $L^k x_t = x_{t-k}$；$(\varepsilon_{1,t},\ \varepsilon_{2,t})'$ 是均值为 0、方差为 $\sum$ 的白噪声；p 为滞后阶数，通过 AIC 或 SCI 准则选择。在此模型下，资产价格泡沫不是系统性金融风险格兰杰原因的原假设为 H_0：$\phi_{12,k}=0(k=1,\ 2,\ \cdots,\ p)$，若拒绝原假设，则说明资产价格泡沫是系统性金融风险的格兰杰原因。类似地，系统性金融风险不是资产价格泡沫的格兰杰原因的原假设为 H_0：$\phi_{21,k}=0(k=1,\ 2,\ \cdots,\ p)$。传统的格兰杰因果关系一般采用 Wald、似然比(LR)和拉格朗日乘子(LM)三种统计量来检验，要求被检验变量平稳且两者之间的关系是稳定的。当被检验变量非平稳且两者之间关系存在结构性突变时，上述检验将不再适宜。本章使用基于 Bootstrap 技术的修正 *LR* 统计量来检验资产价格泡沫与系统性金融风险之间的关系，实现步骤见本书 3.4.1 节。

基于 Bootstrap 技术对模型(5.1.6)进行参数估计后，可进一步计算资产价格泡沫与系统性金融风险之间的相互影响强度。资产价格泡沫对系统性金融风险的影响强度为 $\sum_{k=1}^{p}\hat{\phi}^*_{12,\ k}/n$。其中，$n$ 为 Bootstrap 重复的次数，$\hat{\phi}^*_{12,k}$ 为参数 $\phi_{12,k}$ 的估计值。类似地，系统性金融风险对资产价格泡沫的影响强度为 $\sum_{k=1}^{p}\hat{\phi}^*_{21,\ k}/n$。其中，$\hat{\phi}^*_{21,k}$ 是参数 $\phi_{21,k}$ 的估计值。

5.1.3 实证结果分析

5.1.3.1 全样本因果关系检验

首先，对研究变量进行平稳性检验。ADF 和 PP 单位根检验结果(见表 5.1.3)显示，股价泡沫、房价泡沫和系统性金融风险均是平稳序列。其次，对全样本进行格兰杰因果检验。表 5.1.4 表明，股价泡沫是系统性金融风险的格兰杰原因，而系统性金融风险不是股价泡沫的格兰杰原因，与之不同，房价泡沫与系统性金融风险之间不存在因果关系，这与徐荣等(2017)的结论有所不同。在参数稳定假设的基础上，本章运用全样本因果关系检验表明股价泡沫对系统性金融风险具有一定的影响，而房价泡沫对系统性金融风险的影响不显著。这可能是部分研究在构建系统性金融压力指数时未采取房地产市场指标的原因(Illing 和 Liu，2007)。然而，根据我国的实际情况，房地产市场与银行、股票等其他市场具有很大的关联，房价泡沫对系统性金融风险的影响也不可忽视。之所以在全样本中未能检验出房价泡沫对系统性金融风险的影响，可能是由于房价泡沫与系统性金融风险的关系存在结构性变化，全样本因果关系的检验结果不可靠，因此需要进行参数的稳定性检验。

表 5. 1. 3　股价泡沫、房价泡沫和系统性金融风险的单位根检验

变量	ADF 检验			PP 检验		
	无截距和趋势	截距	截距和趋势	无截距和趋势	截距	截距和趋势
股价泡沫	−2. 984*** (0. 003)	−3. 357** (0. 014)	−3. 237* (0. 081)	−2. 878*** (0. 004)	−3. 357*** (0. 014)	−3. 247* (0. 079)
房价泡沫	0. 494 (0. 821)	−1. 338 (0. 611)	−5. 102** (0. 002)	1. 542 (0. 970)	−1. 436 (0. 563)	−4. 950*** (0. 000)
系统性金融风险	−2. 385** (0. 017)	−2. 376 (0. 150)	−2. 561 (0. 299)	−2. 218** (0. 026)	−2. 208 (0. 204)	−2. 419 (0. 3684)

注：括号内为 p 值。***、**和*分别表示在 1%、5%和 10%的水平下显著。

表 5. 1. 4　全样本格兰杰因果检验

检验方法	股价泡沫与系统性金融风险				房价泡沫与系统性金融风险			
	股价泡沫≠> 系统性金融风险		系统性金融风险≠> 股价泡沫		房价泡沫≠> 系统性金融风险		系统性金融风险≠> 房价泡沫	
	统计量	p 值	统计量	p 值	统计量	p 值	统计量	p 值
标准 F 检验	5. 379**	0. 022	1. 351	0. 247	0. 048	0. 953	1. 038	0. 357
Bootstrap-*LR* 检验	5. 159**	0. 032	1. 312	0. 289	0. 092	0. 947	1. 971	0. 449

注：**表示在 5%的水平下显著。“≠>”表示“不能格兰杰引起”。

5. 1. 3. 2　参数稳定性检验

表 5. 1. 5 报告了包含股价泡沫与系统性金融风险的 VAR 模型的参数稳定性检验结果。在运用 *Sup-LR*、*Mean-LR*、*Exp-LR* 三个统计量进行检验时，对应原假设均为参数是稳定的，但备择假设有所不同。其中，统计量 *Sup-LR* 主

要检验参数的结构性突变，*Mean*-*LR* 和 *Exp*-*LR* 用于检验参数是否随时间渐变。统计量 L_c 检验对应原假设为模型是长期稳定的，用于检验模型自身的稳定性。由表 5.1.5 可知，无论对股价泡沫方程和系统性金融风险方程，还是对整个 VAR 系统来讲，L_c 统计量均表明其参数具有长期稳定性。但是，*Sup*-*LR* 统计量均在 1%的水平下拒绝了原假设，说明股价泡沫方程、系统性金融风险方程和 VAR 系统中存在潜在的结构性突变；统计量 *Mean*-*LR*、*Exp*-*LR* 中至少有一个在 5%的水平下拒绝了原假设，说明 VAR 系统的参数具有随时间推移逐步变化的不稳定性。结合表 5.1.6 可知，房价泡沫和系统性金融风险的 VAR 系统中不仅存在快速的结构性突变，还存在随时间渐变的特征。因此，全样本内资产价格泡沫与系统性金融风险之间的因果关系值得怀疑，有必要进一步采用分样本因果检验来考察两者之间的动态关系。

表 5.1.5　股价泡沫与系统性金融风险 VAR 系统的参数稳定性检验

	系统性金融风险方程		股价泡沫方程		VAR 系统	
	统计量	*p* 值	统计量	*p* 值	统计量	*p* 值
Sup-*LR*	52.174***	0.000	27.158***	0.000	40.792***	0.000
Mean-*LR*	7.576**	0.017	4.545	0.149	9.850*	0.062
Exp-*LR*	21.544***	0.000	8.867***	0.001	17.128***	0.000
L_c	0.381	0.548	0.356	0.577	0.738	0.536

注：***、**和*分别表示在 1%、5%和 10%的水平下显著。

表 5.1.6　房价泡沫与系统性金融风险 VAR 系统的参数稳定性检验

	系统性金融风险方程		房价泡沫方程		VAR 系统	
	统计量	*p* 值	统计量	*p* 值	统计量	*p* 值
Sup-*LR*	32.173***	0.000	37.588***	0.000	30.836**	0.015
Mean-*LR*	12.887***	0.004	12.753***	0.000	20.405***	0.004
Exp-*LR*	11.422***	0.000	14.459***	0.000	12.266**	0.012
L_c	1.607**	0.029	0.584*	0.057	2.192	0.133

注：***、**和*分别表示在 1%、5%和 10%的水平下显著。

5.1.3.3　分样本滚动宽窗因果检验及影响分析

兼顾准确性(窗口越大，参数估计越准确)和代表性(窗口越小，代表性越高)，结合本节数据频率特征选择滚动宽窗的窗口为 24。图 5.1.7 和图 5.1.8

给出了运用 Bootstrap 滚动宽窗格兰杰因果检验方法对资产价格泡沫与系统性金融风险之间关系进行检验的结果，图中阴影部分为 Bootstrap 滚动宽窗格兰杰因果检验 p 值小于 0.1 的区间，表示在该区间内因果关系显著。对于 p 值小于 0.1 的个别点[图 5.1.7(a)和(c)中 2009 年 4 月对应的线]，由于仅一个点不能够解释变量之间的因果关系，此处只分析阴影部分。

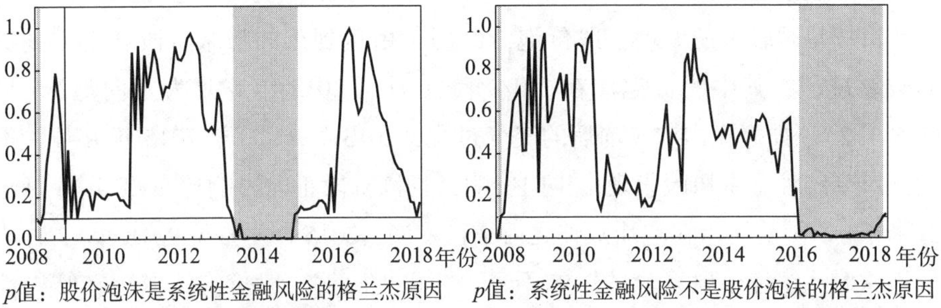

（a）股价泡沫对系统性金融风险的时变因果检验　（b）系统性金融风险对股价泡沫的时变因果检验

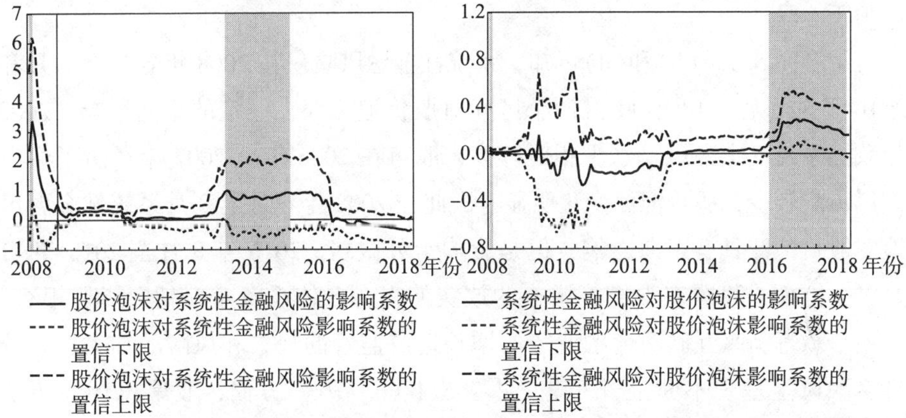

（c）股价泡沫对系统性金融风险的时变影响　（d）系统性金融风险对股价泡沫的时变影响

图 5.1.7　股价泡沫与系统性金融风险的时变因果及影响程度

图 5.1.7(a)表明，股价泡沫在 2008 年 6 月至 8 月、2013 年 11 月至 2015 年 8 月与系统性金融风险存在显著的格兰杰因果关系。这说明股价泡沫对系统性金融风险的影响存在结构性变化，不能单纯地认为在整个样本区间内股价泡沫是系统性金融风险的格兰杰原因。图 5.1.7(c)表明，在上述两个区间内，股价泡沫对系统性金融风险的影响方向均为正，但是影响系数的大小有所改变，2008 年 6 月至 8 月，股价泡沫对系统性金融风险的正向影响较大。

2006年至2007年股市牛市带来股价正向泡沫的积聚和膨胀，受2008年金融危机影响，股价泡沫缩小破裂，转而为负。泡沫在大小、正负上的变化增加了系统性金融风险发生的可能性，因此在2008年6月至8月对系统性金融风险产生了正向影响。2008年9月至2013年10月，股票市场的波动较小，股价泡沫比较平稳，此期间股价泡沫对系统性金融风险的格兰杰原因不显著，影响系数也接近于0。2014年6月至2015年6月，我国股市进入新一轮牛市，股票市场呈现较大的波动，股价泡沫经历了由负到正的膨胀阶段和由正到负的破裂过程，其中股价泡沫在2014年11月至2015年6月为正向泡沫(见图5.1.2)。加之正向泡沫前后的突变过程，2013年11月至2015年8月股价泡沫对系统性金融风险表现出正向影响，且该阶段正向影响比2008年6月至8月略弱。随着股市在泡沫破裂之后平稳发展，2015年9月至2018年12月股价泡沫对系统性金融风险的影响不显著。以上表明，股价泡沫在存在结构性突变或者泡沫度较高时，与系统性金融风险的格兰杰原因才显著，且影响方向为正。

结合图5.1.7(b)和(d)可知，系统性金融风险仅在2008年6月至8月和2016年8月至2018年11月两个区间对股价泡沫存在一定的正向影响。2008年我国系统性金融风险水平相对较高，股市在2006年至2007年经历了牛市到熊市的转变，股价泡沫变化明显，因此在2008年6月至8月系统性金融风险对股价泡沫具有正向影响，但是影响十分微弱。2016年8月至2018年11月，一方面，我国宏观经济增速的放缓使得金融体系资金滞留，影子银行、网络贷款等新兴互联网金融业务的增长造成监管的缺失和风险的加大，系统性金融风险呈现不断上升趋势(见图5.1.6)；另一方面，股票市场经历了2015年股灾之后的调整，虽然在2016年8月之后股票指数有所回升，但受2018年中美贸易摩擦影响，股票指数上升态势有所转变，股价泡沫经历了小幅度积聚和缩小的过程。因此，该区间系统性金融风险对股价泡沫呈现较小的正向影响。以上表明，系统性金融风险在水平相对较高且不断上升时，才会对股价泡沫产生微弱的正向影响。

从图5.1.8(a)中可以看出，房价泡沫在2010年7月至11月、2011年8月至11月和2016年6月至2018年8月是系统性金融风险显著的格兰杰原因，这可能是因为上述三个区间内房价泡沫波动较大(见图5.1.3)。图5.1.8(c)表明，在上述三个子样本区间内，房价泡沫对系统性金融风险的影响方向不

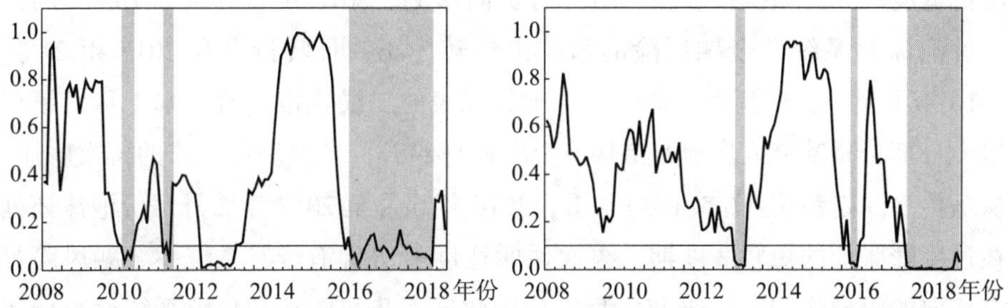

p值：房价泡沫不是系统性金融风险的格兰杰原因

（a）房地产价格泡沫对系统性金融风险的时变因果检验

p值：系统性金融风险是房价泡沫的格兰杰原因

（b）系统性金融风险对房地产价格泡沫的时变因果检验

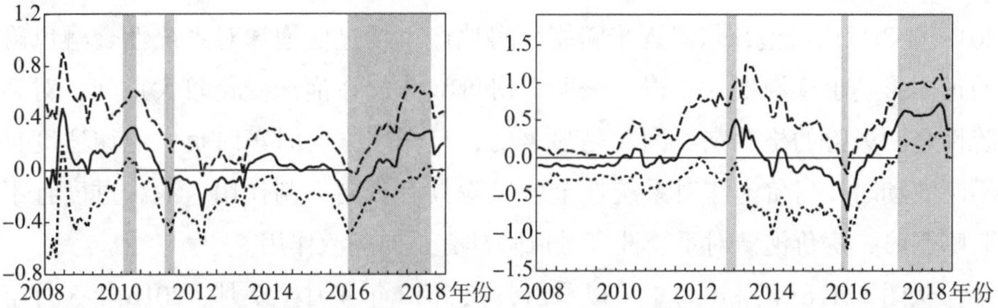

—— 房价泡沫对系统性金融风险的影响系数
---- 房价泡沫对系统性金融风险影响系数的置信下限
– – 房价泡沫对系统性金融风险影响系数的置信上限

（c）房地产价格泡沫对系统性金融风险的时变影响

—— 系统性金融风险对房价泡沫的影响系数
---- 系统性金融风险对房价泡沫影响系数的置信下限
– – 系统性金融风险对房价泡沫影响系数的置信上限

（d）系统性金融风险对房地产价格泡沫的时变影响

图 5. 1. 8　房价泡沫与系统性金融风险的时变因果及影响程度

一致，表明两者之间的因果关系和影响大小确实存在结构性变化。2010 年 7 月至 11 月，房价泡沫对系统性金融风险的影响为正。2009 年至 2010 年，我国房价快速上涨，房价泡沫迅速膨胀并维持在较高水平，虽然政府实施了系列以减少货币供应量为主的抑制房价措施，但是因为货币供应量对房价的影响较弱，持续时间不长，抑制房价的效果有限（王睿和李连发，2019），没有起到降低系统性金融风险的作用，说明较高的房价泡沫会对系统性金融风险产生一定的正向影响。2011 年 8 月至 11 月，房价泡沫对系统性金融风险的影响为负。2011 年，为控制房价，央行进一步实施多次升息的货币政策，并推出“国十一条”“新国八条”等限购政策和房产税改革，降低了房地产市场热度，房价泡沫有所回落，有效地抑制了系统性金融风险的积聚，说明较低的房价适度泡沫对系统性金融风险具有负向影响。2016 年 6 月至 2018 年 8 月，房价泡沫对系统性金融风险的影响由负转为正，且转折点在 2017 年 2 月。2016 年下半年，以南京、郑州、合肥为代表的二线城市房价大幅上涨，银行很大一部分贷款流入房地产市场，金融杠杆趋升，导致房价泡沫的再次膨胀。从房价泡沫走势(见图 5.1.3)来看，2016 年 6 月至 2017 年 2 月房价泡沫还处在过度膨胀前的短暂适度期，再次说明适度的房价泡沫对系统性金融风险具有负向的引导作用。2017 年之后，我国政府逐步将防范和化解系统性金融风险作为中国金融市场发展及监管的核心工作，同时提出“住房不炒房”的政策导向，房价上升速度得到控制，但是并没有出现明显的回落。2017 年 2 月至 2018 年 8 月房价泡沫依然逐步膨胀，房地产市场过度泡沫对系统性金融风险的正向影响也逐渐变大。以上表明，房价泡沫仅在泡沫变化较大期间，对系统性金融风险的格兰杰原因才是显著的，且作用方向时正时负：泡沫适度且不断波动时，房价泡沫对系统性金融风险具有负向抑制作用；泡沫过度且不断膨胀时，房价泡沫对系统性金融风险具有正向刺激作用。

从图 5.1.8(b)和(d)中可以看出，在 2013 年 4 月至 7 月、2016 年 3 月至 5 月以及 2017 年 8 月至 2018 年 12 月，系统性金融风险是房价泡沫的格兰杰原因，且 2013 年 4 月至 7 月和 2017 年 8 月至 2018 年 12 月两个区间系统性金融风险对房价泡沫的影响系数为正，2016 年 3 月至 5 月系统性金融风险对房价泡沫的影响系数为负。2013 年 4 月至 7 月和 2017 年 8 月至 2018 年 12 月，我国系统性金融风险综合指数均迅速上升并在此后一段时间维持在相对较高的水平(见图 5.1.6)，2013 年 4 月至 7 月房价泡沫出现小幅膨胀，2017 年 8 月至 2018 年 12 月房价泡沫出现大幅膨胀(见图 5.1.3)。因此，在上述两个区间，系统性金融风险对房价泡沫均具有正向影响，且 2017 年 8 月至 2018 年 12 月期间的影响程度大于 2013 年 4 月至 7 月期间的影响程度。受 2015 年 5 月股灾影响，国家监管日益严密，系统性金融风险逐渐释放。2016 年 3 月至 5 月，系统性金融风险综合指数仍处于波动下降态势，且相对水平较低。然而在资金轮动效应下，房价泡沫度有所积聚并开始膨胀，因此该子样本区间系统性金融风险对房价泡沫具有负向影响。综上所述，系统性金融风险对房价泡沫的因果影响与系统性金融风险水平的高低有关：在风险水平迅速下降且相对较低时，系统性金融风险对房价泡沫具有负效应；在风险水平迅速上升且维持较高水平时，系统性金融风险对房价泡沫具有正效应。

综上所述，在全样本因果检验下，股价泡沫与系统性金融风险之间存在单向的因果关系，股价泡沫是系统性金融风险的格兰杰原因，而系统性金融风险不是股价泡沫的格兰杰原因；房价泡沫与系统性金融风险之间无因果关系。参数稳定性检验表明，资产价格泡沫与系统性金融风险之间的关系存在结构性变化，导致全样本内因果检验结果的准确性有待提高。分样本Bootstrap滚动宽窗格兰杰因果检验表明，受泡沫结构性突变、泡沫程度以及系统性金融风险水平的影响，资产价格泡沫与系统性金融风险之间的引导关系呈现动态特征。

5.2　经济增长对资产价格泡沫的频域效应分析

在上一节中，我们利用分位数原理将不同程度的泡沫分成了破裂、潜伏、平稳、膨胀和高涨五个不同的阶段，泡沫演化的这种周期性特征在本书第3章关于泡沫识别和第4章关于泡沫形成机制的分析过程中也得到证实。作为资产价格泡沫的一个重要影响因素，经济增长具有一定的周期性。众所周知，经济发展的总体趋势会经历有规律的扩张和收缩，经常被分为繁荣、衰退、萧条和复苏四个阶段。资产价格泡沫和经济增长的周期特征，使经济增长对泡沫的影响具有频域层面的差异，在短周期(高频成分)，经济增长和资产价格泡沫的波动往往幅度较小且较为频繁，而在长周期(低频成分)，经济增长和资产价格泡沫往往又具有波幅较大且不频繁的特征。因此，有必要从频域视角分析经济增长对资产价格泡沫长短周期效应的差异。

5.2.1　频域格兰杰因果检验方法

时间序列在不同的频率周期具有不同的变化特征，频域分析方法在金融时间序列分析中得到广泛的应用(Ciner，2011；Tiwari 等，2015)。频域格兰杰因果检验由Breitung 和 Candeton(2006)提出，他们首次将频域分析方法引入格兰杰因果检验，并检验了利率价差对未来产出增长的长期和短期预测能力。本节将采用Breitung 和 Candeton(2006)的频域格兰杰因果检验方法，对经济增长影响资产价格泡沫的作用机制进行验证。

频域格兰杰因果检验方法主要用于检验在某一频率上两变量之间是否存

在格兰杰因果关系，基本过程如下：

令 $z_t=[X_t, Y_t]$，其中 X_t、Y_t 为两个平稳的时间序列。假设 z_t 可以表示为如下形式的有限滞后阶数 VAR(2)过程：

$$\Theta(L)z_t=\varepsilon_t \tag{5.2.1}$$

其中，$\Theta(L)=I-\Theta_1L-\cdots-\Theta_pL^p$ 是一个 φ_1 滞后多项式；L^k 为滞后算子，表示 $L^kz_t=z_{t-k}$，$k=1, 2, \cdots, p$；误差项 ε_t 是一个期望为 $0[E(\varepsilon_t)=0]$、方差矩阵为 $\sum$ $(E(\varepsilon_t\varepsilon'_t)=\sum)$ 的白噪声，方差矩阵 $\sum$ 可以分解为 $G'G=\sum^{-1}$，其中 G 为下三角矩阵，且有 $E(\eta_t\eta'_t)=I$，$\eta_t=G\varepsilon_t$。如果 VAR 系统(5.2.1)是稳定的，则其移动平均(MA)过程的形式可表示为

$$\begin{aligned} z_t &= \Phi(L)\varepsilon_t=\begin{bmatrix}\Phi_{11}(L) & \Phi_{12}(L)\\ \Phi_{21}(L) & \Phi_{22}(L)\end{bmatrix}\begin{bmatrix}\varepsilon_{1t}\\ \varepsilon_{2t}\end{bmatrix} \\ &= \Psi(L)\eta_t=\begin{bmatrix}\Psi_{11}(L) & \Psi_{12}(L)\\ \Psi_{21}(L) & \Psi_{22}(L)\end{bmatrix}\begin{bmatrix}\eta_{1t}\\ \eta_{2t}\end{bmatrix}\end{aligned} \tag{5.2.2}$$

其中，$\Phi(L)=\Theta(L)^{-1}$；$\Psi(L)=\Phi(L)G^{-1}$。根据式(5.2.2)，变量 cs_t 的谱密度函数可以表示为

$$f_X(\omega)=\frac{1}{2\pi}\{|\Psi_{11}(e^{-i\omega})|^2+|\Psi_{12}(e^{-i\omega})|^2\} \tag{5.2.3}$$

其中，ω 是角频率。根据 Geweke(1982)和 Hosoya(1991)的观点，在频率 ω 上 Y_t 不是 X_t 的格兰杰原因可以用下面的统计量来检验：

$$M_{Y\to X}(\omega)=\log\left[\frac{2\pi f_X(w)}{|\Psi_{11}(e^{-i\omega})|^2}\right]=\log\left[1+\frac{|\Psi_{12}(e^{-i\omega})|^2}{|\Psi_{11}(e^{-i\omega})|^2}\right] \tag{5.2.4}$$

容易看出，若 $|\Psi_{12}(e^{-i\omega})|=0$，则 $M_{Y\to X}(\omega)=0$，说明在频率 ω 上 Y_t 不是 X_t 的格兰杰原因。

考虑到 $\Psi(L)=\Theta(L)^{-1}G^{-1}$，此算子可以表示为如下形式：

$$\Psi(L)=\frac{1}{|\Theta(L)|}\begin{bmatrix}\Theta_{22}(L)-\Theta_{12}(L)g_{21} & -\Theta_{12}(L)g_{22}\\ -\Theta_{21}(L)g_{11}+\Theta_{11}(L)g_{21} & \Theta_{11}(L)g_{22}\end{bmatrix} \tag{5.2.5}$$

因此，$\Psi_{12}(L)=\dfrac{-\Theta_{12}(L)g_{22}}{|\Theta(L)|}$，其中，$g_{22}$ 是 G^{-1} 的下对角元素。在频率 ω 上 Y_t 不是 X_t 的格兰杰原因的充分条件可以表示为

$$\Theta_{12}(e^{-i\omega})=\left|\sum_{k=1}^{p}\theta_{12,k}\cos(kw)-i\sum_{k=1}^{p}\theta_{12,k}\sin(kw)\right|=0 \tag{5.2.6}$$

其中，$\theta_{12,k}$ 为 Θ_k 中的元素。$\Theta_{12}(e^{-i\omega})=0$ 的充分必要条件为

$$\sum_{k=1}^{p}\theta_{12,\ k}\cos(kw)=0 \tag{5.2.7}$$

$$\sum_{k=1}^{p}\theta_{12,\ k}\sin(kw)=0 \tag{5.2.8}$$

因此，原假设 $M_{Y\to X}(\omega)=0$ 等价于 $R(\omega)\beta=0$，其中，

$$\beta=[\theta_{12,1},\ \theta_{12,2},\ \cdots,\ \theta_{12,p}] \tag{5.2.9}$$

$$R(\omega)=\begin{bmatrix}\cos(\omega) & \cos(2\omega) & \cdots & \cos(p\omega)\\ \sin(\omega) & \sin(2\omega) & \cdots & \sin(p\omega)\end{bmatrix} \tag{5.2.10}$$

参照 Breitung 和 Candeton(2006)的做法，可以使用 Wald 统计量①或服从自由度为 2 的卡方分布对原假设进行检验。

5.2.2　变量选择和数据说明

本节主要分析经济增长对资产价格泡沫的频域因果效应。对于资产价格泡沫，我们仍以股价泡沫和房价泡沫为代表，这两种泡沫在第 3 章我们已经进行了测度，本节仍然采用第 3 章的测度结果，其中股价泡沫的样本区间为 1998 年 5 月到 2017 年 5 月，房价泡沫的样本区间为 2002 年 1 月到 2017 年 5 月。对于经济增长(GDP_t)，首先，我们收集了名义 GDP_t 的季度数据，利用 CPI 环比指数②消除价格因素得到季度的实际 GDP_t，并采用 X12 方法进行季节调整。其次，由于经济增长和资产价格泡沫的频率不同，对实际 GDP_t 进行频率转换变为月度数据。最后，对月度实际 GDP_t 进行取对数差分得到经济对数增长率($\ln GDPg_t$)，采用 HP 滤波得到经济增长周期(产出缺口，$\mathrm{GDP}gap_t$)，经济增长率和产出缺口的样本区间与资产价格泡沫匹配。为保证结果的可信度，本节分别探讨经济增长率和产出缺口对股价泡沫和房价泡沫的频域效应。

5.2.3　经济增长对资产价格泡沫频域效应的实证结果分析

为了能够有效运用频域格兰杰因果检验分析经济增长对泡沫的长短期效应，首先对各研究变量进行单位根检验。本节使用的单位根检验方法为 PP 检验和 KPSS 单位根检验方法，结果见表 5.2.1。

① Wald 检验在 5%的水平下临界值为 5.991，而在 10%的水平下临界值为 4.6052。

② CPI 环比指数利用 CPI 环比增长率定基(2000=100)换算得到。

表 5.2.1 经济增长与资产价格泡沫的单位根检验

样本期	变量	PP 检验			KPSS 检验	
		无截距和趋势	截距	截距和趋势	截距	截距和趋势
1998 年 5 月至 2017 年 5 月	经济增长率	-6.365***	-9.177***	-8.940***	0.679**	0.099
	产出缺口	-4.096***	-4.088***	-4.055***	0.057	0.044
	股价泡沫	-14.743***	-14.715***	-14.688***	0.041	0.028
2002 年 1 月至 2017 年 5 月	经济增长率	-4.761***	-9.186***	-9.486***	1.103***	0.102
	产出缺口	-4.173***	-4.153***	-4.154***	0.057	0.044
	房价泡沫	-1.743*	-8.196***	-8.444***	0.492**	0.031

注：*、**和***分别表示在10%、5%和1%的水平下显著。PP 检验和 KPSS 检验的原假设相反。

从表 5.2.1 中可以看出，在 1998 年 5 月至 2017 年 5 月的样本期内，PP 和 KPSS(含截距和趋势)检验均显示股价泡沫、经济增长率和产出缺口在1%的显著性水平下是平稳的。在 2002 年 1 月至 2017 年 5 月的样本期内，PP 检验(含截距或含截距和趋势)和 KPSS(含截距和趋势)检验均表明，经济增长率、产出缺口和房价泡沫都是平稳的。各研究变量通过了频域因果检验的稳定性要求。

图 5.2.1 描绘了不同周期的经济增长率和产出缺口对股价泡沫的频域影响，从中可以看出，在 1998 年 5 月至 2017 年 5 月的样本期内，经济增长率和产出缺口对股价泡沫的格兰杰影响均会随着时间频率的改变而变化。由图 5.2.1(a)可知，当 $w \in (0.494, 1.015)$ 时，经济增长率是股价泡沫的格兰杰原因，对应的时间周期长度为 6.187~12.712 个月[①]；由图 5.2.1(b)可知，当 $\omega \in (0.470, 0.675)$ 和 $\omega \in (0.910, 0.940)$ 时，产出缺口是股价泡沫的格兰杰原因，对应的时间周期长度为 9.304~13.362 个月以及 6.681~6.901 个月。产出缺口对股价泡沫具有明显格兰杰原因的第二个周期范围(6.681~6.901 个月)被包含在了经济增长率对股价泡沫具有显著格兰杰原因的周期范围(6.187~12.712 个月)，而产出缺口对股价泡沫具有明显格兰杰原因的第一个周期范围(9.304~13.362 个月)也有很大部分被包含在经济增长率对股价泡沫具有显著格兰杰原因的周期范围(6.187~12.712 个月)。由此我们可以推断，无论是用经济增长率还是产出缺口来衡量经济增长的情况，经济增长对股价泡沫的影响均具有明显的频域效应，具体表现为：在半年到一年的周期内，经济增长对股价泡沫具有显著的格兰杰影响，在其他周期范围内，经济

① 频率与周期的转换公式为 $T=2\pi/w$(Breitung 和 Candeton，2006)。

增长对股价泡沫的影响不显著。

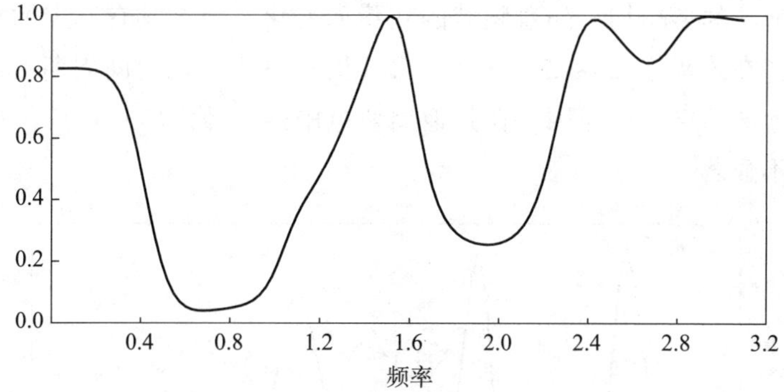

（a）经济增长率对股价泡沫的频域因果检验

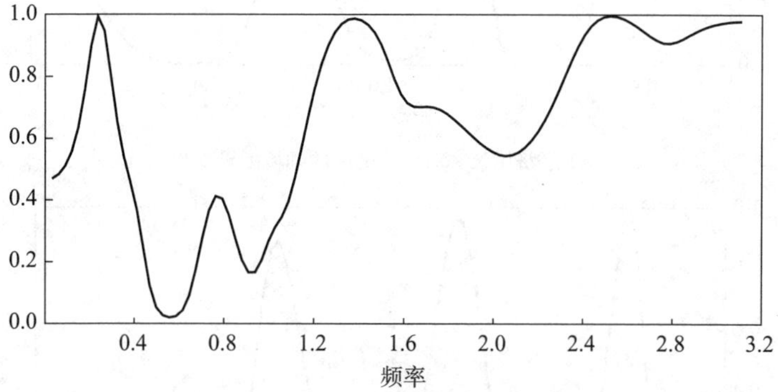

（b）产出缺口对股价泡沫的频域因果检验

图 5. 2. 1 经济增长对股价泡沫的频域因果检验

图 5. 2. 2 描绘了不同周期的经济增长情况对房价泡沫的格兰杰因果检验结果，从中可以看出，在 2002 年 1 月至 2017 年 5 月的样本期内，不同频域上经济增长率和产出缺口对房价泡沫的影响不同。由图 5. 2. 2(a)可知，经济增长率能够格兰杰引起房价泡沫的频域范围有 $w \in (0,\ 0.272)$、$w \in (0.645,\ 1.087)$、$w \in (1.358,\ 1.766)$和 $w \in (2.207,\ 2.887)$，对应的经济周期为大于 23. 088 个月、5. 777~9. 736 个月、3. 556~4. 624 个月以及 2. 175~2. 845 个月。由图 5. 2. 2(b)可知，产出缺口能够格兰杰引起房价泡沫的频域范围有 $w \in (0,\ 0.305)$、$w \in (0.645,\ 1.019)$、$w \in (1.460,\ 1.834)$和 $w \in (2.242,\ 2\pi)$，对应的经济周期为大于 20. 590 个月、6. 163~9. 736 个月、3. 424~4. 301 个月以及 0~2. 801 个月。可见，产出缺口对房价泡沫具有明显格兰杰影响的周期范围与经济增长率对房价泡沫具有显著格兰杰影响的周期范围非常接近。由此

我们可以推断，无论是用经济增长率还是产出缺口来衡量经济增长，经济增长对股价泡沫的影响均会随着频域的变化而变化，但是具有一定的规律，具体表现为：在约两年(20~23 个月)周期以及 3~9 个月的时间周期上，经济增长是房价泡沫的格兰杰原因，在其他周期范围内，经济增长对房价泡沫的格兰杰影响不显著。

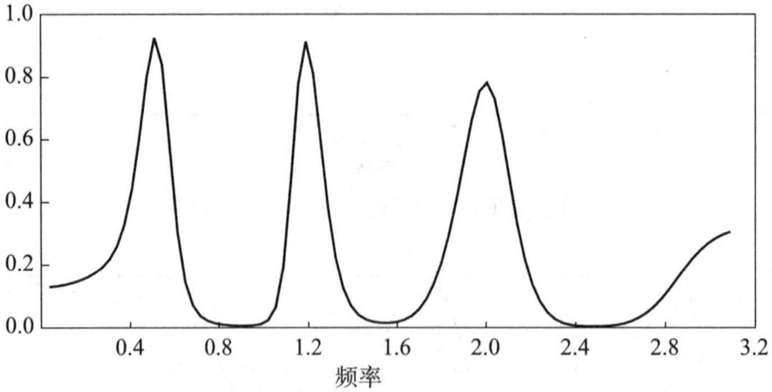

(a) 经济增长率对房价泡沫的频域因果检验

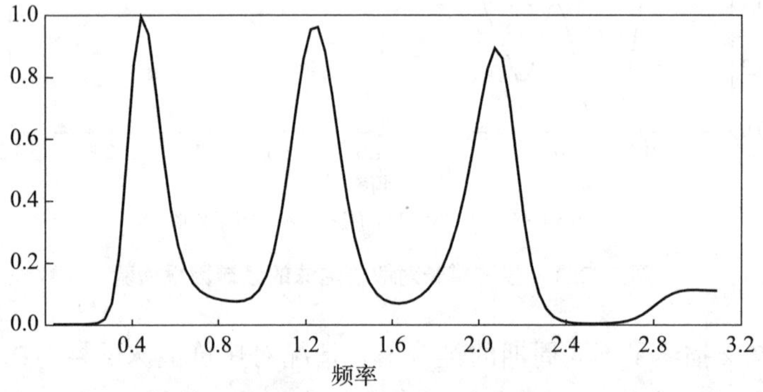

(b) 产出缺口对房价泡沫的频域因果检验

图 5.2.2 经济增长对房价泡沫的频域因果检验

5.2.4 稳健性检验

频域格兰杰因果检验在不对原始数据进行分解的情况下直接探讨经济增长对资产价格泡沫的频域效应，得到不同周期经济增长对资产价格泡沫的影响不同的结论。为验证结论的稳健性，我们结合频域分析中一种重要的方法——小波分解，在对原始数据进行分解的基础上，进一步检验在不同频域(周期)上经济增长对资产价格泡沫的格兰杰影响。

5.2.4.1　小波分解方法

小波分析是一种重要的时间序列分析方法，广泛应用于通信、物理、经济、金融等领域。本节运用小波分析是因为它可以将原始的时间序列分解成不同频域成分，进而有利于分析变量之间在不同频域上的关系。为了将研究变量分解成不同频域的成分，参考 Tiwari、Dar 和 Bhanja(2013)的做法，有两种分解技术可供选择：离散小波分解(Discrete Wavelet Transform，DWT)和最大重叠离散小波分解(Maximaloverlap Discrete Wavelet Transform，MODWT)。与 DWT 相比，MODWT 具有提供更大样本、保持转换不变性和对样本区间没有约束的优点。本小节采用 MODWT 技术对经济增长率、产出缺口、股价泡沫和房价泡沫分别进行分解。但是，由于 MODWT 技术是在 DWT 技术基础之上进行的改进，因此在介绍 MODWT 技术之前有必要首先了解 DWT 技术。

DWT 技术主要通过两种小波滤波，即母小波[$h_j=(h_{j,0}, h_{j,1}, \cdots, h_{j,L-1}, 0, \cdots, 0)'$]和父小波[$g_j=(g_{j,0}, g_{j,1}, \cdots, g_{j,L-1}, 0, \cdots, 0)'$]，从原始数据中提取不同频域的周期序列，其中 $L=1, \cdots, [\log_2(T)]$。

母小波主要控制时间序列的高频成分，一般具有以下三个特点：

$$\sum_{l=1}^{L-1} h_{j,l}=0;\ \sum_{l=1}^{L-1} h_{j,l}^2=1;\ \sum_{l=1}^{L-1} h_{j,l}h_{j,l+2n}=0,\ \text{对所有点 } n\neq 0 \tag{5.2.11}$$

父小波主要控制时间序列的低频成分，即时间序列的长期趋势项。父小波通常通过母小波正交映射变换得到：$g_{j,l}=(-1)^{l+1}h_{1,L-1-l}$，$l=0, \cdots, L-1$。

原始的时间序列记为 $x_0, x_1, \cdots, x_{N-1}$，对于 $N\geqslant L_j$，$L_j=(2^j-1)(L-1)+1$，小波分解的系数可以表示为以下由 h_j 生成的函数：

$$W_{j,t}=2^{j/2}\widetilde{W}_{j,2j(t+1)+1},\ \left[(L-2)\left(1-\frac{1}{2^j}\right)\right]\leqslant t\leqslant\left[\frac{N}{2^j}-1\right] \tag{5.2.12}$$

其中，

$$\widetilde{W}_{j,t}=\frac{1}{2^{j/2}}\sum_{2^{j/2}}^{L_j-1} h_{j,l}x_{t-1},\ t=L_j-1, \cdots, N-1 \tag{5.2.13}$$

小波分解的系数 $\widetilde{W}_{j,t}$ 主要由第 $2^j th$ 个样本点组成的子样本生成，与尺度 $\tau_j=2^{j-1}$ 相关。因此，DWT 技术要求样本点的个数是 2 的次方。

与 DWT 相比，MODWT 可以分解任何长度的原始时间序列。此外，MODWT 方法满足平移不变性，即单个信号的改变不会改变小波变换系数的模式，并能在较大的频域上加强分辨率。对于时间序列 $x_0, x_1, \cdots, x_{N-1}$，第

$j(j=1,\ \cdots,\ J)$ 个层次的 MODWT 滤波 $\tilde{W}_{j,t}$ 和小波分解系数为

$$\tilde{W}_{j,t}=\sum_{l=0}^{L_j-1}\tilde{g}_{j,l}x_{t-1\bmod N},\ \tilde{V}_{j,t}=\sum_{l=0}^{L_j-1}\tilde{h}_{j,l}x_{t-1\bmod N} \tag{5.2.14}$$

其中，$\tilde{g}_{j,t}=g_{j,l}/2^{j/2}$ 是 MODWT 父小波，$\tilde{h}_{j,t}=h_{j,l}/2^{j/2}$ 是 MODWT 母小波。最终，原始序列 x_0，x_1，$\cdots$，x_{N-1} 可以利用小波分解系数重组成多频域(周期)的序列：

$$x_t=\tilde{D}_{1,t}+\cdots+\tilde{D}_{J-1,t}+\tilde{D}_{J,t}+\tilde{S}_{J,t} \tag{5.2.15}$$

其中，

$$\tilde{D}_{j,t}=\sum_{l=0}^{N-1}\tilde{g}_{j,l}\tilde{V}_{j-1,t-1modN},\ \tilde{S}_{J,t}=\sum_{l=0}^{N-1}\tilde{h}_{J,l}\tilde{V}_{j-1,t-1modN} \tag{5.2.16}$$

根据式(5.2.16)，可以得到一系列的高频成分序列 $\tilde{D}_{j,t}$ 和一个低频成分序列 $\tilde{S}_{J,t}$。其中，高频成分序列刻画不同频域水平上的局部波动特征，低频成分序列主要描述原始序列的趋势和光滑程度。这些不同频域成分的序列不仅允许我们检验不同频域变量之间的关系，还可以对比不同频域变量之间关系的异同，从而得到一个整体规律。

5.2.4.2 实证结果分析

经济增长和资产价格泡沫都具有一定的周期波动性。本小节首先采用 MODWT 方法对经济增长率、产出缺口、股价泡沫和房价泡沫四个研究变量进行小波分解。结合样本数据的长度和经济周期的特征，选择小波分解的尺度参数为 4，可以得到 4 个不同频域的分解项 $D1$(2~4 个月)、$D2$(3~8 个月)、$D3$(8~16 个月)、$D4$(16~32 个月)以及 1 个趋势项 $S4$(32 个月以上)，其中小波分解成分的周期按照从小到大的顺序排列，频率则由高到低。在小波分解的基础上，对各频域成分的经济增长和资产价格泡沫之间的关系进行因果检验。首先，需对原始序列和各频域成分上经济增长率与股价泡沫以及产出缺口与股价泡沫之间的关系进行非线性依赖测试，主要采用 BDS 检验(Brock 等，1996)。表 5.2.2 为经济增长率和产出缺口与股价泡沫在原始序列和各频域成分上的非线性关系 BDS 检验的结果。表 5.2.3 为经济增长率和产出缺口与房价泡沫在原始序列和各频域成分上非线性关系 BDS 检验的结果。

表 5.2.2　经济增长和股价泡沫非线性关系的 BDS 检验

	BDS 检验结果				
	2	3	4	5	6
(a)经济增长率→股价泡沫					
原始数据	1.676(0.094)*	2.356(0.018)**	3.384(0.001)***	4.249(0.000)***	4.863(0.000)***
*D*1	2.765(0.006)***	2.426(0.015)**	2.820(0.005)***	3.384(0.000)***	3.974(0.000)***
*D*2	4.065(0.000)***	4.187(0.000)***	4.295(0.000)***	4.873(0.000)***	5.395(0.000)***
*D*3	1.384(0.166)	2.193(0.028)**	2.508(0.012)**	3.689(0.000)***	4.248(0.000)***
*D*4	1.663(0.096)*	2.515(0.012)**	3.475(0.001)***	4.078(0.000)***	4.702(0.000)***
*S*4	0.439(0.661)	1.171(0.242)	1.637(0.102)	1.425(0.154)	1.453(0.146)
(b)产出缺口→股价泡沫					
原始数据	1.278(0.201)	1.744(0.081)*	2.738(0.006)***	3.403(0.001)***	3.800(0.000)***
*D*1	2.902(0.004)***	2.458(0.014)**	2.934(0.003)***	3.569(0.000)***	4.044(0.000)***
*D*2	4.575(0.000)***	4.476(0.000)***	4.468(0.000)***	4.793(0.000)***	5.056(0.000)***
*D*3	1.365(0.172)	1.976(0.048)**	2.264(0.025)**	3.569(0.000)***	4.178(0.000)***
*D*4	1.559(0.119)	2.849(0.004)***	3.789(0.000)***	4.595(0.000)***	5.288(0.000)***
*S*4	0.730(0.465)	1.305(0.192)	1.937(0.053)*	1.730(0.084)*	1.912(0.056)*

注：括号内为 p 值。*、**和 ***分别表示在 10%、5%和 1%的水平下显著。BDS 检验的残差序列为股价泡沫的残差序列，来自分别包含原始序列和各不同频域上的经济增长率(产出缺口)和股价泡沫的无约束 VAR 模型。

从表 5.2.2(a)中可以看出，在 10%的水平下，来自经济增长率和股价泡沫在原始数据和不同频域成分(*D*1~*D*4)VAR 系统的股价泡沫残差在大部分维度上拒绝了独立同分布(i.i.d.)的原假设，在长期趋势项(*S*4)上股价泡沫的残差则不能拒绝独立同分布(i.i.d.)的原假设。这说明即使我们对经济增长率和股价泡沫进行了小波分解，它们之间的关系在除长周期趋势项外的各频域成分上仍然是非线性的。类似地，从表 5.2.2(b)中可以看出，在 10%的水平下，来自产出缺口和股价泡沫在原始数据和所有频域成分(*D*1~*D*4、*S*4)VAR 系统的股价泡沫残差在至少一个维度上拒绝了独立同分布(i.i.d.)的原假设，这说明产出缺口和股价泡沫的关系在原始数据和各频域成分上均是非线性的。因此，有必要采用非线性的格兰杰因果检验对不同周期经济增长率和产出缺口与股价泡沫之间的关系进行探讨。

表 5. 2. 3　经济增长和房价泡沫非线性关系的 BDS 检验

	BDS 检验结果				
	2	3	4	5	6
(a)经济增长率→房价泡沫					
原始数据	4. 385(0. 000) ***	4. 340(0. 000) ***	4. 180(0. 000) ***	3. 949(0. 000) ***	3. 246(0. 001) ***
*D*1	2. 390(0. 017) **	1. 887(0. 059) *	1. 366(0. 172)	1. 498(0. 134)	1. 607(0. 108)
*D*2	−0. 047(0. 962)	1. 265(0. 206)	2. 602(0. 009) ***	4. 145(0. 000) ***	4. 879(0. 000) ***
*D*3	0. 382(0. 702)	0. 225(0. 822)	1. 265(0. 206)	2. 992(0. 003) ***	4. 163(0. 000) ***
*D*4	2. 385(0. 017) **	2. 241(0. 025) **	1. 816(0. 069) *	1. 551(0. 121)	1. 405(0. 160)
*S*4	0. 337(0. 736)	0. 286(0. 775)	0. 156(0. 876)	0. 434(0. 664)	0. 468(0. 640)
(b)产出缺口→房价泡沫					
原始数据	4. 082(0. 000) ***	3. 912(0. 000) ***	3. 752(0. 000) ***	3. 600(0. 000) ***	2. 957(0. 003) ***
*D*1	1. 599(0. 110)	1. 182(0. 2373)	1. 206(0. 228)	1. 678(0. 093) *	1. 993(0. 046) **
*D*2	1. 038(0. 299)	1. 738(0. 082) *	2. 405(0. 016) **	3. 327(0. 001) ***	3. 662(0. 000) ***
*D*3	1. 891(0. 059) *	2. 599(0. 010) **	3. 217(0. 001) ***	4. 543(0. 000) ***	5. 662(0. 000) ***
*D*4	1. 589(0. 112)	1. 806(0. 071) *	1. 738(0. 082) *	1. 965(0. 049) **	1. 787(0. 074) *
*S*4	1. 130(0. 258)	0. 358(0. 720)	0. 199(0. 842)	0. 357(0. 721)	0. 240(0. 811)

注：括号内为 *p* 值。*、**和 ***分别表示在 10%、5%和 1%的水平下显著。BDS 检验的残差序列为房价泡沫的残差序列，来自包含原始序列和各不同频域成分的经济增长率(产出缺口)和房价泡沫的无约束 VAR 模型。

表 5. 2. 3(a)中来自经济增长率和房价泡沫 VAR 模型的房价泡沫的 BDS 检验结果表明，在 10%的水平下，经济增长率和房价泡沫在其原始序列和除长期趋势项(*S*4)之外的各频域成分上(*D*1 ~ *D*4)上具有明显的非线性关系。经济增长率和房价泡沫之间的非线性关系与经济增长率和股价泡沫之间的非线性关系是一致的。表 5. 2. 3(b)中从产出缺口和房价泡沫的 VAR 模型中获得的房价泡沫残差的 BDS 检验结果表明，与经济增长率和房价泡沫之间的关系类似，除长期趋势项外，在原始序列和各频域成分(*D*1 ~ *D*4)上产出缺口与房价泡沫之间具有显著的非线性关系。因此，采用线性方法检验经济增长率和产出缺口与房价泡沫之间的关系受到质疑。本小节将采用非线性格兰杰因果检验(Diks 和 Panchenko，2006)方法对其进行验证。

表 5. 2. 4 给出了经济增长对股价泡沫在初始序列和各频域成分上的线性和非线性格兰杰因果检验结果。从表 5. 2. 4(a)中可以看出，对于经济增长率

和股价泡沫的原始序列而言，线性和非线性的格兰杰因果检验均在 10%的水平下拒绝了经济增长率是股价泡沫的格兰杰原因的原假设。但是，对于各频域成分而言，线性格兰杰因果检验与非线性格兰杰因果检验的结果存在很大差异。线性格兰杰因果检验结果表明，在 10%的水平下，频域成分 *D*1 和 *D*2 上经济增长率是股价泡沫的格兰杰原因，在 5%的水平下，频域成分 *D*4 和 *S*4 上经济增长率是股价泡沫的格兰杰原因。然而，非线性格兰杰因果检验结果表明，只有在频域成分 *D*3 上，经济增长率在 10%的水平下是股价泡沫的格兰杰原因，在其他频域成分上，经济增长率均不是股价泡沫的格兰杰原因。再看产出缺口与股价泡沫的因果关系，从表 5.2.4(b)中可以看出，线性因果检验结果表明，在原始序列及所有频域成分(*D*1～*D*4、*S*4)上产出缺口均能够格兰杰引起股价泡沫，但是非线性的格兰杰因果检验结果表明，只有在频域成分 *D*3 上，产出缺口才在 10%的水平下能够格兰杰引起股价泡沫。非线性因果检验对经济增长率与股价泡沫以及产出缺口与股价泡沫之间的关系检验结果是一致的，均在频域成分 *D*3 上有因果关系。频域成分 *D*3 对应的时间周期为 8～16 个月，这与直接采用频域格兰杰因果检验得到的结论“在半年到一年左右的周期上，经济增长对股价泡沫具有显著的格兰杰影响”是一致的。

表 5.2.4　经济增长对股价泡沫在各频域的格兰杰因果检验结果

(a)经济增长率→股价泡沫					
频带	VAR 阶数	线性		非线性	
		统计量	*p* 值	统计量	*p* 值
原始数据	3	1.108	0.347	0.912	0.181
*D*1	7	1.745*	0.099	0.719	0.236
*D*2	8	1.766*	0.085	−0.793	0.786
*D*3	8	1.412	0.193	1.436*	0.076
*D*4	8	2.525**	0.012	0.210	0.417
*S*4	8	2.201**	0.029	1.048	0.147
(b)产出缺口→股价泡沫					
频带	VAR 阶数	线性		非线性	
		统计量	*p* 值	统计量	*p* 值
原始数据	2	5.369***	0.005	−0.054	0.522
*D*1	7	2.232**	0.033	1.015	0.155

续表

(b)产出缺口→股价泡沫					
频带	VAR 阶数	线性		非线性	
		统计量	p 值	统计量	p 值
D2	8	2.524**	0.012	-1.071	0.858
D3	7	7.613***	0.001	1.326*	0.092
D4	8	3.286***	0.002	-0.487	0.687
S4	8	16.391***	0.000	0.956	0.170

注：*、**和***分别表示在10%、5%和1%的水平下显著。

表5.2.5给出了经济增长对房价泡沫在初始序列和各频域成分上的线性和非线性格兰杰因果检验结果。从表5.2.5中可以看出，对于经济增长率、产出缺口和房价泡沫的原始序列，线性格兰杰因果检验结果表明，经济增长率和产出缺口均是股价泡沫的格兰杰原因，非线性格兰杰因果检验则表明，经济增长率和产出缺口均不是股价泡沫的格兰杰原因。对于经济增长率、产出缺口和房价泡沫的频域成分，线性格兰杰因果检验结果显示，在各频域成分上，经济增长率和产出缺口均是股价泡沫的格兰杰原因，非线性的格兰杰因果检验则表明，在频域成分D2、D4和S4上，经济增长率和产出缺口是房价泡沫的格兰杰原因，但是在其他频域成分上，经济增长率和产出缺口均不是股价泡沫的格兰杰原因。非线性因果检验对经济增长率和房价泡沫以及产出缺口和房价泡沫之间的关系检验结果是一致的。频域成分D2、D4和S4对应的时间周期为3~8个月、16~32个月及32个月以上，这与直接采用频域格兰杰因果检验得到的结论“在约两年(23个月)周期以及3~9个月的时间周期上，经济增长是房价泡沫的格兰杰原因，在其他周期上，经济增长对房价泡沫的格兰杰影响则不显著”是一致的。

表5.2.5　经济增长对房价泡沫在各频域的格兰杰因果检验

(a)经济增长率→房价泡沫					
频带	VAR 阶数	线性		非线性	
		统计量	p 值	统计量	p 值
原始数据	7	2.022*	0.055	0.695	0.243
D1	7	2.978***	0.004	0.628	0.265
D2	3	2.297*	0.079	1.515*	0.065
D3	8	10.071***	0.000	0.823	0.205

续表

(a)经济增长率→房价泡沫					
频带	VAR 阶数	线性		非线性	
		统计量	p 值	统计量	p 值
D4	7	11.632***	0.000	1.308*	0.095
S4	8	7.041***	0.000	2.403***	0.008
(b)产出缺口→房价泡沫					
频带	VAR 阶数	线性		非线性	
		统计量	p 值	统计量	p 值
原始数据	6	2.867**	0.011	1.189	0.117
D1	8	2.682***	0.009	0.789	0.215
D2	4	3.838***	0.005	1.533*	0.063
D3	8	8.323***	0.000	1.244	0.107
D4	8	7.513***	0.000	1.950**	0.026
S4	8	5.030***	0.000	1.474*	0.070

注：*、**和***分别表示在10%、5%和1%的水平下显著。

综上所述，无论是小波分解基础之上的非线性格兰杰因果检验，还是基于初始数据的频域格兰杰因果检验，均显示经济增长对资产价格泡沫具有明显的频域效应，且不同经济增长指标对资产价格泡沫具有显著影响的周期基本一致，经济增长对股价泡沫的影响主要体现在半年到一年左右的时间周期上，经济增长对房价泡沫的影响主要体现在 3~9 个月以及约两年的时间周期上。

5.3　货币政策冲击与资产价格泡沫

货币政策对股票市场、房地产市场的影响一直是金融领域的热点问题，尤其是 2008 年由美国房地产次级贷款引起的全球金融危机以来，金融危机与资产价格泡沫迅速破裂之间的关系引起人们对货币政策和资产价格泡沫关系的重视。关于货币政策与资产价格泡沫的关系，传统的观点认为，利率的提高可以抵消资产价格泡沫，因此货币当局应采用逆周期的货币政策应对资产价格泡沫。但是，Gail(2014)指出，对理性价格泡沫而言，利率和资产价格泡沫之间的关系具有反传统特征，即股价的泡沫部分会随着利率的提高而增加。鉴于有关货币政策和资产价格泡沫之间关系的结论并不一致，以及货币政策紧缩和扩张状态的差异性，本节基于货币政策与股价泡沫的最新理论，采用门限 VAR 模型检验我国货币政策冲击对资产价格泡沫的门限效应特征，探讨货币政策在资产价格泡沫形成过程中的临界作用，并为我国制定货币政策提供参考。

5.3.1 货币政策冲击影响资产价格泡沫的理论分析

根据 Gail(2014)的观点，假设市场中投资者是风险中性的，无风险利率是外生且随时间变化的，记为 R_t。P_t 是 t 时期的资产价格，资产具有的红利流记为 $\{D_t\}$。当市场均衡时，资产价格及其红利满足下列差分方程：

$$P_tR_t=E_t[P_{t+1}+D_{t+1}] \qquad (5.3.1)$$

在没有进一步约束的条件下，资产价格 P_t 可以分解为基础部分 P_t^F 和泡沫部分 B_t，即

$$P_t=P_t^f+B_t \qquad (5.3.2)$$

其中，资产价格的基础部分为未来红利的贴现值：

$$P_t^f=E_t\left\{\sum_{k=1}^{\infty}\left[\prod_{j=0}^{k-1}(1/R_{t+j})\right]D_{t+k}\right\} \qquad (5.3.3)$$

由式(5.3.3)可知，

$$P_t^fR_t=E_t[P_{t+1}^f+D_{t+1}] \qquad (5.3.4)$$

由式(5.3.1)、式(5.3.2)和式(5.3.4)可得，资产价格的泡沫部分满足

$$B_tR_t=E_t[B_{t+1}] \qquad (5.3.5)$$

从式(5.3.3)中可以看出，在其他条件不变的条件下，利率提高会使资产价格的基础部分 P_t^f 减少，资产价格的泡沫部分 B_t 增加，并且由式(5.3.5)易知，$R_t=E_t[B_{t+1}/B_t]$，即泡沫部分的增加速度与利率提高速度相同。这和直观感受即利率提高会抑制资产价格泡沫是不一致的，对传统观点提出了质疑。

为了深入探讨货币政策和资产价格泡沫之间的关系，Gail(2014)进一步指出，除上述渠道以外，利率还可以通过第二个渠道影响资产价格泡沫，即通过资产价格泡沫的不确定成分和利率的意外提高之间的关系来影响资产价格泡沫的演化。对式(5.3.5)进行对数线性化，有

$$\ln B_t=\ln B_{t-1}+\ln R_{t-1}+\xi_t \qquad (5.3.6)$$

其中，ξ_t 是一个零均值的鞅过程，为泡沫的不确定成分，满足对任意 t，有 $E_{t-1}[\xi_t]=0$。泡沫的不确定成分 ξ_t 与资产价格的基础部分可能有关系，也可能没有关系，用于描述资产价格泡沫固有的不确定性。由式(5.3.6)可知，

$$\Delta\ln B_t=\ln B_t-\ln B_{t-1}=\ln R_{t-1}+\xi_t \tag{5.3.7}$$

由此可知，利率对泡沫的同期影响依赖泡沫不确定项 ξ_t 和利率随机项 $\ln R_t-E_{t-1}[\ln R_t]$之间的关系。利率变化可以通过泡沫和利率不确定性成分的系统联动渠道来影响泡沫的大小变化。因此，不失一般性，考虑到 ξ_t 与基础部分及利息的关系，可以写成

$$\xi_t=\xi_t^*+\Psi_r\{\ln R_t-E_{t-1}[\ln R_t]\} \tag{5.3.8}$$

其中，ξ_t^* 是均值为0的随机过程，满足正交条件：$E[\xi_t^*\ln R_{t-k}]=0$，$k=0, \pm1, \pm2, \cdots$。Ψ_r 为利率随机项 $\ln R_t-E_{t-1}[\ln R_t]$的系数，其符号和大小均受到货币政策制度和体系的影响，因此，利率冲击对泡沫大小的同期影响也是不确定的。

首先，当 $\Psi_r=0$ 时，即假设 ξ_t 与利率随机项不相关，利率增加不会影响资产价格泡沫的当期大小，但是会影响其期望增长。为了说明这点，假设 $\ln R_t$ 是阶数为1的自回归过程AR(1)：$\ln R_t=\rho_r\ln R_{t-1}+\varepsilon_t$，$\rho_r\in(0, 1)$。其中，$\varepsilon_t$ 为残差项。资产价格的泡沫部分对利率在不同提前期正向冲击的响应可以表示为

$$\frac{\partial\ln B_{t+k}}{\partial\varepsilon_t^r}=\frac{1-\rho_r^k}{1-\rho_r}>0,\ k=0, 1, 2, \cdots \tag{5.3.9}$$

由式(5.3.9)易知，当泡沫不确定成分 ξ_t 与利率随机项不相关时，虽然利率增加不会改变资产价格泡沫部分当期的变化，但是会正向影响泡沫成分的预期增长率，进而引起泡沫的永久增长：

$$\lim_{k\to\infty}\frac{\partial\ln B_{t+k}}{\partial\varepsilon_t^r}=\frac{1}{1-\rho_r}>0,\ k=0, 1, 2, \cdots \tag{5.3.10}$$

其次，当 $\Psi_r\neq0$ 时，资产价格的泡沫部分对利率在不同提前期正向冲击的响应表示为

$$\frac{\partial\ln B_{t+k}}{\partial\varepsilon_t^r}=\Psi_r+\frac{1-\rho_r^k}{1-\rho_r},\ k=0, 1, 2, \cdots \tag{5.3.11}$$

由式(5.3.11)可知，利率冲击对资产价格泡沫的当期影响为 Ψ_r。利率对

资产价格泡沫的长期影响则为

$$\lim_{k\to\infty}\frac{\partial \ln B_{t+k}}{\partial \varepsilon_t^r}=\Psi_r+\frac{1}{1-\rho_r},\ k=0,\ 1,\ 2,\ \cdots \tag{5.3.12}$$

只有当 $\Psi_r<-1/1-\rho_r<0$ 时，即 Ψ_r 为负且足够小时，利率冲击才会负向影响资产价格的泡沫部分；否则，利率对资产价格泡沫的长期影响会很快由负转正。

综上所述，利率冲击对资产价格泡沫的同期影响和长期影响在大小和方向上均是不确定的，取决于 Ψ_r 及泡沫成分初始大小。因此，有必要区分货币政策的不同区制来分析其冲击对资产价格泡沫的作用机制。本章下一小节将采用门限结构向量自回归模型（ThSVAR）来对货币政策冲击对资产价格泡沫的影响进行实证分析。

5.3.2 货币政策冲击影响资产价格泡沫的实证设计

5.3.2.1 实证方法

本节利用门限 VAR 模型来捕捉货币政策冲击对资产价格泡沫的非线性作用。从 5.3.1 小节的理论模型分析中可知，在包含利率和股价泡沫的简单经济体系中，利率冲击对资产价格泡沫的影响具有非线性特征，可能出现区制转换、非对称性和多重均衡，而门限 VAR 模型是一种简单直观反映非线性特征的方法。考虑如下门限结构向量自回归模型（ThSVAR）：

$$Y_t=A^1Y_t+B^1(L)Y_{t-1}+[A^2Y_t+B^2(L)Y_{t-1}]I_{\{c_{t-d}>\gamma\}}+U_t \tag{5.3.13}$$

其中，Y_t 是 $n\times1$ 的内生变量向量；$B^1(L)$ 和 $B^2(L)$ 是滞后多项式矩阵；U_t 是结构干扰项；c_{t-d} 是决定位于哪一区制的门限变量；$I_{\{c_{t-d}>\gamma\}}$ 为示性函数，当 $c_{t-d}>\gamma$ 时，$I_{\{c_{t-d}>\gamma\}}$ 等于 1，其他情况，$I_{\{c_{t-d}>\gamma\}}$ 等于 0。除了滞后多项式以外，变量之间的同期关系也可能随区制改变，A^1 和 A^2 分别反映两种区制中的结构同期关系，并假设其具有递归结构。

为了测试门限值，在所有可能的门限点处采用最小二乘估计对门限模型进行估计，并且估计三个独立的统计量，即 *sup-Wald*，*avg-Wald* 和 *exp-Wald*①，模拟估计的方法参考 Hansen（1996）的做法。最终估计的门限值是使

① sup-Wald 是所有可能门限点处 Wald 统计量的最大值；avg-Wald 是所有可能门限点处 Wald 统计量的平均值；exp-Wald 是所有可能门限点处 Wald 统计量的指数和。

结构残差的对数决定因子取得最大的门限值。为防止过度过滤，门限值的选取应满足每个区制包含至少15%的样本观察值。当门限值γ通过估计获得后，门限行为的检验可以直接检验原假设：$A^2=B^2(L)=0$。

5.3.2.2 变量设定、数据来源及处理

首先，虽然在理论模型中重点分析了利率冲击对股价泡沫的非线性作用，但是现阶段我国仍主要实行数量型货币调控政策，考虑到数据的完整性，本节选取利率和货币供应量作为货币政策的代理变量。其中，利率采用银行间7日同业拆借利率(Rate)，因为它能直接反映国内银行头寸的供求情况。货币供应量采用M2，因为它能够最大限度地反映我国经济体系的购买力。其次，理论模型中以股价泡沫为例，不失一般性，货币政策对房价泡沫的影响也可能具有非线性特征，因此本节同时考察货币政策对股价相对泡沫和房价相对泡沫的作用机制，股价泡沫(记为SB)和房价泡沫(记为HB)均采用第3章的测度结果。最后，依据资产价格泡沫对货币政策冲击的非线性响应，选择宏观层面变量设计ThSVAR模型进行实证检验。宏观经济变量选用消费者价格指数CPI和国内生产总值GDP作为代理变量。

根据数据的可得性，本节在分析货币政策对股价泡沫影响时所用样本区间为1998年5月至2017年5月，在分析货币政策对房价泡沫影响时所用样本区间为2002年1月至2017年5月。银行间7日同业拆借利率、M2、CPI和GDP的数据均来自同花顺金融数据库。由于GDP只有季度数据，我们采用数据频率转换的方法将其调整为月度数据。在实证检验之前，为消除时间序列中可能存在的异方差问题，本节预先对相关数据进行了适当处理。对货币供应量M2、CPI和GDP采用X13方法进行季节调整，并在季节调整后进行对数化，得到$\ln M2_sa$、$\ln CPI_sa$和$\ln GDP_sa$。

在模型参数估计之前，首先对各研究变量进行单位根检验，主要采用ADF和PP单位根检验，结果见表5.3.1。在样本区间1998年5月至2017年5月，股价泡沫SB、利率Rate和$\ln CPI_sa$均为平稳序列，而$\ln M2_sa$和$\ln GDP_sa$为非平稳序列，对其进行一阶差分后均不再具有单位根，即货币供应量的增长率$d\ln M2_sa$和GDP增长率$d\ln GDP_sa$均为平稳序列。在样本区间2002年1月到2017年5月，关于房价泡沫的各研究变量的平稳性具有类似的结论。房价泡沫HB、利率Rate和$\ln CPI_sa$均为平稳序列，而$\ln M2_sa$和

lnGDP_ sa 为 I(1) 序列。因此，在构建 ThSVAR 模型时，对 lnM2_ sa 和 lnGDP_ sa 取差分。

表 5.3.1 货币政策与资产价格泡沫单位根检验

变量	样本区间	检验类型	ADF 检验	PP 检验	结论
SB	1998.05—2017.05	(0, 0, 2)	−9.038(0.000)	−14.743(0.000)	平稳
Rate	1998.05—2017.05	(C, 0, 7)	−2.938(0.043)	−4.813(0.000)	平稳
ln*M2*_ *sa*	1998.05—2017.05	(C, 0, 7)	−1.855(0.353)	−1.549(0.507)	不平稳
*d*ln*M2*_ *sa*	1998.05—2017.05	(C, 0, 3)	−1.822(0.065)	−4.930(0.000)	平稳
ln*GDP*_ *sa*	1998.05—2017.05	(C, 0, 12)	−1.765(0.397)	−2.144(0.228)	不平稳
*d*ln*GDP*_ *sa*	1998.05—2017.05	(C, 0, 9)	−5.441(0.000)	−8.950(0.000)	平稳
ln*CPI*_ *sa*	1998.05—2017.05	(C, 0, 12)	−3.105(0.030)	−2.951(0.041)	平稳
HB	2002.01—2017.05	(C, 0, 12)	−2.650(0.085)	−9.225(0.000)	平稳
Rate	2002.01—2017.05	(C, T, 0)	−4.909(0.000)	−4.909(0.000)	平稳
ln*M2*_ *sa*	2002.01—2017.05	(C, 0, 12)	−1.434(0.565)	−2.296(0.174)	不平稳
*d*ln*M2*_ *sa*	2002.01—2017.05	(0, 0, 4)	−2.161(0.030)	−6.945(0.000)	平稳
ln*GDP*_ *sa*	2002.01—2017.05	(C, T, 1)	−0.600(0.978)	−0.141(0.994)	不平稳
*d*ln*GDP*_ *sa*	2002.01—2017.05	(0, 0, 5)	−2.055(0.038)	−4.713(0.00)	平稳
ln*CPI*_ *sa*	2002.01—2017.05	(C, 0, 12)	−3.255(0.019)	−3.110(0.028)	平稳

注：在(C, T, X)中，C 代表常数项，T 代表趋势值，X 代表滞后阶数。ADF 检验、PP 检验列括号内为 p 值。

根据前文经济理论和模型设计，本节建立了包含宏观经济变量、货币政策和资产价格泡沫的四个 ThSVAR 模型，分别是模型一(*d*ln*GDP*_ *sa*, ln*CPI*_ *sa*, *Rate*, *SB*)、模型二(*d*ln*GDP*_ *sa*, ln*CPI*_ *sa*, *d*ln*M2*_ *sa*, *SB*)、模型三(*d*ln*GDP*_ *sa*, *Rate*, *HB*)和模型四(*d*ln*GDP*_ *sa*, *d*ln*M2*_ *sa*, *HB*)①。其中，模型一和模型二是股价泡沫系统，模型三和模型四是房价泡沫系统。在上述四个模型中，我们假设 A^1 和 A^2 的递归结构具有以下因果排序：*GDP*→*CPI*→*Rate*(*M2*)→*SB*(*HB*)。在下面的门限值结构测试以及脉冲响应分析中，我们也采用了其他顺序替代，发现就非线性结构的测试而言，结构顺序的选择不影响实证结果。

① 房价泡沫系统中若包含两个宏观经济变量，在参数估计中会出现奇异矩阵，因此剔除了 ln*CPI*_ *sa*。

5.3.3　货币政策冲击影响资产价格泡沫的实证结果分析

5.3.3.1　门限 VAR 检验及门限值估计

货币政策的两个代理指标利率 *Rate* 和货币供应量增长率 $d\ln M2\_sa$ 在持久性方面十分类似，均使用利率和货币供应量增长率的移动平均值 MA(1)作为门限变量。股价泡沫系统(模型一和模型二)针对线性 VAR 模型 ThSVAR 的检验结果见表 5.3.2。在表 5.3.2 中，无论是利率还是货币供应量增长率作为门限变量，Wald 统计量均表明具有显著的门限效应。表 5.3.2 还给出了模型一和模型二的门限估计值。对于模型一而言，门限变量利率 *Rate* 的门限估计值为 $\gamma=3.380$，我们认为 $Rate>\gamma$ 的高区制属于紧缩的货币政策区制；对于模型二而言，门限变量货币供应量增长率 $d\ln M2\_sa$ 的门限估计值为 $\gamma=0.933$，我们认为 $d\ln M2\_sa>\gamma$ 的高区制属于宽松的货币政策区制。

表 5.3.2　门限结构 VAR 检验：股价泡沫系统

门限变量	门限估计值	Wald 统计量		
		Sup-	Avg-	Exp-
Rate MA(1)，$d=3$	$\gamma=3.380$	84.53 (0.000)	57.11 (0.000)	39.57 (0.000)
$d\ln M2\_sa$ MA(1)，$d=3$	$\gamma=0.933$	70.81 (0.020)	56.12 (0.000)	31.90 (0.040)

注：括号内为 p 值。d 代表门限变量的延迟阶数；MA(k)表示门限变量的移动平均长度为 k。

表 5.3.3 给出了房价泡沫系统(模型三和模型四)针对线性 VAR 模型的门限结构 VAR 模型的检验结果。表 5.3.3 中的 Wald 统计量表明，利率和货币供应量增长率对房价泡沫的影响均具有明显的门限效应。表 5.3.3 还给出了模型三和模型四的门限估计值。对于模型三而言，门限变量利率 *Rate* 的门限估计值为 $\gamma=3.294$，我们认为 $Rate>\gamma$ 的高区制属于紧缩的货币政策区制；对于模型四而言，门限变量货币供应量增长率 $d\ln M2\_sa$ 的门限估计值为 $\gamma=0.987$，我们认为 $d\ln M2\_sa>\gamma$ 的高区制属于宽松的货币政策区制。可以看出，房价泡沫模型的门限 VAR 检验结论与股价泡沫模型的门限 VAR 检验结论是一致的，且货币政策的两个代理变量作为门限变量时在房价泡沫系统和股价泡沫系统中得到的门限估计值十分接近，说明依据门限估计值对货币政策的状态划分是稳定的。

表 5.3.3 门限结构 VAR 检验：房价泡沫系统

门限变量	门限估计值	Wald 统计量		
		Sup-	Avg-	Exp-
Rate MA(1)，$d=3$	$\gamma=3.294$	180.76 (0.000)	149.69 (0.000)	86.99 (0.000)
dln*M2*_ *sa* MA(1)，$d=3$	$\gamma=0.987$	132.68 (0.000)	95.62 (0.000)	62.67 (0.000)

注：d 代表门限变量的延迟阶数；MA(k)表示门限变量的移动平均长度为 k。

5.3.3.2 门限结构 VAR 模型参数估计结果

根据 AIC 准则选取股价泡沫系统 VAR 模型(模型一和模型二)的滞后阶数均为 2，ThSVAR 模型的参数估计结果见表 5.3.4。由于我们的研究目的是观察不同货币政策下货币政策代理变量及宏观变量对泡沫的影响，此处只给出被解释变量为股价泡沫的方程。

表 5.3.4 股价泡沫系统的 ThSVAR 参数估计结果：被解释变量为 *SB*

变量	以利率为门限的估计		以货币供应量增长率为门限的估计	
	Rate>3.380	*Rate*≤3.380	dln*M2*_ *sa*>0.933	dln*M2*_ *sa*≤0.933
C	211.002	440.815	258.464	529.301
dln*GDP*_ *sa*(−1)	−0.042	1.344	−0.890	2.294
dln*GDP*_ *sa*(−2)	−1.669	−1.331	−0.385	−2.027
ln*CPI*_ *sa*(−1)	194.927	−31.542	−111.463	107.042
ln*CPI*_ *sa*(−2)	−238.898	−63.832	55.925	−221.192
Rate(−1)	−1.902	−0.332		
Rate(−2)	0.428	0.265		
dln*M2*_ *sa*(−1)			−0.418	−0.058
dln*M2*_ *sa*(−2)			−0.388	−1.094
SB(−1)	−0.261	0.074	0.053	−0.089
SB(−2)	−0.127	−0.124	−0.062	−0.193

首先，考虑以利率为门限变量，门限值 $\gamma=3.380$ 将利率分为高低两个状态。在利率较高的情况下，上期 GDP 增长率对股价泡沫有负向作用，上期

CPI对股价泡沫有正向作用；在利率较低的情况下，上期GDP增长率对股价泡沫有正向作用，上期CPI对股价泡沫有负向作用。这说明宏观经济变量对股价泡沫的作用机制会随着利率的不同而不同：在紧缩利率政策下，上期经济增长对股价泡沫有推动作用，上期消费者价格指数对股价泡沫则有抑制作用；在宽松利率政策下，上期经济增长会抑制股价泡沫膨胀，上期消费者价格指数则会刺激股价泡沫的形成。无论是在利率较高的情况下，还是在利率较低的情况下，上期利率均对股价泡沫具有负向作用，上两期利率对股价泡沫则有正向作用。上期利率对股价泡沫的抑制作用与Gail(2014)的结论一致，上两期利率推动股价泡沫发展则与传统观点即利率对股价泡沫具有正向作用是一致的，因此我们认为，利率对股价泡沫的影响方向是不确定的。此外，利率对股价泡沫的作用因利率的不同具有明显差异，上期利率以及上两期利率对股价泡沫的作用在利率较高状态下明显大于利率较低状态下，说明在紧缩利率政策下利率变化更能引起股价泡沫的变化。

其次，考虑以货币供应量增长率为门限变量，门限值$\gamma=0.933$将M2增长率分为快慢两个状态。在M2增长率较高的情况下，上期GDP增长率和上期CPI对股价泡沫均有负向作用；在M2增长率较低的情况下，上期GDP增长率和上期CPI对股价泡沫均有正向作用。这说明在货币供应量宽松的状态下，上期经济增长和消费者价格指数的增加均会抑制股价泡沫的膨胀，而在货币供应量紧缩的状态下，上期经济增长和消费者价格指数的增加则会刺激股价泡沫的变大。无论是在M2增长率较高的情况下，还是在M2增长率较低的情况下，上期M2增长率对股价泡沫的作用均为负，这对传统的认为货币供应量增加对股价泡沫有正向推动作用的观点提出了质疑。此外，M2增长率较高的情况下上期M2增长率对股价泡沫的负向作用明显大于M2增长率较低情况下上期M2增长率对股价泡沫的负向作用，说明在货币供应量较大的情况下，M2增长率的变化更能引起股价泡沫的变化。

接下来讨论货币政策对房价泡沫的门限效应。根据AIC准则选取房价泡沫系统VAR模型(模型三和模型四)的滞后阶数均为7，门限VAR模型的参数估计结果见表5.3.5，与股价泡沫系统的参数估计结果类似，此处只给出被解释变量为房价泡沫的方程，且考虑到滞后阶数较大，在不影响结果分析的前提下，这里只给出解释变量滞后3期的参数估计结果。

表 5.3.5 房价泡沫系统的 ThSVAR 参数估计结果：被解释变量为 *HB*

变量	以利率为门限的估计		以货币供应量增长率为门限的估计	
	Rate>3.294	*Rate*≤3.294	dln*M2_ sa*>0.987	dln*M2_ sa*≤0.987
C	44.485	11.251	5.059	3.532
dln*GDP_ sa*(−1)	−0.308	−1.806	−0.759	−0.296
dln*GDP_ sa*(−2)	0.385	1.482	0.839	3.320
dln*GDP_ sa*(−3)	−1.940	2.622	2.054	−0.999
Rate(−1)	1.939	−3.450		
Rate(−2)	−1.764	−1.111		
Rate(−3)	−3.106	−0.006		
dln*M2_ sa*(−1)			1.232	−4.927
dln*M2_ sa*(−2)			1.247	−2.036
dln*M2_ sa*(−3)			−0.506	0.625
HB(−1)	0.266	0.292	0.346	0.540
HB(−2)	−0.305	0.151	0.140	0.020
HB(−3)	0.286	0.191	0.274	0.018

首先，考虑以利率为门限变量，门限值 $\gamma=3.294$ 将利率分为高低两个状态。前两期的 GDP 增长率对房价泡沫的影响在利率较高和利率较低的情况下符号一致，具体表现在，上期 GDP 增长率对房价泡沫有负向作用，上两期 GDP 增长率对房价泡沫有正向作用。但是，提前 3 期的 GDP 增长率对房价泡沫的作用在利率较高状态下为负，在利率较低状态下则为正。短期内 GDP 增长率对房价泡沫具有抑制作用，可能是因为在经济增长较快的时候，资金优先投放到实体经济中增加产出，短期内房地产的投资属性还没有凸显出来。随着时间的推移，提前两期的 GDP 增长率对房价泡沫变大具有了促进作用，但是这种促进作用只有在利率较低，即宽松的利率政策下才能维持到第 3 期。在利率较高的情况下，上期利率对房价泡沫有正向作用；在利率较低的情况下，上期利率对房价泡沫有负向作用。提前 2 期和提前 3 期的利率在利率较高和较低的情况下对房价泡沫均具有负向作用，但是该负向作用在利率较高的情况下明显大于利率较低的情况下。以上说明，利率对房价泡沫的影响在方向和大小上也是不确定的，在紧缩的状态下，利率对房价泡沫的影响由正向推动转为负向抑制，在宽松的状态下，利率会抑制房价泡沫的膨胀，且利率对房价泡沫的抑制作用在紧缩状态下大于宽松状态下。

其次，考虑以货币供应量增长率为门限变量，门限值 $\gamma=0.987$ 将 M2 增长率分为快慢两个状态。在货币供应量增长率较快和较慢两种情况下，上期 GDP 增长率对房价泡沫均有负向作用，提前 2 期 GDP 增长率对房价泡沫均有正向作用，但是提前 3 期的 GDP 增长率在货币供应量增长率较快的情况下对房价泡沫的作用为正，在货币供应量增长率较慢的情况下对房价泡沫的作用为负。以货币供应量增长率和以利率为门限变量来划分货币政策的不同状态，经济增长率对房价泡沫的门限效应一致。在货币供应量增长率较快的情况下，提前 1 期和提前 2 期的 M2 增长率对房价泡沫具有正向的推动作用，提前 3 期的 M2 增长率对房价泡沫则具有负向作用。与之相反，在货币供应量增长率较慢的情况下，提前 1 期和提前 2 期的 M2 增长率对房价泡沫的作用为负，提前 3 期的 M2 增长率对房价泡沫的作用则为正。由此可见，M2 增长率对房价泡沫的影响在大小和方向上也是不确定的。在货币供应量宽松的状态下，M2 增长率对房价泡沫的演化起到由促进到抑制的作用，在货币供应量紧缩的状态下，M2 增长率对房价泡沫的演化起到由抑制到促进的作用。此外，M2 增长率对房价泡沫的影响程度在宽松状态小于紧缩状态，这与利率对房价泡沫的影响在紧缩状态下较大的结论是一致的。

5.3.3.3　门限脉冲响应

为了更加直观地反映货币政策对资产价格泡沫影响的非线性动态特征，我们进一步进行门限脉冲响应分析。脉冲响应是一个外部冲击 u_t 导致的 Y_{t+k} 变化在历史条件 Ω_{t-1} 下的条件期望：$E[Y_{t+k}|\Omega_{t-1},u_t]-E[Y_{t+k}|\Omega_{t-1}]$。在门限 VAR 模型中，其移动平均形式使得变量的冲击在大小和方向上不是线性的，与线性模型不同，非线性的 ThSVAR 模型的脉冲响应函数取决于变量的整个过去历史以及冲击的大小和方向。要计算 ThSVAR 模型的脉冲响应，需要具体化冲击(大小和方向)和初始信息 Ω_{t-1}。此外，条件期望 $E[Y_{t+k}|\Omega_{t-1},u_t]$ 和 $E[Y_{t+k}|\Omega_{t-1}]$ 需要通过模拟计算获得。参照 Balke(2000)的观点，我们给定冲击 u_{t+j}，$j=1,\cdots,k$，并在初始条件 Ω_{t-1} 基础上模拟模型，并重复模拟 $-u_{t+j}$，$j=1,\cdots,k$，以消除由抽样变化引起的不对称性。按照上述步骤重复模拟 500 次，最终脉冲响应函数值为估计的条件期望的平均值。

图 5.3.1 给出了当利率作为货币政策代理变量时，股价泡沫对最初处于利率较高和较低状态的宏观经济变量冲击(GDP 增长率冲击、CPI 冲击)和货

币政策冲击(利率冲击)的脉冲响应。除自身冲击外，股价泡沫对其他变量冲击的脉冲响应均随着利率高低状态的改变具有显著差异。从图 5. 3. 1 中可以看出，当系统处于紧缩状态(利率较高区制)时，GDP 增长率冲击对股价泡沫的影响大大增加，这种响应差异对提前 1 期冲击以及两倍标准差冲击尤其明显。与之相反，CPI 冲击对股价泡沫的影响在系统宽松状态(利率较低区制)下更大，此响应差异对两倍标准差冲击尤其明显。

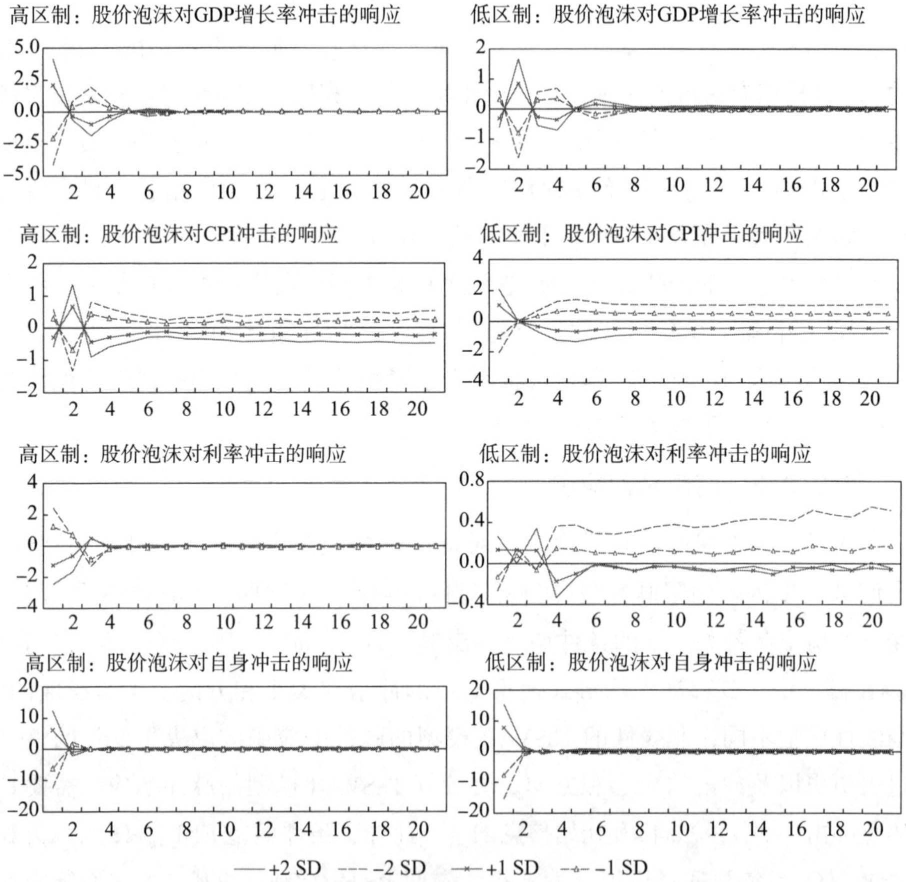

图 5. 3. 1　股价泡沫的门限脉冲响应：利率为货币政策代理变量

当系统处于紧缩状态(利率较高区制)时，股价泡沫对一倍标准差和两倍标准差的利率正向冲击在滞后 1 期均有负向响应，随后此负向响应减小，在滞后 3 期转为正，而从滞后 4 期开始稳定趋于 0；股价泡沫对一倍标准差和两倍标准差的利率负向冲击的脉冲响应在滞后 1 期为正，此后减小，于滞后 3

期转为负，同样从滞后 4 期开始消失。这说明在紧缩状态下，利率正向冲击对股价泡沫具有由负到正的短期效应，且此短期效应是对称的。当系统处于宽松状态时(利率较低区制)，一倍标准差的利率正向冲击会带来股价泡沫 3 期的稳定膨胀，但是股价泡沫从第 4 期开始便稳定减小。一倍标准差的利率负向冲击会使股价泡沫在滞后 1 期缩小，在滞后 2 期有微小膨胀，在滞后 3 期又有缩小，从滞后 4 期开始便稳定膨胀。股价泡沫对两倍标准差利率正负冲击的脉冲响应的变化趋势与对一倍标准差的正负利率冲击类似，不同的是对两倍标准差利率负向冲击的响应程度更大。以上说明，在宽松状态下，利率正向冲击对股价泡沫具有长期抑制效应，利率负向冲击对股价泡沫则有长期的推动作用，这与传统的观点即利率与资产价格泡沫有正向关系的结论是一致的，但是此正向关系具有明显的非对称性，且对两倍标准差利率冲击的响应的非对称性尤其明显。

图 5.3.2 给出了以货币供应量增长率作为货币政策代理变量的股价泡沫模型(模型二)中，最初处于货币供应量增长率较高和较低状态的宏观经济变量冲击(GDP 增长率冲击、CPI 冲击)和货币政策冲击(货币供应量增长率冲击)对股价泡沫的非线性动态影响。从图 5.3.2 中可以看出，除自身冲击外，股价泡沫对其他变量冲击的脉冲响应函数值具有显著的门限效应。当系统处于宽松状态(货币供应量增长率较高)时，股价泡沫对 GDP 增长率冲击的脉冲响应在滞后前 2 期较微弱，在滞后 3 期达到最大，且此时对正向 GDP 增长率冲击的响应为负，对负向 GDP 增长率冲击的响应为正，从第 5 期开始对正向 GDP 增长率冲击的响应转为较小正值，对负向 GDP 增长率冲击的响应转为较小负值。这说明在货币供应量宽松状态下，GDP 增长率冲击对股价泡沫的影响在短期内有较强的抑制作用，长期内则有微弱的刺激作用。当系统处于紧缩状态(货币供应量增长率较低)时，股价泡沫对 GDP 增长率冲击的脉冲响应在滞后 1 期就达到最大，且此时对正向 GDP 增长率冲击的响应为正，对负向 GDP 增长率冲击的响应为负，从第 3 期开始对正向 GDP 增长率冲击的响应转为负，对负向 GDP 增长率冲击的响应转为正，股价泡沫脉冲响应从第 5 期开始趋于 0。这说明在货币供应量紧缩状态下，GDP 增长率冲击对股价泡沫的影响在短期内有从正向推动到负向抑制的作用，长期则作用消失。在短期内(滞后 1、2 期)，CPI 冲击对股价泡沫的影响方向在货币供应量增长较快和较慢情况下相反，从第 3 期开始，CPI 冲击对股价泡沫的影响方向在货币供应量

增长较快和较慢情况下一致，但是在货币供应量增长较慢的情况下，影响程度大大提高。

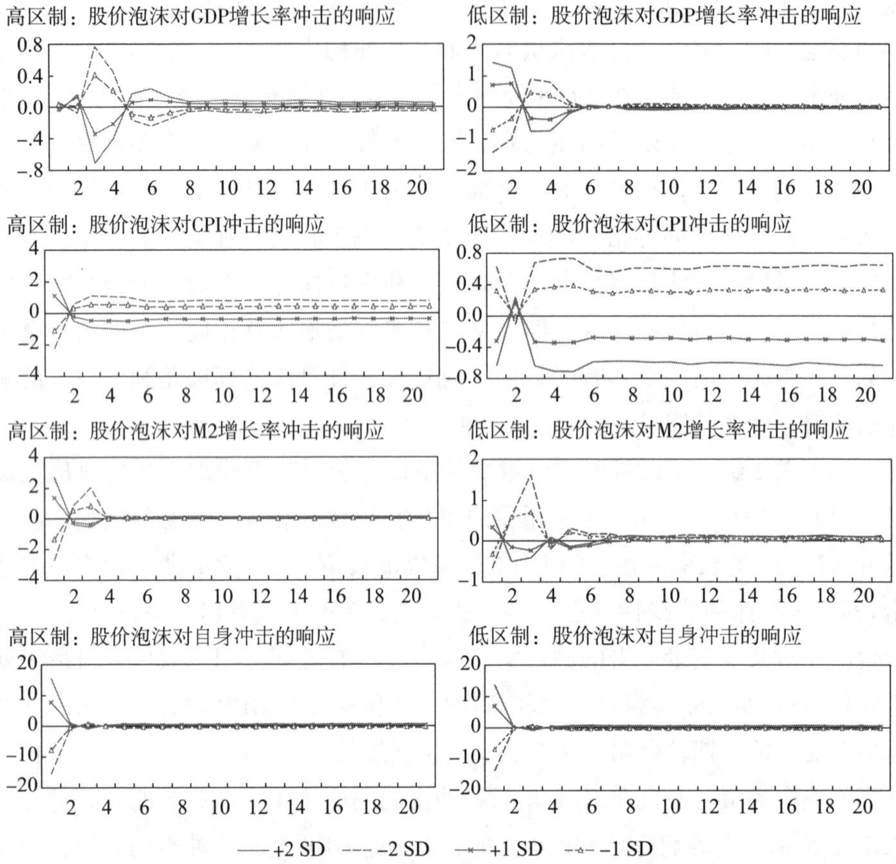

图 5.3.2　股价泡沫门限脉冲响应：M2 增长率为货币政策的代理变量

在货币供应量增长较快和较慢两种情况下，股价泡沫对 M2 增长率冲击的脉冲响应变化趋势类似，均表现为：对一倍标准差和两倍标准差正向 M2 增长率冲击的滞后 1 期响应为正，滞后 2、3 期响应为负，此后稳定于 0；对一倍标准差和两倍标准差负向 M2 增长率冲击的滞后 1 期响应为负，滞后 2、3 期响应为正，此后稳定于 0 附近。但是，股价泡沫对 M2 增长率冲击的响应在货币供应量增长较快状态下较大。此外，股价泡沫对 M2 增长率正向冲击和负向冲击的脉冲响应具有明显的非对称性，容易看出对 M2 增长率负向冲击的响应程度更高。以上说明，M2 增长率冲击对股价泡沫具有从刺激到抑制的短期效应，且其非线性特征体现在以下两方面：①在宽松的货币供应量状态下，作用更加明显；②M2 增长率负向冲击的作用效果更显著。

图 5.3.3 给出了以利率作为货币政策代理变量的房价泡沫模型（模型三）中，房价泡沫对最初处于利率较高和较低状态的宏观经济变量冲击（GDP 增长率冲击）和货币政策冲击（利率冲击）的反应。除房价泡沫冲击外，GDP 增长率和利率冲击对房价泡沫的影响均随着利率高低状态的改变具有显著差异。首先，在利率较高的情况下，房价泡沫对 GDP 增长率冲击在除滞后 8~10 期之外基本上都是负向响应；在利率较低的情况下，房价泡沫对 GDP 增长率冲击在滞后 4 期出现正向响应，其他滞后期均表现为负向响应。其次，在利率较高的情况下，利率冲击对房价泡沫的影响方向不确定，正负反复变化；在利率较低的情况下，利率冲击对房价泡沫的影响方向稳定，表现为利率正向冲击负向影响房价泡沫，利率负向冲击正向影响房价泡沫，且影响程度具有明显的非对称性，利率负向冲击对房价泡沫的影响程度大于利率正向冲击对房价泡沫的影响程度。综上所述，在宽松的利率政策下，利率对房价泡沫的影响不唯一，在紧缩的利率政策下，利率对房价泡沫的影响稳定，利率提高会抑制房价泡沫的膨胀，利率降低会促进房价泡沫的变大，且利率降低对房价泡沫的作用更加明显。

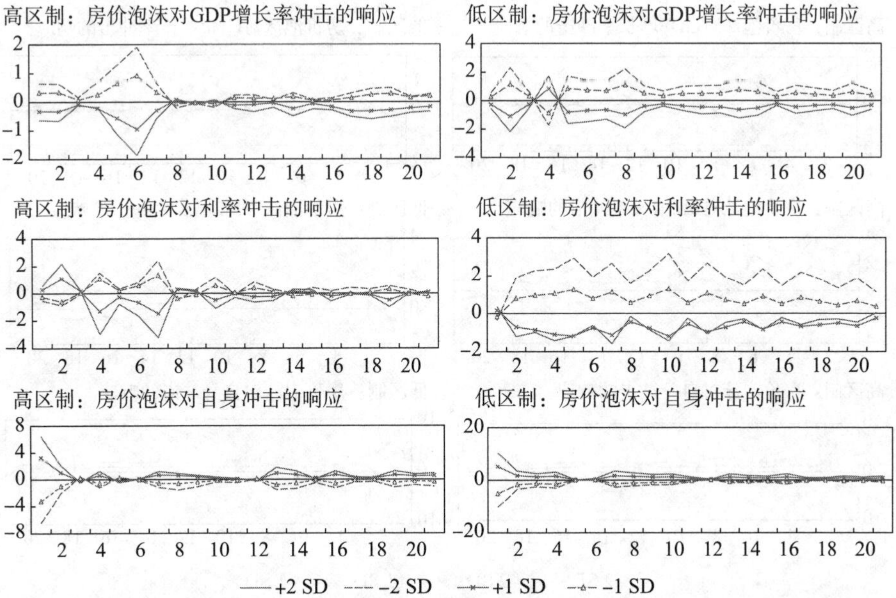

图 5.3.3　房价泡沫的门限脉冲响应：利率为货币政策代理变量

图 5.3.4 给出了以货币供应量增长率作为货币政策代理变量的房价泡沫模型(模型四)中，房价泡沫对最初处于货币供应量增长率较快和较慢状态的宏观经济变量冲击(GDP 增长率冲击)和货币政策冲击(货币供应量增长率冲击)的反应。除房价泡沫冲击外，GDP 增长率和 M2 增长率冲击对房价泡沫的影响均随着货币供应量增长率快慢状态的改变具有显著差异。房价泡沫对 GDP 增长率冲击的脉冲响应差异主要体现在短期响应方向上，在货币供应量增长较快的情况下，房价泡沫对 GDP 增长率冲击在滞后 1~2 期有负向响应，在货币供应量增长较慢的情况下，房价泡沫对 GDP 增长率冲击的滞后 1 期响应同向且程度较小，滞后 2 期响应为 0。这说明在宽松的货币供应量政策下，GDP 增长率短期内并不能增加房价泡沫，在紧缩的货币供应量政策下，GDP 增长率短期内能够微弱地刺激房价泡沫。房价泡沫对 M2 增长率冲击的脉冲响应差异主要体现在滞后 1 期的响应方向上，在货币供应量增长较快的情况下为正向响应，在货币供应量增长较慢的情况下为负向响应，且在货币供应量增长较快时响应程度明显较大。除滞后 7 期以外，M2 增长率正向冲击对房价泡沫均有正向作用，M2 增长率负向冲击对房价泡沫均有负向作用，但正向作用大于负向作用。以上说明，在宽松的货币供应量政策下，M2 增加基本上能

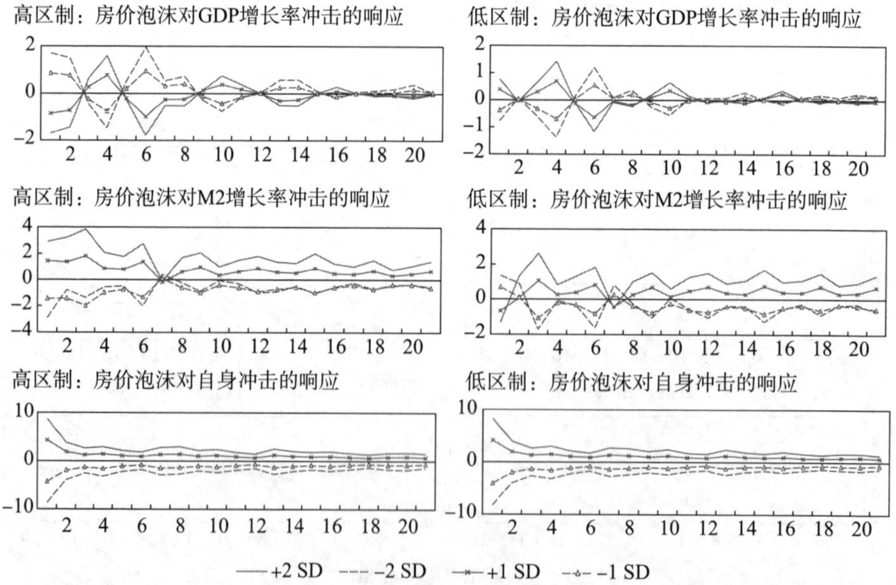

图 5.3.4 房价泡沫的门限脉冲响应：M2 增长率为货币政策代理变量

够促进房价泡沫的膨胀，M2 减少基本上能够抑制房价泡沫的膨胀；在紧缩的货币供应量政策下，M2 增加对房价泡沫有短暂抑制作用，长期来看仍会促进泡沫的膨胀，M2 减少对房价泡沫有短暂促进作用，长期来看仍会抑制泡沫的膨胀；M2 对房价泡沫的正向推动作用明显大于对房价泡沫的反向抑制作用。

5.4　本章小结

资产价格泡沫的行为金融解释比较普遍，但是从经济因素方面考察资产价格泡沫的形成机制、分析资产价格泡沫的形成环境也是不可忽略的方面。本章分别分析了系统性金融风险、经济增长以及货币政策这三方面的经济因素对资产价格泡沫形成的作用机制。

(1)在资产价格泡沫积聚过程中及时降温，并在泡沫破裂过程中有效调控，是防范和化解系统性金融风险的重要途径。本章运用 GSADF 检验方法识别中国股市和房地产市场价格泡沫，基于 TVP-SV-SVAR 模型，结合各金融子市场风险对实体经济的时变冲击效应构建了动态权重系统性金融风险综合指数，然后通过 Bootstrap 滚动宽窗格兰杰因果检验方法考察资产价格泡沫与系统性金融风险之间的动态引导关系。研究发现，资产价格泡沫与系统性金融风险之间的引导关系是相互的，且这种关系具有结构性变化特征：股价泡沫仅在其发生突变及泡沫度较高时对系统性金融风险具有显著的正向影响，系统性金融风险仅在风险水平较高且不断上升时对股价泡沫产生微弱的正向影响；房价泡沫波动较大时，适度泡沫对系统性金融风险表现为负效应，过度泡沫对系统性金融风险表现为正效应；系统性金融风险仅在迅速下降且维持较低水平时对房价泡沫作用为负，仅在迅速上升且维持较高水平时对房价泡沫的作用为正。资产价格泡沫与系统性金融风险之间的这种时变引导关系，对系统性金融风险的监控和预警具有重要意义。

(2)考虑经济增长的周期性，采用频域因果、小波分解和非线性格兰杰因果检验的方法探讨了不同周期经济增长对资产价格泡沫的频域效应。研究发现：经济增长对资产价格泡沫的影响随着周期长短的不同而不同，半年到一年左右周期的经济增长对股价泡沫的影响显著，3~9 个月以及约两年周期的经济增长对房价泡沫的影响显著。

（3）基于货币政策与资产价格泡沫的经济理论，运用门限结构 VAR 模型分析货币政策冲击对资产价格泡沫的门限效应。结果发现，利率冲击和 M2 增长率冲击对资产价格泡沫的影响与货币政策宽松和紧缩状态以及冲击正负方向有关：在紧缩状态下，利率正负冲击对股价泡沫具有对称的短期效应，正向冲击效应由负到正，负向冲击效应由正到负，在宽松状态下，利率正负冲击对股价泡沫具有非对称的长期效应，正向冲击长期抑制股价泡沫，负向冲击长期推动股价泡沫，且推动作用大于抑制作用；M2 增长率冲击对股价泡沫具有从刺激到抑制的短期效应，且在宽松的货币供应量状态下作用更加明显；在宽松状态下，利率对房价泡沫的影响不确定，在紧缩状态下，利率提高会抑制房价泡沫膨胀，利率降低会促使房价泡沫变大，且利率负向冲击对房价泡沫的作用更加明显；在宽松状态下，房价泡沫与 M2 增长率呈同向变化，在紧缩状态下，房价泡沫变化与 M2 增长率变化短期相反、长期一致，且 M2 增长率对房价泡沫的正向推动作用明显大于其反向抑制作用。

第6章 资产价格泡沫的经济效应

资产价格泡沫的经济效应是学者和决策部门长期关注的问题。传统观点认为，资产价格泡沫对经济增长具有负向作用，一般假设存在无值资产，用其价格代替泡沫，进而从资产整体泡沫着手分析。与之不同，本章从具有基本价值的资产价格泡沫着手，从理论上构建考虑税收和交易成本的带资产价格泡沫的内生经济增长模型，分析资产价格泡沫对经济增长速度的不确定影响。在此基础上，采用时变 VAR 模型实证分析股价泡沫和房价泡沫影响经济增长的时变特征。最后，选取合适的经济福利指标，运用分位数格兰杰因果检验和分位数回归的方法对资产价格泡沫对经济福利的预测效应进行实证研究。

6.1 包含资产价格泡沫的内生经济增长模型

关于经济增长的理论研究大概经历了哈罗德-多马模型、新古典增长理论和新增长理论三个阶段。哈罗德-多马模型论述了实现稳定状态均衡增长和充分就业状态均衡增长需具备的条件，以及加速数与乘数相互作用所引起的经济周期繁荣阶段的累积性扩张与衰退阶段的累积性紧缩。新古典增长理论的代表模型是索罗模型，索罗模型在技术既定的假设上探讨了产出在消费与投资之间的分割对资本积累与增长产生的影响。之后拉姆赛(1965)和戴梦德(1965)对索罗模型中储蓄率为外生且固定的假设进行了拓展，其中拉姆赛模型中的家庭被固定，戴梦德模型中的家庭存在新旧交替。新古典增长理论的核心观点是收入受技术、资本和人口的影响，并假定技术进步是外生给定的，这种情况下得到的经济增长结论的缺陷是，资本积累不能解释长期的人均产量增长以及巨大的国家财富差异。为此，罗默(1986)和卢卡斯(1988)将技术进步作为内生因素予以考虑，开创性地建立了内生经济增长模型，促进了经济增长理论研究的快速发展。本节首先介绍内生经济增长模型，然后在内生经济增长模型中引入泡沫并讨论泡沫对经济增长的影响，之后在考虑税收和交易成本的情况下讨论资产价格泡沫对内生经济增长以及经济福利的影响。

6.1.1 内生经济增长模型

新增长理论认为，经济的长期增长源泉可能是技术进步、要素的边际生产率非递减和资本外延的扩大，即资本不仅包括实物资本，还包括人力资本，并在此基础上建立内生经济增长模型。我们结合 Tirole(1985)、Grossman 和 Yanagawa(1993)的研究成果，具体介绍内生经济增长模型。假设代表性个体生存两期，在年轻时期进行工作、消费和储蓄，在年老时期消费储蓄及其获利。年轻一代具有一定的劳动能力，通过劳动获得收入，并用收入购买产出以在消费和投资上进行分配，或者购买年老一代手中的资本。假定资本商品仅仅是指具有内在价值的实物资本，人口为 $2L$ 且不变。

记 t 时期出生的代表性个体在年轻和年老时期的消费分别为 c_{yt} 和 c_{yt+1}，效用函数为 $U(c_{yt},\ c_{yt+1})$，代表性个体在预算约束下最大化其终生效用。设 r_{t+1} 为第 t 期投资的资本收益率(或者实际利率)，则预算约束可以表示为

$$c_{yt}+\frac{c_{yt+1}}{1+r_{t+1}}=\omega_t \tag{6.1.1}$$

其中，ω_t 为第 t 期的劳动收入。消费者最大化其效用函数会使跨期效用的边际率即 U_1/U_2 等于 $1+r_{t+1}$，这便产生了一个关于储蓄的隐函数 $s_t=s(w_t,\ r_{t+1})$，假设个人的效用函数是可分的，则有 $s(\lambda w_t,\ r_{t+1})=\lambda s(w_t,\ r_{t+1})$。

厂商雇佣劳动(L，人口的一半，即年轻一代)和总的资本存量(K_t)进行生产，总产出记为 Y_t。生产函数为 $Y_t=F[K_t,\ A(K_t)L_t]$，其中 $A(K_t)$ 表示劳动效率，为资本存量 K_t 的函数且具有正的一阶导数，总资本 K_t 对劳动生产率的溢出效应为正。假设生产函数的规模效应不变，单个企业在进行投资决策时对总的资本和劳动产出没有影响，即不考虑企业的溢出效应。因此，企业运用资本直到其边际生产率等于实际利率，雇佣劳动直到其边际产出等于工资，从而在总体水平上具有如下关系：

$$r_t=F_1[K_t,\ A_t(K_t)L]=f'(k_t) \tag{6.1.2}$$

$$\omega_t=F[K_t,\ A_t(K_t)L]-K_tF_1[K_t,\ A_t(K_t)L]=f(k_t)-k_tf'(k_t) \tag{6.1.3}$$

其中，$A_t=A(k_t)$，$k_t=K_t/A_tL$ 为单位有效劳动的资本量，$f(k_t)=F(K_t/A_tL,\ 1)$。结合式(6.1.2)和式(6.1.3)可知，均衡时劳动收入与利率之间存在函数关系，记为

$$\omega_t=\phi(r_t) \tag{6.1.4}$$

产品市场在 t 时期的市场均衡条件是总投资等于总储蓄，其中总储蓄为年老一代希望减少的储蓄和年轻一代希望增加的储蓄之差。由于年老一代希望减少他们的持有资本，这意味着 $K_{t+1}-K_t=s(\omega_tA_tL,\ r_{t+1})-K_t$，即

$$K_{t+1}=s(\omega_tA_tL,\ r_{t+1})=A_tLs(\omega_t,\ r_{t+1}) \tag{6.1.5}$$

式(6.1.3)、式(6.1.4)和式(6.1.5)构成经济的动态演化系统，为保证此经济系统稳态的存在性，假设劳动有效性是资本存量的线性函数：

$$A(K_t)=\frac{K_t}{a} \tag{6.1.6}$$

不失一般性，我们将人口总额标准化为 2，从而 $L=1$，则在任意时期 t 有 $k_t=a$。记 $f'(a)=f'(k_t)=\rho$，进一步由式(6.1.2)和式(6.1.3)可知，在任意时期 t，有

$$r_t=\rho \tag{6.1.7}$$

$$\omega_t=\phi(\rho) \tag{6.1.8}$$

将式(6.1.6)、(6.1.7)和(6.1.8)代入式(6.1.5)并进行整理，有

$$K_{t+1}=\frac{K_t}{a}s[\phi(\rho),\ \rho] \tag{6.1.9}$$

由式(6.1.9)可知，资本总量的增长速度为

$$g_t=\frac{K_{t+1}-K_t}{K_t}=\frac{\bar{s}}{a}-1 \tag{6.1.10}$$

其中，$\bar{s}=s[\phi(\rho),\ \rho]$。

由式(6.1.6)可知，劳动效率也是以速度 g_t 增长。

6.1.2　引入泡沫后的内生经济增长模型

为了讨论当经济系统中存在泡沫时泡沫对经济增长的影响，Grossman 和 Yanagawa(1993)引入内在无值资产，即既不能用来生产实质产品，也不能产生股息的资产，则无值资产的价格即为经济系统中的资产价格泡沫，无价值资产的总量与价格之积即为总体泡沫。为此，假设在 t_0 时期年老一代拥有内

在无价值资产的数量为 M，年老一代期望以正的价格 p_0 出售该资产给年轻一代，而年轻一代购买的前提是他们期望将来可以以更高的价格将其售出，到时其价格至少为 $p_1=(1+r_1)p_0$。类似地，如果年轻一代在 t 时期希望无值资产的价格在 $t+1$ 时期为 $(1+r_{t+1})p_t$，他们将以 p_t 的价格从年老一代那里购买无值资产。如果这些预期全部可实现，这种无值资产可以无限期地交易，经济体系中存在泡沫。令 $B_t=Mp_t$ 为总体泡沫。泡沫资产和其他资产之间不存在套利的条件如下：

$$B_{t+1}=(1+r_{t+1})B_t \tag{6.1.11}$$

定义 $b_t=B_t/A_tL$ 为每单位有效劳动对应的总体泡沫。在每个时期，年轻一代必须从年老一代手里购买他们持有的全部泡沫资产，因此，新的商品市场出清条件为

$$K_{t+1}-K_t=A_tLs(\omega_t,\ r_{t+1})-(K_t+B_t) \tag{6.1.12}$$

引入泡沫后，在式(6.1.6)的假设下，式(6.1.7)和式(6.1.8)仍然成立，将式(6.1.6)至式(6.1.8)代入式(6.1.12)，有 $K_{t+1}=A_t(\bar{s}-b_t)$，进一步可得

$$\frac{K_{t+1}}{K_t}=\frac{(\bar{s}-b_t)}{a} \tag{6.1.13}$$

当经济中存在泡沫时，资本总量的增长速度变为

$$g_t=\frac{K_{t+1}-K_t}{K_t}=\frac{\bar{s}-b_t}{a}-1 \tag{6.1.14}$$

由总体泡沫 $B_t=Mp_t$ 及单位有效劳动对应的总体泡沫 $b_t=B_t/A_tL$ 的定义可知，带泡沫的内生经济增长模型中的泡沫不能为负值，结合式(6.1.10)和式(6.1.14)可知，泡沫减慢了内生经济增长的速度，因此泡沫对经济增长具有一定的负向影响。

现在我们讨论，如果给定初始的泡沫程度，由式(6.1.11)和式(6.1.14)决定的带泡沫的经济动态系统是否继续均衡。给定在 t_0 时期经济系统中的总体泡沫大小为 B_0，对应的单位有效劳动的泡沫大小为 $b_0=B_0/A(K_0)$，由于劳动效率是关于资本 K_t 的函数，因此其增长速度也是 g_t，从而由式(6.1.11)和式(6.1.7)可得

$$b_{t+1}=\frac{1+\rho}{1+g_t}b_t \tag{6.1.15}$$

将增长速度式(6.1.14)代入式(6.1.15)，可以得到关于每单位有效劳动

对应泡沫的递归方程：

$$b_{t+1}=a(1+\rho)\frac{b_t}{\bar{s}-b_t}=a(1+\rho)\left[\frac{\bar{s}}{\bar{s}-b_t}-1\right] \tag{6.1.16}$$

Grossman 和 Yanagawa（1993）结合经济增长速度和泡沫的动态演化路径来分析，如图 6.1.1 所示。曲线 BB' 描绘了从时期 t 到时期 $t+1$ 泡沫的变化，OA 为 45 度斜线。可以看出，当曲线 BB' 位于 OA 以上时，泡沫增长，当曲线 BB' 位于 OA 以下时，泡沫收缩。如果初始单位有效劳动泡沫 $b_0<b^*$，泡沫随着时间的推移而单调收缩。在这种情况下，泡沫相对于单位有效劳动而言变得任意小，经济收敛于 6.1.1 小节描述的无泡沫稳态增长状态。如果初始单位有效劳动泡沫 $b_0>b^*$，泡沫随着时间的推移单调增加。在这种情况下，总会存在某个时期 t 满足 $b_t>\bar{s}$，此时年轻一代积累的储蓄不足以让他们以年老一代期望的价格购买年老一代手中的泡沫资产，年老一代在 $t-1$ 期会预见这种情况并采取行动使得泡沫回到 t_0 时期，因此这种情况下泡沫不可能持续。如果初始单位有效劳动对应泡沫 $b_0=b^*$，泡沫经济立即进入稳定的状态。因此，只要初始泡沫的规模不大于 b^*，泡沫可以持续存在于经济系统中。

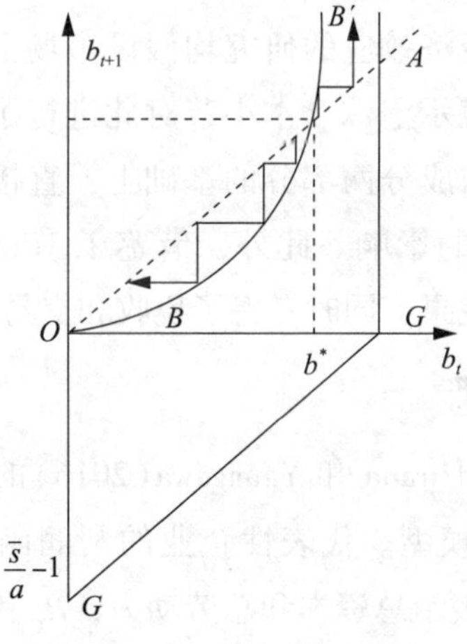

图 6.1.1　泡沫动态系统

如果曲线 BB' 在原点的斜率大于 1，整个泡沫曲线会位于 OA 线之上，则不存在任何泡沫。曲线 BB' 在原点处的斜率等于 $a(1+\rho)/\bar{s}$，因此泡沫存在的充分必要条件是 $a(1+\rho)/\bar{s}<1$，即 $\bar{s}/a-1>\rho$。由于 $\bar{s}/a-1$ 为无泡沫时的经济增长速度，ρ 为实际利率，所以泡沫存在要求经济增长速度超过经济无泡沫均衡时的利率。

综上所述，在内生经济增长模型中引入泡沫进行分析可知，无泡沫均衡时的经济增长速度超过利率时才可能存在持续的泡沫。在长期增长主要由包括物质、人力和技术资本推动的经济中，非生产性的无值资产可以产生一定回报但是不会增加物质生产，对长期增长有害，因此泡沫的存在使系统在趋向稳态的路径上降低了经济增长速度，对经济长期增长具有负向作用。

6.1.3 考虑税收和交易成本的包含资产价格泡沫内生经济增长模型

Grossman 和 Yanagawa(1993)的带泡沫经济增长模型没有考虑政府部门税收和交易成本对泡沫以及经济增长的影响。Bosi 和 Pham(2016)讨论了时代交叠模型(OLG)中税收、泡沫形成与内生经济增长之间的相互关系，提出了与税收相关的泡沫存在条件，并对 Grossman 和 Yanagawa(1993)的泡沫对经济增长具有负向作用的传统观点提出质疑，指出泡沫既可能阻碍经济增长，也可能促进经济增长。Hirano 和 Yanagawa(2016)在考虑了交易成本和投资者异质性之后，分析了泡沫在内生经济增长模型中的存在性和影响，同样得出泡沫对经济增长的影响效果可能有利也可能有害的结论，这主要与金融系统的质量有关。以上有关泡沫经济效应的研究均假设市场上存在无值资产，然后用无值资产的价格总量来表示泡沫。本小节对此进行了改进，在假设金融资产价格分为基本价值和泡沫成分两部分的基础上，直接研究资产价格泡沫而不是泡沫总量对经济增长的影响。此外，借鉴了 Hirano 和 Yanagawa(2016)、Yanagawa(2016)的研究成果，同时考虑了税收和交易成本的影响。

6.1.3.1 模型框架

借鉴 Tirole(1985)、Hirano 和 Yanagawa(2016)的研究成果，考虑一个包含理性泡沫的两期 OLG 模型。代表性企业的利润函数为 $F_t(K_t, L_t)-R_tK_t-\omega_tL_t$，其中 K_t 和 L_t 分别表示总资本和总劳动力，R_t 和 ω_t 分别表示资本和劳动的收益。假设企业采用的生产函数为柯布-道格拉斯函数，即 $F_t(K_t, L_t)=A_tK_t^{\alpha}L_t^{1-\alpha}=A_tk_t^{\alpha}\triangleq f_t(k_t)$，其中 $k_t=K_t/L_t$ 表示资本密集度，即单位劳动的资本量。企业最大化其利润函数，可得

$$R_t=\alpha A_tk_t^{\alpha-1},\ \omega_t=(1-\alpha)A_tk_t^{\alpha} \tag{6.1.17}$$

在时期 t 有 N_t 个人出生，每个消费者生存两个时期。在年轻时期，消费

者提供 1 单位劳动力，赚取一定的收入并支付比例为 τ 的税费，消费 c_t 的物质资产，通过购买资本 s_t 和投资金融资产 a_t 实现储蓄，其中投资金融资产的交易成本比例为 η。在年老时期，消费从储蓄资本和金融资产中获得的总收益为 c_{t+1}，购买资本和投资金融资产获得的收益分别以 τ_k 和 τ_b 的比例缴税。资本的价格归一化为 1，假设 t 时期投资的金融资产在各个时期会分到红利 D_t，则该金融资产具有一定的基本价值。记 P_t 为 t 时期金融资产的价格，P_t^f 为 t 时期金融资产的基本价值，$B_t=P_t-P_t^f$ 为该金融资产价格中的泡沫部分。根据金融资产的基本价值等于未来现金红利的贴现，第 t 期和第 $t+1$ 期金融资产的基本价值之间具有如下关系：$P_t^f=(P_{t+1}^f+D_{t+1})/R_{t+1}$。一般而言，金融资产是经济水平的一个客观反映。在本书第 2 章泡沫的提取过程中，我们采用国内生产总值作为股票价值基本面的重要宏观经济代理变量，得到了很好的泡沫测度结果。因此，我们假设金融资产的基本价值与产出函数之间存在一定的线性关系，即 $P_t^f=\lambda f_t(k_t)$。消费者的跨期效用函数为 $\ln c_t+\beta\ln c_{t+1}$。消费者在生存的两个时期各有一个预算约束条件，即

$$c_t+s_t+(1+\eta)(P_t^f+B_t)a_t\leqslant(1-\tau)\omega_t \tag{6.1.18}$$

$$c_{t+1}\leqslant(1-\tau_k)R_{t+1}s_t+(1-\tau_b)(P_{t+1}^f+B_{t+1})a_t \tag{6.1.19}$$

在上述两个预算约束下最大化消费者的效用函数，便可得到消费者关于储蓄和消费的分配：

$$c_t=\frac{1}{1+\beta}(1-\tau)\omega_t \tag{6.1.20}$$

$$s_t+(1+\eta)(P_t^f+B_t)a_t=a_t\frac{\beta}{1+\beta}(1-\tau)\omega_t \tag{6.1.21}$$

在无套利均衡条件下，储蓄资本和投资金融资产的下期获利是一样的，即

$$(1-\tau_k)R_{t+1}(P_t^f+B_t)=(1-\tau_b)\left(\frac{1}{1+\eta}\right)(P_{t+1}^f+B_{t+1}) \tag{6.1.22}$$

政府部门从消费者劳动收入、储蓄资本和投资金融资产的获利中征税进行公共商品投资：

$$G_t=\tau\omega_t+\tau_k\frac{R_t s_{t-1}}{\mathrm{n}}+\tau_b\frac{(P_t^f+B_t)a_{t-1}}{\mathrm{n}(1+\eta)} \tag{6.1.23}$$

其中，G_t 是公共投资，不具有内部产出；$n=N_{t+1}/N_t$，为人口增长率，假

定为常数。参考 Barro(1990)的观点，考虑一种简单的公共投资，即在任意时期 t，有 $A_t=\theta G_t^{1-\alpha}$，则公共投资 G_t 影响产出及从劳动、资本和金融投资中获得的收入，这些收入反过来影响同期的税收和公共投资，由此形成了促进内生经济增长的动力。

定义 6.1.1

(1)满足式(6.1.17)、式(6.1.20)至式(6.1.23)的正序列

$$(P_t^f,\ B_t,\ R_t,\ \omega_t,\ c_t,\ c_{t+1},\ a_t,\ s_t,\ K_{t+1},\ L_t,\ G_t)_{t\geqslant 0}$$

是一个经济均衡，其市场出清条件为

金融资产：$N_{t+1}a_{t+1}=N_ta_t$；

资本：$K_{t+1}=N_ts_t$；

劳动力：$L_t=N_t$；

消费商品：$s_t+(1+\eta)c_t+(1+\eta)c_{t+1}/n+G_t=f_t(k_t)$。

(2)如果 $B_t>0$，金融资产价格存在泡沫成分，该经济均衡被认为是存在泡沫的，否则，该经济均衡被认为是不存在泡沫的。

根据经济系统中人口增长率为 n，可将金融资产市场和资本市场的市场出清条件写为 $na_{t+1}=a_t$ 和 $s_t=nk_{t+1}$，易知，生产规模呈指数型收缩，即 $a_t=a_0n^{-1}$。因此，带泡沫的经济系统可以简化为

$$nk_{t+1}+a_0n^{-t}(1+\eta)(P_t^f+B_t)=\sigma A_tk_t^{\alpha} \tag{6.1.24}$$

$$B_{t+1}=\left[(1+\eta)\frac{1-\tau_k}{1-\tau_b}-1\right]p_{t+1}^f+(1+\eta)\frac{1-\tau_k}{1-\tau_b}D_{t+1}+(1+\eta)\frac{1-\tau_k}{1-\tau_b}R_{t+1}B_t \tag{6.1.25}$$

$$A_t=\theta G_t^{1-\alpha},\ G_t=\tau\omega_t+\tau_kR_tk_t+\tau_ba_t(p_t^F+B_t) \tag{6.1.26}$$

其中，σ 为均衡系统中包括资本和金融资产的储蓄占产出的比例：

$$\sigma\equiv\frac{s_t}{f_t(k_t)}=(1-\tau)(1-\alpha)\frac{\beta}{1+\beta}$$

定义 6.1.1 中的正序列$(P_t^f,\ B_t,\ R_t,\ \omega_t,\ c_t,\ c_{t+1},\ a_t,\ s_t,\ K_{t+1},\ L_t,\ G_t)_{t\geqslant 0}$可以化简由式(6.1.17)、式(6.1.24)至式(6.1.26)来驱动。替代式(6.1.25)中的 P_{t+1}^f，D_{t+1} 和 R_{t+1} 进一步化简，由于 P_{t+1}^f 和 R_{t+1} 的表达式明确，首先对 D_{t+1} 进行分析，根据 $P_t^f=(P_{t+1}^f+D_{t+1})/R_{t+1}$ 可得

$$D_{t+1}=R_tP_t^f-P_{t+1}^f=\lambda A_{t+1}k_{t+1}^{\alpha}\left(\frac{n\alpha f_t(k_t)}{\lambda\quad s_t}-1\right)=\left(\frac{n\alpha}{\lambda\sigma}-1\right)\lambda A_{t+1}k_{t+1}^{\alpha} \tag{6.1.27}$$

将 P^f_{t+1} 和 R_{t+1} 的表达式及式(6.1.27)代入式(6.1.25)，有

$$B_{t+1}=\left[(1+\eta)\frac{n\alpha}{\lambda\sigma}\frac{1-\tau_k}{1-\tau_b}-1\right]\lambda A_{t+1}k_{t+1}^{\alpha}+(1+\eta)\frac{1-\tau_k}{1-\tau_b}\alpha A_{t+1}k_{t+1}^{\alpha-1}B_t \quad (6.1.28)$$

简单而言，由式(6.1.17)、式(6.1.24)、式(6.1.26)及式(6.1.28)决定的正向序列 $(P^f_t, B_t, k_{t+1})_{t\geqslant 0}$ 可定义一个经济均衡序列。

6.1.3.2　均衡分析

我们的模型在考虑交易成本和政府税收的条件下将理性泡沫和内生增长放到一个框架中进行研究，主要贡献在于给出了经济系统中有无资产价格泡沫时的均衡增长率，以便分析比较资产价格泡沫对内生经济增长的影响。具体来讲，在不存在泡沫的情况下，t 时期经济增长速度及其极限分别为

$$g_0(t)=\frac{\theta}{n}\left[\sigma-\lambda\frac{a_0}{n^t}(1+\eta)\right]\left\{\theta\left[\tau_k\alpha+\tau(1-\alpha)+\frac{a_0}{n^{t-1}}\frac{1}{\gamma}\tau_b\right]\right\}^{\frac{1-\alpha}{\alpha}}$$

$$\lim_{t\to\infty}g_0(t)=\frac{\sigma\theta}{n}\{\theta[\tau_k\alpha+\tau(1-\alpha)]\}^{\frac{1-\alpha}{\alpha}}\overset{\Delta}{=}g_0$$

在存在最大泡沫的情况下，t 时期经济增长速度及其极限分别为

$$g_1(t)=\frac{\theta}{\gamma n}\left[\sigma-\lambda\frac{a_0}{n^t}(1+\eta)\right]\left\{\theta\left[\tau_k\alpha+\tau(1-\alpha)+\frac{a_0}{n^t}\frac{\gamma-1}{\gamma}\sigma\tau_b\right]\right\}^{\frac{1-\alpha}{\alpha}}$$

$$\lim_{t\to\infty}g_1(t)=\frac{\sigma\theta}{\gamma n}\{\theta[\tau_k\alpha+\tau(1-\alpha)]\}^{\frac{1-\alpha}{\alpha}}\overset{\Delta}{=}g_1$$

其中，

$$\gamma\equiv\frac{1}{(1+\eta)}\frac{\sigma}{\alpha}\frac{1-\tau_b}{1-\tau_k}$$

刻画了经济中是如何产生泡沫的，并且

$$\overline{B_0}=\left[\frac{\gamma-1}{\gamma}\frac{\beta}{1+\beta}\frac{(1-\tau)(1-\alpha)}{a_0(1+\eta)}-1\right]A_0k_0^{\alpha}$$

为最大初始泡沫。容易看出，极限情况分别是 Bosi 和 Pham(2016)模型中的无泡沫和存在最大泡沫时的经济增长速度。下面以命题 6.1.1 的形式给出经济均衡的完整表述，证明略。

命题 6.1.1　全局动态均衡分为以下几种情况：

(1)如果 $\gamma\leqslant 1$，经济均衡中不存在泡沫，即对任意时期 t，均有 $B_t=0$。

此时经济均衡是唯一确定的，且对任意时期 t，由 $k_t = \prod_{i=0}^{t} g_0(i) k_0$ 来驱动，并且长期来看经济增长速度收敛于常数，即 $\lim_{t\to\infty} g_0(t) = g_0$。

(2)如果 $\gamma>1$，要达到经济均衡必须满足 $B_0 \leqslant \overline{B_0}$。此时的经济均衡不是唯一确定的：当 $B_0 \in [0, \overline{B_0}]$ 时，由式(6.1.17)、式(6.1.24)、式(6.1.26)及式(6.1.28)驱动的任意正向序列 $(B_t, P_t^f, k_{t+1})_{t\geqslant 0}$ 均是一个均衡。更具体地，有如下三种情况：

(a)如果 $B_0=0$，经济均衡是无泡沫的，仍然由 $k_t = \prod_{i=0}^{t} g_0(i) k_0$ 来驱动，并且 $\lim_{t\to\infty} g_0(t) = g_0$。

(b)如果 $B_0 \in (0, \overline{B_0})$，经济均衡中存在泡沫，但此泡沫会逐渐消失，即从长期来看是可忽略的，意味着 $\lim_{t\to\infty}(a_t(P_t^f+B_t)/k_{t+1}) = 0$，并且长期来看经济增长速度收敛于无泡沫时经济增长速度的极限，即 $\lim_{t\to\infty}(k_{t+1}/k_t) = g_0$。

(c)如果 $B_0 = \overline{B_0}$，经济均衡中存在泡沫。此时内生的经济增长路径由 $a_t(1+\eta)(P_t^f+B_t) = (\gamma-1)nk_{t+1}$ 和 $k_t = \prod_{i=0}^{t} g_1(i) k_0$ 驱动，并且长期来看经济增长速度收敛于常数，即 $\lim_{t\to\infty} g_1(t) = g_1$。

6.1.3.3 税收政策、交易成本和资产价格泡沫的存在性

根据命题6.1.1，当且仅当 $\gamma>1$ 时，经济均衡存在资产价格泡沫。从 γ 和 $\overline{B_t}$ 的表达式可以看出，γ 和 $\overline{B_t}$ 均随 τ_k 的增加而增加，随 τ 和 τ_b 的增加而减少。因此，资产价格泡沫更容易发生在政府对劳动收入和投资金融资产收益上的税率较低或对通过购买资本获得收益的税率较高的情况下。这与直观的感觉是一致的，当资本所得税增加时，根据投资组合替代效应可知，消费者会减少资本的投资而增加金融资产的投资，从而使金融资产产生价格泡沫；当资本所得税足够高时，消费者会降低对金融资产的投资，从而挤出金融资产的价格泡沫。

类似地，γ 和 $\overline{B_t}$ 均是 η 的减函数，因此资产价格泡沫更容易发生在金融资产交易成本较低的时候，这与直观感觉也是吻合的。交易成本越高，消费者投资金融资产的愿望就越低，从而挤出金融资产的价格泡沫；相反，交易成本越低，消费者投资金融资产的愿望就越高，从而会刺激金融资产价格泡沫的产生。当 $\eta=0$ 时，容易看出 γ 的表达式与 Bosi 和 Pham(2016)研究中的 γ

相同，说明不考虑交易成本时泡沫存在的条件与 Bosi 和 Pham(2016)的研究是一致的，但与我们的假设与推导过程不同。首先，Bosi 和 Pham(2016)假设用无值资产的价格直接代替资产价格泡沫，本书用有基本价值的金融资产价格超出其基础价值的部分表示资产价格泡沫。其次，在推导过程中，Bosi 和 Pham(2016)认为泡沫是指无值资产的泡沫总体，即无值资产的数量与价格的乘积，本书泡沫直接指一单位金融资产价格中的泡沫成分。本书的假设与推导采用的资产价格泡沫定义与实际市场更加吻合，因此得到了可以覆盖 Bosi 和 Pham(2016)的资产价格泡沫定义的结论。据我们所知，这个假设和结论是一个新的理论研究视角。

进一步，我们可以观察到资本的税收加大了经济均衡的不稳定性(从经济均衡多样性意义上来讲)，而金融资产和劳动收入的税收促进了经济均衡的稳定性(从经济均衡唯一性的意义上来讲)。

6.1.3.4　资产价格泡沫与经济增长：考虑税收政策和交易成本的影响

我们集中讨论命题 6.1.1 的第二种情况，具体分析 $g_0(t)$ 和 $g_1(t)$ 以及 g_0 和 g_1 之间的关系，即无资产价格泡沫时的经济增长速度与存在资产价格泡沫时的经济增长速度之间的关系。

γ 与 θ 无关，可以得到以下结论：

命题 6.1.2　内生经济增长率 $g_0(t)$ 和 $g_1(t)$ 及其极限值 g_0 和 g_1 均会随政府效率 θ 的提高而增大。

由于 $g_0(t)$ 和 $g_1(t)$ 均是关于政府对资本、劳动收入和金融资产收入三种税收政策的函数，即当时期 t 确定的时候，$g_0(t)=g_0(\tau,\ \tau_k,\ \tau_b)$，$g_1(t)=g_1(\tau,\ \tau_k,\ \tau_b)$，因此我们可以进行静态比较。

由于

$$\frac{g_0(t)}{g_1(t)}=\gamma\left\{\frac{\tau_k\alpha+(1-\alpha)\tau+na_0\tau_b/\gamma n^t}{\tau_k\alpha+(1-\alpha)\tau+a_0(\gamma-1)\sigma\tau_b/\gamma n^t}\right\}^{\frac{1-\alpha}{\alpha}}$$

可以得到以下结论：

命题 6.1.3

(1)当政府税收政策$(\tau,\ \tau_k,\ \tau_b)$满足 $h(\tau,\ \tau_k,\ \tau_b)>(1/\gamma)^{\frac{\alpha}{1-\alpha}}$时，$g_0(t)>g_1(t)$。

(2)当政府税收政策$(\tau,\ \tau_k,\ \tau_b)$满足 $h(\tau,\ \tau_k,\ \tau_b)<(1/\gamma)^{\frac{\alpha}{1-\alpha}}$时，

$g_0(t)<g_1(t)$。

其中，

$$h(\tau,\ \tau_k,\ \tau_b)=\frac{\tau_k\alpha+(1-\alpha)\tau+na_0\tau_b/\gamma n^t}{\tau_k\alpha+(1-\alpha)\tau+a_0(\gamma-1)\sigma\tau_b/\gamma n^t}$$

由命题 6.1.3 可知，资产价格泡沫的经济效应是不确定的，与政府税收政策以及金融资产的交易成本均有关系。由命题 6.1.3(1)可知，当税收政策满足 $h(\tau,\ \tau_k,\ \tau_b)>(1/\gamma)^{\frac{\alpha}{1-\alpha}}$时，资产价格泡沫会损害内生经济增长速度，资产价格泡沫会阻碍经济发展，这与 Grossman 和 Yanagawa(1993)的结论一致。由命题 6.1.3(2)可知，当税收政策满足 $h(\tau,\ \tau_k,\ \tau_b)<(1/\gamma)^{\frac{\alpha}{1-\alpha}}$时，资产价格泡沫对内生经济增长有利，这与 Bosi 和 Pham(2016)的结论类似，对传统认为泡沫对内生经济增长具有负向作用的观点提出了挑战。

从内生增长率 $g_0(t)$ 和 $g_1(t)$ 的极限来看，由

$$\frac{g_0}{g_1}=\gamma\left\{\frac{\tau_k\alpha+(1-\alpha)\tau}{\tau_k\alpha+(1-\alpha)\tau+(\gamma-1)\sigma\tau_b/\gamma}\right\}^{\frac{1-\alpha}{\alpha}}$$

可以得到以下结论：

命题 6.1.4

(1)当政府税收政策$(\tau,\ \tau_k,\ \tau_b)$满足 $\gamma^{\frac{\alpha}{1-\alpha}}-1>\frac{\gamma-1}{\gamma}\frac{\sigma\tau_b}{\alpha\tau_k+(1+\alpha)\tau}$时，$g_0>g_1$。

(2)当政府税收政策$(\tau,\ \tau_k,\ \tau_b)$满足 $\gamma^{\frac{\alpha}{1-\alpha}}-1<\frac{\gamma-1}{\gamma}\frac{\sigma\tau_b}{\alpha\tau_k+(1+\alpha)\tau}$时，$g_0<g_1$。

命题 6.1.4 与 Bosi 和 Pham(2016)的结论一致，说明有泡沫和无泡沫时的内生经济增长速度的极限 g_0 和 g_1 之间的关系是不确定的，与政府税收政策以及金融资产的交易成本均具有很大关系。这表明，从长期来看，资产价格泡沫既可能有利于经济增长，也可能阻碍经济增长。

6.2 资产价格泡沫时变经济效应的实证分析

在上一节，我们得出资产价格泡沫对经济增长的影响不确定的结论。这虽然挑战了传统的观点，但却是容易理解的。事实上，适度的资产价格泡沫

能够刺激经济的增长，泡沫过度则容易带来资源分配的不均衡，过度泡沫引发的金融危机会对经济发展造成一定程度的阻碍，因此本节重点对资产价格泡沫的不确定经济效应进行实证检验。

6.2.1　研究设计

虽然上节模型中假设政府对劳动收入、购买资本和投资金融资产获利的税率进行了区分，得出不同税收政策和不同交易成本下资产价格泡沫对经济增长的影响，但是考虑到数据的可得性，本节主要对资产价格泡沫对经济增长影响的不确定性进行检验，而不详细考察资产价格泡沫产生正负经济增长效应时对应的具体税收政策。此外，在第 5 章及本章上一节的分析中，我们得知除经济增长外，宏观杠杆、货币政策、税收政策和经济增长均与资产价格泡沫密切相关。根据资产价格泡沫对经济增长的不确定性影响，我们猜想资产价格泡沫对宏观杠杆、货币政策和税收政策的影响也可能存在不确定性。因此，本节在分析资产价格泡沫对经济增长的不确定效应时，考察了资产价格泡沫对货币政策、宏观杠杆和税收政策的不确定效应。不确定性使得常参数模型不再适用于检验资产价格泡沫的经济效应。鉴于 Nakajima(2011)提出的时变参数随机波动结构向量自回归(TVP-SV-SVAR)模型能够刻画样本期内不同时间点资产价格泡沫冲击对经济变量作用效果的优点，我们构建了一个包含资产价格泡沫、经济增长率、货币政策、宏观杠杆和税收政策的 TVP-SV-SVAR 模型，采用时变脉冲响应的方法分析不同时间资产价格泡沫对经济增长率、货币政策、宏观杠杆和税收政策的不确定效应。本书已经在第 4.2节介绍了 TVP-SV-SVAR 模型的结构、估计方法和估计步骤，这里不再赘述。

根据参数估计得到的 TVP-SV-SVAR 模型参数可以计算出样本期内每一时期的脉冲响应函数，该脉冲响应函数是随时间变化的。参考肖卫国和刘杰(2013)、刘永余和王博(2015)的做法，本节进一步分析各经济变量对资产价格泡沫冲击的脉冲响应函数绝对值的最大值，以及达到脉冲响应绝对值最大值所需的滞后期数。由第 4 章 TVP-SV-SVAR 模型得到的时期 t 滞后 h 期脉冲响应函数为 $\theta_{t,h}$，则脉冲响应函数绝对值的最大值可以表示为

$$V_t = \max_{h \in [1,M]} \{ | \theta_{t,h} | \}$$

其中，M 是本节选取的最大脉冲响应期数。在此基础上，可以找到达到

该最大脉冲响应对应的滞后期数。

6.2.2 变量说明与数据检验

本节主要考察资产价格泡沫对经济增长、利率、宏观杠杆和税收政策的时变作用。资产价格泡沫选取股价泡沫和房价泡沫为代理变量，股价泡沫和房价泡沫仍然采用第 3 章的测度结果，分别用 *SB* 和 *HB* 表示。经济增长采用经济增长率作为代理变量，用 *GDPg* 表示；选取银行间 7 日同业拆借利率作为利率的代理变量，用 *Rate* 表示；类似于第 5 章，宏观杠杆通过国内总信贷/*GDP* 获得，用 *Leverage* 表示；税收政策采用税收收入/GDP 来衡量，并对其进行 X13 季节调整，用 *Tax* 表示。根据数据的可得性，研究股价泡沫的经济效应和房价泡沫的经济效应时采用了不同的样本区间。研究股价泡沫对各经济变量的时变影响时所用数据的时间范围为2000 年1 月至 2017 年 5 月，研究房价泡沫对各经济变量的时变影响时所用数据的时间范围为 2002 年 1 月到 2017 年 5 月，数据均来自同花顺金融数据库。

表 6.2.1 资产价格泡沫和经济变量的单位根检验

	ADF 检验			PP 检验		
	无截距和趋势	截距	截距和趋势	无截距和趋势	截距	截距和趋势
(a)股价泡沫及经济变量：2000. 1—2017. 5						
SB	-13. 770***	-13. 740***	-13. 716***	-13. 771***	-13. 740***	-13. 716***
GDPg	-0. 672	-10. 047***	-10. 441***	-5. 438***	-9. 874***	-10. 120***
Rate	-0. 469	-4. 547***	-5. 140***	-1. 038	-4. 099***	-4. 782***
Leverage	4. 841	3. 023	0. 028	5. 478	3. 480	0. 312
dLeverage	-4. 982***	-11. 487***	-12. 242***	-11. 052***	-11. 647***	-12. 232
Tax	0. 950	-1. 469	-3. 934**	1. 257	-2. 217	-10. 297***
(b)房价泡沫及经济变量：2002. 1—2017. 5						
HB	-0. 024	-2. 650*	-2. 982	-1. 479	-8. 297***	-9. 234***
GDPg	-0. 728	-9. 301***	-9. 915***	-4. 763***	-9. 182***	-9. 484***
Rate	-0. 406	-4. 310***	-4. 909***	-0. 998	-3. 891***	-4. 586***
Leverage	1. 167	0. 125	-1. 780	5. 412	3. 437	-0. 114
dLeverage	-1. 556	-2. 224	-3. 426*	-9. 599***	-10. 329***	-11. 045***
Tax	0. 943	-2. 005	-3. 906**	1. 014	-2. 551	-9. 425***

注：*、**、***分别表示在 10%、5%、1%的水平下显著。*d* 表示一阶差分。

由于VAR模型要求各研究变量平稳或是具有协整关系，我们先分别对2000年1月至2017年5月和2002年1月到2017年5月两个不同样本区间价格泡沫以及各经济变量进行平稳性检验，使用的方法是ADF检验及PP检验。检验的结果见表6.2.1，从中可以看出，在10%的水平下，无论是在股价泡沫与经济变量对应的样本区间，还是在房价泡沫与经济变量对应的样本区间，除宏观杠杆以外，其他变量均通过了平稳性检验，但是，宏观杠杆的一阶差分在这两个区间均是平稳的。为此，在进行TVP-SV-SVAR模型估计时，我们对宏观杠杆进行了一阶差分。

6.2.3 实证结果分析

6.2.3.1 股价泡沫对经济变量的时变影响

通过常系数VAR模型中的SC准则选择最优滞后阶数，最终选择的滞后阶数为1，因此本节也将时变参数模型的滞后阶数设定为1。采用MCMC方法对包含股价泡沫、经济增长率、利率、宏观杠杆和税收政策的TVP-SV-SVAR模型进行参数估计，本节共进行10000次抽取，用其结果计算参数的估计值。表6.2.2给出了部分参数的估计结果。

从表6.2.2中可以看出，所有参数的Geweke收敛诊断值均未超过1.96，不能拒绝趋于后验分布的原假设，说明样本抽样是收敛的。非有效因子表示得到不相关的样本所需要的抽样次数，其值越低，表明抽样得到的样本越有效。在表6.2.2中，非有效因子都非常低，说明在模型估计过程中所有参数均产生了非常有效的样本。

表6.2.2 股价泡沫经济效应的参数估计结果

参数	均值	标准差	95%置信区间	Geweke	非有效性(Inefficiency)
$(\Sigma_\beta)_1$	0.0023	0.0003	[0.0018, 0.0029]	0.010	7.90
$(\Sigma_\beta)_2$	0.0022	0.0003	[0.0018, 0.0029]	0.000	7.99
$(\Sigma_\alpha)_1$	0.0049	0.0013	[0.0031, 0.0083]	0.436	47.43
$(\Sigma_\alpha)_2$	0.0041	0.0007	[0.0029, 0.0058]	0.024	6.80
$(\Sigma_h)_1$	0.1743	0.0609	[0.0865, 0.3121]	0.002	105.64
$(\Sigma_h)_2$	0.0111	0.0080	[0.0037, 0.0353]	0.000	140.67

注：Geweke检验在5%的水平下临界值为1.96，在1%的水平下临界值为2.56。

在得到 MCMC 估计的时变模型参数后，便可计算出各个时点的脉冲响应值。为了便于找到脉冲响应的时变规律，我们还找出了各个时点的最大脉冲响应及达到最大脉冲响应所需滞后期数。四个宏观经济变量(经济增长率、利率、宏观杠杆和税收)在样本期内对股价泡沫冲击的时变脉冲响应如图 6.2.1 至图 6.2.4 所示。其中，图 6.2.1 至图 6.2.4 的(a)描述了不同时点不同滞后期下一单位正向股价泡沫冲击对各经济变量的时变影响，图 6.2.1 至图 6.2.4 的(b)给出了每个时点的最大脉冲响应以及达到最大脉冲响应所需的滞后期数。从图 6.2.1 至图 6.2.4 的(a)来看，各经济变量对股价泡沫冲击的响应无论短期还是长期，时变特性均十分明显，除利率外，各经济变量的脉冲响应函数短期内时变性更强，长期逐渐趋于不同的水平，且达到稳定所需的滞后期数在不同经济环境下也有差异；从图 6.2.1 至图 6.2.4 的(b)来看，各经济变量对股价泡沫冲击达到最大响应所需滞后期数在不同时点上均有所不同，且最大脉冲响应均表现出很强的时变特征。

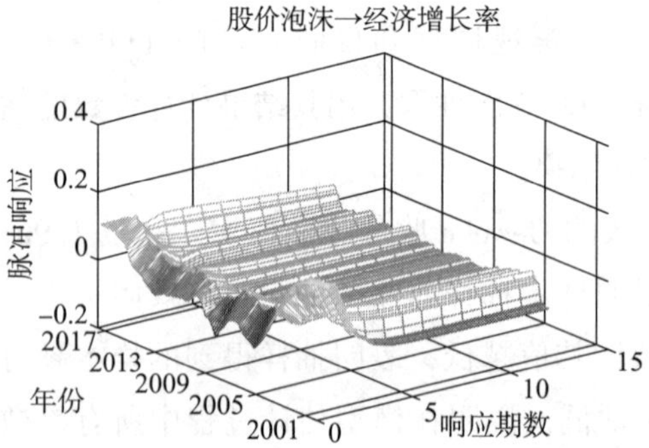

(a)

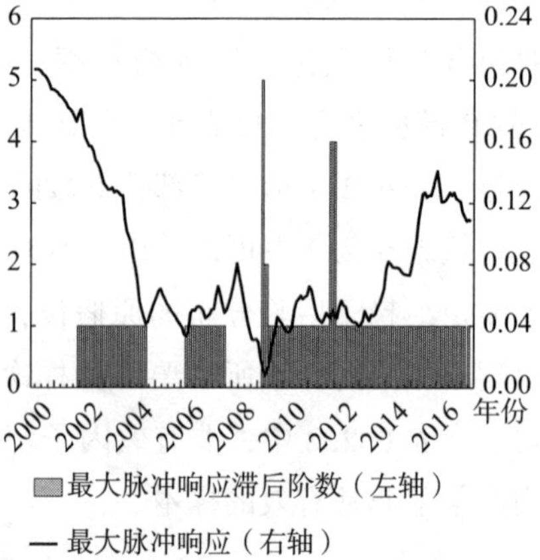

(b)

图 6.2.1　经济增长率对股价泡沫冲击的时变脉冲响应

由图 6.2.1(a)可知，在不同时点上对股价泡沫施加冲击，经济增长率的脉冲响应有正有负，这很好地验证了 6.1 节资产价格泡沫既可能促进经济增长又可能阻碍经济增长的结论。虽然经济增长率对股价泡沫冲击的脉冲响应具有很强的时变特征，但仍有一定的规律，只是响应程度因时期的不同而不同。具体而言，从不同滞后期来看，经济增长率对股价泡沫冲击当期就有较大响应，随后响应值在滞后 1 期整体变大，于滞后 2 期变小，大部分时期响应值从滞后 3 期或 4 期开始稳定于 0 附近(正负均有)。从不同时点来看，股价泡沫冲击对经济增长率的当期影响在 2000 年到 2004 年、2009 年以及 2014 年下半年到 2017 年 5 月为正，其他时间为负；股价泡沫冲击对经济增长率的长期稳定影响大部分为负，在 2011 年下半年、2015 年下半年，这种长期负向作用尤其明显，但在 2001 年以及 2017 年，长期作用为正。以上说明，无论长期还是短期，股价泡沫对经济增长率的冲击效应方向均是不确定的。样本初期股价泡沫对经济增长率的正向作用可能是因为，21 世纪初是我国经济高速发展的起步阶段，适度的股价泡沫激发了经济的活力，加快了经济增长速度。但是，股价过度泡沫会加大市场不稳定的可能性，泡沫的破裂会带来市场悲观的信息，阻碍经济发展。受 2011 年欧洲主权债务危机和 2015 年下半年股灾影响，这种阻碍经济增长的作用加强，这点在图中得到了很好的体现。

由图 6. 2. 1(b)可知，经济增长率对股价泡沫冲击的最大脉冲响应均为正，但随着时间的推移有明显变化：在 2000 年到 2006 年上半年有下降趋势，在 2006 年下半年有短暂上升，在 2008 年中期达到局部最大后又有所下降，之后不断调整上升，在 2014 年到 2015 年上半年股市牛市期间，该最大脉冲响应有较大幅度上升，于 2015 年底达到局部最大，从 2016 年开始又有所下降。以上说明，除样本初期股权分置改革的特殊阶段外，两轮牛市期间较高的股价泡沫冲击对经济增长率的影响局部最大，后受股价大幅下降的冲击，影响也有所下降。股价泡沫冲击对经济增长率的影响大部分时间在当期或滞后 1 期已经达到最大，只有在 2009 年初以及 2011 年底，才在滞后 4~5 期达到最大，这主要是因为受到金融危机的影响。

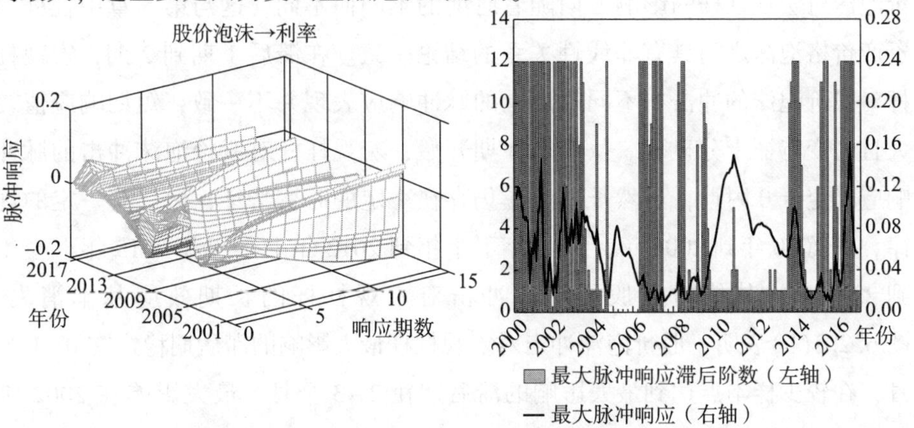

(a)　　　　(b)

图 6. 2. 2　利率对股价泡沫冲击的时变脉冲响应

从图 6.2.2(a)中可以看出，利率对股价泡沫冲击的响应在方向和趋势上均有所不同。首先，从滞后期来看，对于一单位股价泡沫的正向冲击，无论是短期响应还是长期响应，均具有明显的时变特征；直到滞后 12 期，仍存在明显的正向或负向响应，说明股价泡沫冲击对利率影响的滞后性更为明显。其次，从不同时点来看，2006 年下半年到 2008 年、2014 年下半年到 2015 年上半年，利率对股价泡沫冲击的长期和短期响应较弱，稳定地接近于 0，说明股价泡沫冲击在此期间对利率影响的效率较低。可能的原因是，2008 年受金融危机影响，经济的低迷导致银行间同业拆借市场面临严峻风险，投资者缺乏投资积极性，加之我国政府 2008 年实施的“4 万亿投资”政策使市场拥有其他渠道的流通资金，使得银行间同业拆借市场价格的变化对股价泡沫的响应消失。这说明金融危机期间股价泡沫对利率的作用较小。此外，结合图 6.2.2(b)可知，在样本期内，超过一半时期，利率对股价泡沫冲击达到最大响应的滞后期为 12，说明利率对股价泡沫冲击的反应缓慢。利率对股价泡沫冲击的最大脉冲响应在 2006 下半年到 2008 年以及 2014 年下半年到 2015 年上半年持续较低，维持在 0.4 以下，在 2011 年到 2012 年有明显的大幅下降，再次说明，金融危机、牛市阶段以及股价大幅下跌的股灾期间，利率对股价泡沫变化的敏感性极低。

图 6.2.3(a)表明，宏观杠杆对股价泡沫冲击的当期响应有正有负，在 2004 年到 2007 年初和 2007 年下半年到 2009 年为正，其他时点为负，说明股价泡沫对宏观杠杆的影响方向随着时期的不同而不同，这与第 5 章中杠杆与资产价格泡沫之间具有非线性关系的结论一致。在滞后 1 期到 2 期，宏观杠杆对股价泡沫的冲击在不同时点上的脉冲响应表现并不一致，短期响应值较大且时变特征十分显著。从滞后 3 期开始，宏观杠杆对股价泡沫冲击的脉冲响应稳定于 0 附近，虽然长期效应仍存在一定的时变特征，但具有一定的规律，除 2000 年到 2002 年、2011 年下半年到 2012 年上半年和 2015 年下半年到 2017 年，其他时点股价泡沫冲击对宏观杠杆的长期效应基本消失。图 6.2.3(b)表明，股价泡沫冲击对宏观杠杆最大影响的滞后期稳定在 0~1 个月，在较少样本点达到最大影响的滞后期在 2~3 个月。最大影响在 2002 年初、2008 年底、2011 年下半年到 2012 年上半年以及 2015 年底的时候最为突出，且在这些时期当期就达到最大影响，说明经历了股价大幅下跌之后，

在市场信息调整阶段，较小的股价泡沫变动就会引起较大的投资动力，杠杆变化幅度相应较大。股价泡沫对宏观杠杆的最大冲击效应比较突出的时期恰好对应股价泡沫对宏观杠杆的长期效应没有消失的时期，这说明在股价大跌之后的调整阶段，股价泡沫冲击对宏观杠杆的影响较其他时期更为迅速和显著。

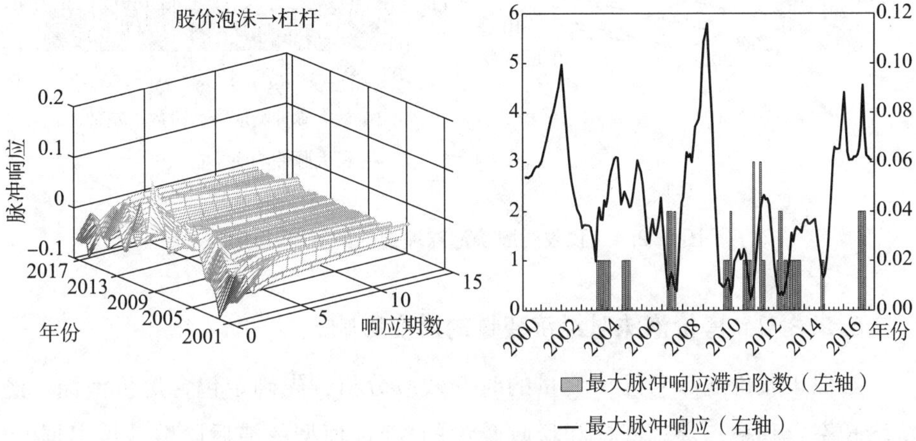

(a)　　(b)

图 6. 2. 3　宏观杠杆对股价泡沫冲击的时变脉冲响应

从图 6. 2. 4(a)中可以看出，在 2003 年到 2011 年和 2014 年到 2016 年上半年，股价泡沫冲击对税收的影响无论短期还是长期均不明显，在 2000 年到 2002 年、2012 年到 2013 年，税收对股价泡沫冲击的脉冲响应无论在短期还是长期均为较高的正值，说明此阶段股价泡沫的增加会引起税收的增加，但是在 2016 年下半年到 2017 年，税收对股价泡沫冲击的脉冲响应在当期为正，随后下降，从滞后 2 期开始稳定于负值，说明此阶段股价泡沫增加会引起滞后 2 期税收的减少。从图 6. 2. 4(b)中可以看出，大部分时点税收对股价泡沫冲击的脉冲响应在当期和滞后 1 期就可以达到最大值，且最大脉冲响应也会随时间的推移而改变，在 2003 年到 2011 年以及 2014 年下半年到 2016 年上半年最大脉冲响应的波动幅度较小，在 2000 年到 2002 年、2012 年到 2013 年和 2016 年下半年到 2017 年最大脉冲响应均有局部波峰出现。

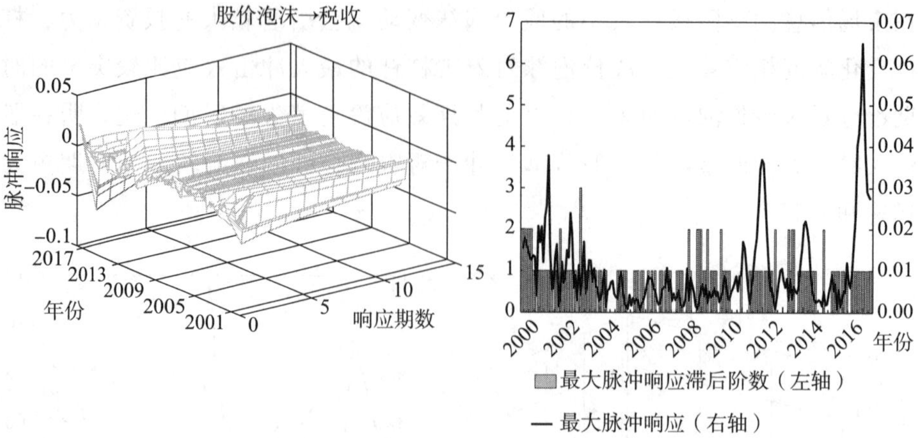

(a) (b)

图 6.2.4　税收对股价泡沫冲击的时变脉冲响应

6.2.3.2　房价泡沫对经济变量的时变影响

类似于股价泡沫对经济变量的时变效应分析，先确定包含房价泡沫、经济增长率、利率、宏观杠杆和税收政策的 VAR 模型的滞后阶数，再根据 SC 准则选择最优滞后阶数为 1。采用 MCMC 方法对房价泡沫与经济变量构成的 TVP-SV-SVAR 模型进行参数估计，MCMC 抽样次数为 10000 次，参数估计的结果见表 6.2.3。从表 6.2.3 中可以看出，在 95% 的置信水平下，基于 Geweke 统计量均不能拒绝趋于后验分布的原假设，表明抽样样本是收敛的。非有效因子都非常低，最大仅为 128.18，表明在模型估计过程中所有参数均产生了非常有效的样本。

表 6.2.3　房价泡沫经济效应的参数估计结果

参数	均值	标准差	95%置信区间	Geweke	非有效性(Inefficiency)
$(\Sigma_\beta)_1$	0.0023	0.0003	[0.0019, 0.0028]	0.819	14.18
$(\Sigma_\beta)_2$	0.0023	0.0003	[0.0018, 0.0029]	0.679	10.44
$(\Sigma_\alpha)_1$	0.0047	0.0011	[0.0031, 0.0071]	0.095	30.10
$(\Sigma_\alpha)_2$	0.0045	0.0009	[0.0030, 0.1056]	0.307	33.28
$(\Sigma_h)_1$	0.0505	0.0213	[0.0036, 0.0139]	0.035	128.18
$(\Sigma_h)_2$	0.0066	0.0026	[0.1036, 0.4145]	0.154	101.76

注：Geweke 检验在 5%的水平下临界值为 1.96，在 1%的水平下临界值为 2.56。

经济增长率、利率、宏观杠杆和税收在样本期内对房价泡沫冲击的时变脉冲响应见图 6.2.5 至图 6.2.8。图 6.2.5 至图 6.2.8 的(a)刻画了各个经济变量在不同时点不同滞后期对一单位正向房价泡沫冲击的脉冲响应，图 6.2.5 至图 6.2.8 的(b)给出了每个时点的最大脉冲响应以及达到最大脉冲响应所需的滞后期数。图 6.2.5 至图 6.2.8 的(a)表明，无论在短期内还是长期内，房价泡沫对经济增长率、利率、宏观杠杆和税收冲击效应的时变特性均十分显著。与股价泡沫冲击类似，除利率外，各经济变量对房价泡沫冲击的脉冲响应在短期内时变性更强。从长期来看，各经济变量对房价泡沫冲击的脉冲响应逐渐趋于不同的稳定水平，且达到稳定所需的滞后期数在不同经济环境下有所不同。图 6.2.5 至图 6.2.8 的(b)表明，在不同的时点上，房价泡沫对经济增长率、利率、宏观杠杆和税收的冲击效应达到最大时经历的滞后期不同，且对应的最大冲击效应具有随时间波动的特征。

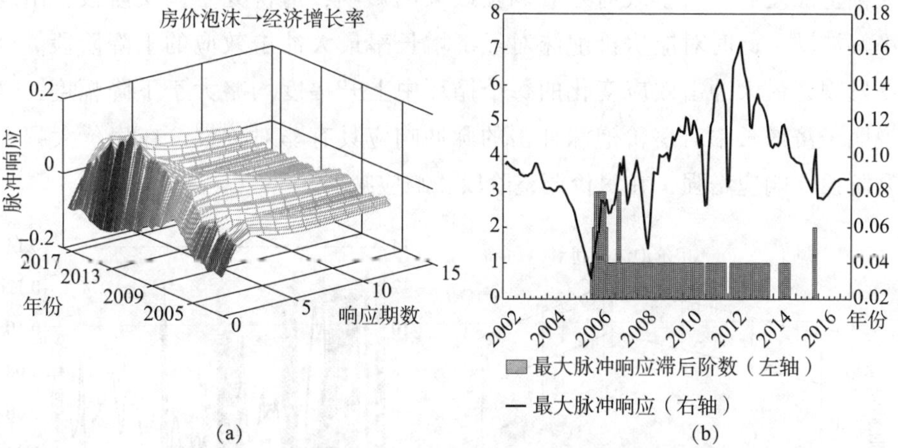

(a)　　(b)

图 6.2.5　经济增长率对房价泡沫冲击的时变脉冲响应

由图 6.2.5(a)可知，经济增长率对房价泡沫冲击脉冲响应的时变特征具有一定的规律。首先，样本期内各时点经济增长率对房价泡沫冲击的脉冲响应当期均表现为负值，但在 2002 年到 2005 年以及 2011 年到 2017 年，该负值绝对值较大，说明此阶段房价泡沫对经济增长率的负向影响较大，而在 2006 年到 2010 年，房价泡沫对经济增长率的负向影响较小；各时点经济增长率对房价泡沫冲击的脉冲响应在滞后 1 期均有所上升，除 2017 年以外，其他时点的脉冲响应在滞后 1 期已经变为正值；随后脉冲响应经过小幅调整逐渐趋于稳定，但不同时点趋于稳定所需滞后期数不同，在2006年下半年到2008年底和2015年下半年到2016年下半年大约滞后7个月，脉冲响应才能趋于稳定，其他时点则滞后2~4个月便可趋于稳定；大部分时点经济增长率对房价泡沫冲击的脉冲响应长期稳定于大于0的正值。综上所述，房价泡沫对经济增长率当期具有负向作用，长期则主要表现为正向作用。

由图6.2.5(b)可知，在2006年到2008年上半年、2009年到2010年上半年、2011年上半年、2012年底以及2016年底，经济增长率对房价泡沫冲击的最大脉冲响应均有上升趋势，其他时间则以下降趋势为主，且上升幅度大于下降幅度。事实上，从图3.3.5中就可以看出，我国房价在2005年到2006年、2009年到2010年上半年、2011年上半年、2012年底以及2015年底到2017年有过几次大幅度的迅速上涨，房价泡沫在这几个阶段也持续较高，这正好对应了房价泡沫对经济增长率最大冲击效应的上升阶段。当房价迅速大幅上涨之后，由于政府宏观调控政策的影响，房价处于调整阶段，出现小幅波动，此时对应房价泡沫对经济增长率最大冲击效应的下降阶段。容易发现，最大冲击效应变化的每个循环中上升幅度均略大于下降幅度，这说明经济增长率对房价泡沫冲击的脉冲响应具有非对称性，在房价大幅上升阶段，响应增强，在房价调整阶段，响应减弱。

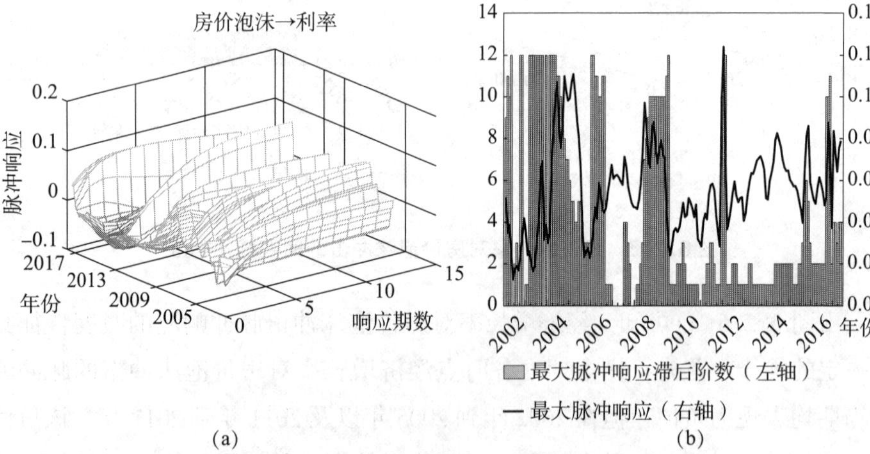

图6.2.6　利率对房价泡沫冲击的时变脉冲响应

从图6.2.6(a)中可以看出，同股价泡沫冲击类似，利率对房价泡沫冲击的脉冲响应无论在短期内还是在长期内均具有明显的时变特征，在某些时点甚至直到滞后 12 期仍具有明显大于 0 或者小于 0 的响应值，说明房价泡沫对利率的冲击效应也具有明显的时滞性。这一点在图 6.2.6(b)中也得到了很好的体现。在图 6.2.6(b)中，利率对房价泡沫冲击达到最大脉冲响应所需的滞后阶数在大部分时点为 12 个月，所需 4~11 个月的时点也比较多。相对于其他时间，在 2007 年上半年到 2008 年上半年、2010 年到 2011 年以及 2012 年到 2016 年上半年，房价泡沫对利率冲击效应的时滞性有一定减弱，大部分经过滞后 2~4 期冲击效应已经逐渐消失，且这两个阶段达到最大冲击效应所需滞后期也较短，对应的最大脉冲响应也相对较弱。事实上，这三个阶段是房价高峰后的调整阶段。在 2003 年到 2005 年、2009 年到 2010 年以及 2016 年底，房价快速上涨，利率对房价泡沫冲击的响应时滞较长，对应的脉冲响应为较强的正值，最大脉冲响应比较大。以上说明，房价泡沫在房价快速上涨阶段对利率的影响更加持久和显著，且为正向影响，在房价调整阶段对利率的影响时间较短，效果较弱，且作用方向不稳定。

图 6.2.7(a)表明，宏观杠杆对房价泡沫冲击的当期脉冲响应有正有负，在 2011 年下半年到 2015 年为较大的负值，其他时间则在 0 附近较小范围内波动，说明房价泡沫对宏观杠杆的冲击效应会随时间的推移而有所不同，与股价泡沫类似，很好地验证了第 5 章中杠杆与资产价格泡沫之间具有非线性关系的结论。在滞后期内，宏观杠杆对房价泡沫冲击在不同时点上的脉冲响应表现并不一致，2011 年下半年到 2015 年滞后 1 期的脉冲响应上升到 0 以上，从滞后 2 期开始减小逐渐趋于稳定，其他时期则经过滞后 2~3 期的震荡逐渐趋于稳定。

图 6.2.7(b)表明，房价泡沫冲击对宏观杠杆最大影响的滞后期在 2010 年之前以及 2015 年下半年之后分布在 0~7 个月，而在 2010 年到 2015 年初之间，房价泡沫对宏观杠杆当期就呈现出最大冲击效应，且此阶段对应的最大冲击效应也较显著。图 6.2.7(a)表明，在 2011 年下半年到 2015 年宏观杠杆对房价泡沫的响应迅速。事实上，2009 年到 2010 年是房价上涨的高峰时期，2016 年下半年部分二线城市房价的迅速上涨也拉动了整体房价的上升，2011 年下半年到 2015 年恰好处于两次明显上涨期之间。结合图 6.2.7，我们可以得出结论，在房价调整阶段，房价泡沫冲击对宏观杠杆的影响比其他时期更为显著。这与股价泡沫对宏观杠杆的影响类似。

由图 6.2.8(a)可知，2007 年底到 2009 年上半年以及 2012 年底，税收对

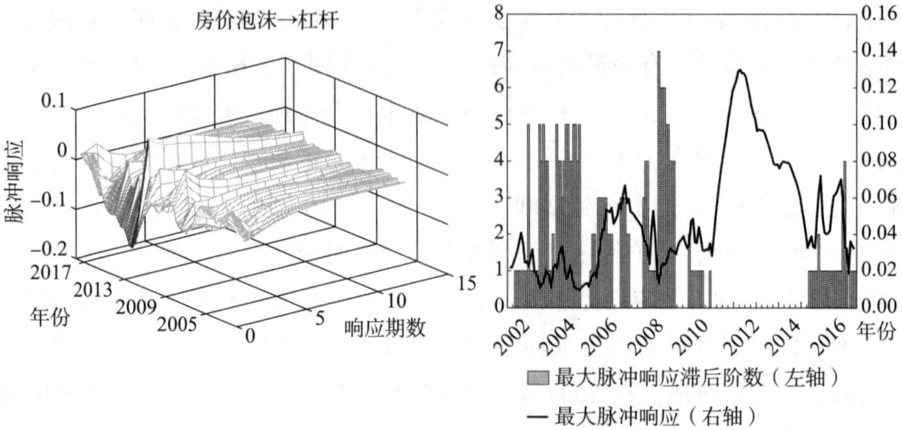

(a)　　　　(b)

图 6.2.7　宏观杠杆对房价泡沫冲击的时变脉冲响应

房价泡沫冲击的脉冲响应无论在短期内还是长期内均为较高的正值，说明此阶段房价泡沫的增加会引起税收的增加。其他时期房价泡沫冲击对税收的影响无论在短期内还是长期内均不明显。从图 6. 2. 8(b) 中可以看出，大部分时期税收对股价泡沫冲击的脉冲响应在当期和滞后 1~3 期就可以达到最大值，少数时点需要经历 4~10 期才可以达到最大值。税收对房价泡沫冲击的最大脉冲响应也会随时间改变，在 2011 年底到 2012 年初具有样本期内最大脉冲响应极大值。观察房价泡沫的走势可知，房价泡沫在 2011 年底到 2012 年上半年比 2009 年到 2010 年有较大收缩，加之欧洲主权债务危机的影响，此阶段国家税收明显减少，因此出现了图 6. 2. 8(a) 中房价泡沫对税收的明显的正向冲击效应。此外，在 2006 年到 2007 年上半年、2008 年到 2009 年、2011 年上半年、2014 年初以及 2016 年底到 2017 年初，最大脉冲响应的波动幅度较大，其他时间最大脉冲响应的波动幅度较小。结合图 3. 3. 5 房价泡沫的走势可知，房价泡沫膨胀幅度会影响其对税收的冲击效应，膨胀幅度的加大使其对税收冲击的效应更加显著。

综上所述，资产价格泡沫(包括股价泡沫和房价泡沫)对经济增长率、利率、宏观杠杆和税收的影响效应均不是固定不变的，而是随着时间的推移而改变，且表现出与所处经济金融环境相对应的客观规律，这为监控资产价格泡沫的经济效应提供了一定的依据。

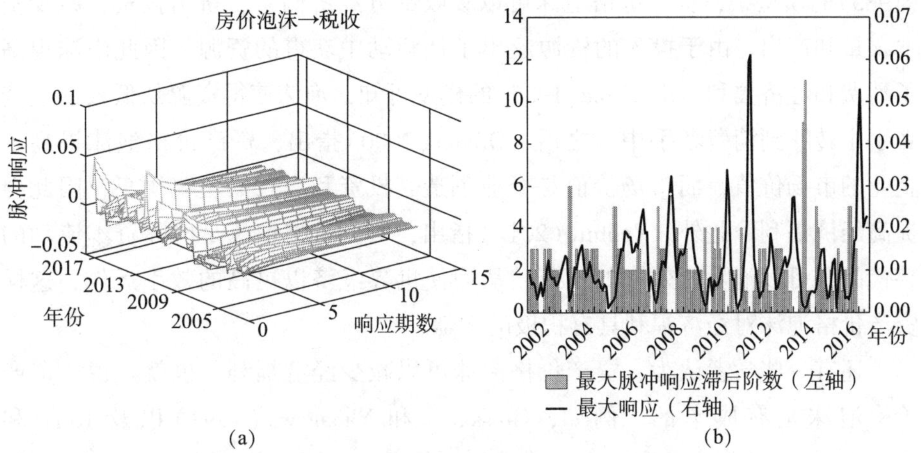

图 6.2.8　税收对房价泡沫冲击的时变脉冲响应

6.3　资产价格泡沫对经济福利的预测效应

上节我们分析了资产价格泡沫对一些宏观经济变量的时变效应。资产价格泡沫的经济效应还体现在对投资、消费、失业率等经济福利的影响上（Jerzmanowski 和 Nabar，2008；Hashimoto，2016）。历史上最近一次见证资产价格泡沫对经济福利的影响是 2008 年由美国房地产泡沫引发的全球金融危机，资产价格泡沫的高回报性煽动投资者在泡沫期间投资，同时也给他们带来了巨大的财富风险。本节将研究资产价格泡沫能否预测经济福利。这里参考 Narayan、Sharma 和 Phan（2016）的观点，将经济福利定义为反映个人或团体繁荣程度和生活水平的指标，也可理解为通过获得物质产品和服务实现的个人或团体效用。

6.3.1　资产价格泡沫对经济福利作用的理论分析

关于资产价格泡沫和经济福利关系的研究已经有很多理论模型，但是结论却不一致。一些学者认为，资产价格泡沫可以提高经济福利。例如，Samuelson（1958）开创性地研究了资产价格泡沫与经济福利之间的关系，指出泡沫可以完善市场的完全性，因此有利于提高经济福利；Tirole（1985）支持 Samuelson（1958）的观点，认为资产价格泡沫可以消除低效的投资。在 Tirole

(1985)的模型中，资产价格泡沫可以吸收部分经济储蓄，挤出投资，减少资本存量和产出。由于投入的资源超出了从活动中获得的资源，因此泡沫提高了消费和经济福利。由Tirole(1985)的模型可知，泡沫使得资源从低效的投资者手中转移到消费者手中。之后，Olivier(2000)指出，资产价格泡沫提高了企业的市场价值，而市场价值是企业创造、投资和增长的主要源泉，因此会提高经济福利。此外，Ventura(2012)指出，资产价格泡沫是国际资本流动的替代品，可以消除低效率的投资，从而使世界经济以更高的效率运作，这样资产价格泡沫对经济福利具有积极的贡献。

还有一些学者认为，资产价格泡沫可以减少经济福利，也就是说，资产价格泡沫是有成本的。例如，Grossman 和 Yanagawa(1993)以及 King 和 Ferguson(1993)指出，在资本有限的经济体系中，资产价格泡沫将挤出储蓄，减少用于生产的资本，从而抑制经济增长、降低福利。此外，Chauvin、Laibson 和 Mollerstrom(2011)构建了连续时间下的小型开放经济模型，设定两种与消费相关的福利成本，一种是主动资产交易驱动的消费波动，另一种是被动资产所有权驱动的消费波动，他们使用美国数据校准模型，通过分析指出，国家消费的资产价格泡沫成本维持在3%左右。

与上面两种观点不同，Narayan、Sharma 和 Phan(2016)利用时间序列模型进行分析后认为，资产价格泡沫对经济福利同时具有正向和负向的预测作用，并指出资产价格泡沫使经济福利增强的证据更有说服力。

综上所述，资产价格泡沫的经济福利效应研究结论并不一致，因此我们有必要从更广泛的角度来分析。本节从分位数角度着手，采用分位数格兰杰因果检验和分位数预测模型来检验资产价格泡沫对经济福利的预测效应。

6.3.2 资产价格泡沫对经济福利的分位数格兰杰因果检验

6.3.2.1 实证方法

我们利用 Balcilar 等(2016a，2016b)提出的分位数格兰杰因果检验来检验资产价格泡沫和经济福利之间的非线性因果关系。用 B_t 表示资产价格泡沫，用 W_t 表示经济福利。根据 Jeong 等(2012)的观点，在 θ 分位数上资产价格泡沫 B_t 不能格兰杰引起经济福利 W_t 的原假设意味着：

$$Q_\theta\{W_t \mid W_{t-1}, \cdots, W_{t-p}, B_{t-1}, \cdots, B_{t-p}\} = Q_\theta\{W_t \mid W_{t-1}, \cdots, W_{t-p}\} \tag{6.3.1}$$

其中，$Q_\theta\{W_t \mid \cdot\}$是经济福利 W_t 的 θ 分位数，主要依赖时间 t 和 $0<\theta<1$。拒绝原假设意味着资产价格泡沫 B_t 的滞后值在 θ 分位数上会影响经济福利 W_t。根据 Balcilar 等(2016a，2016b)、Jeong 等(2012)的检验可以扩展到二阶矩上，我们可以同时检验资产价格泡沫和经济福利在均值和方差上的因果关系。实证过程主要参考 Nishiyama 等(2011)的非参数检验方法①，其过程主要涉及三个重要参数的选择，分别是宽度 h、滞后阶数 p 以及 $K(\cdot)$和 $L(\cdot)$分布的核类型。本节采用最小二乘交叉验证来选择宽度，根据包含资产价格泡沫和经济福利的 VAR 下施瓦茨信息准则(SIC)确定滞后阶数，而 $K(\cdot)$和 $L(\cdot)$的分布使用了高斯型的内核。

6.3.2.2　变量说明与数据选择

关于经济福利，参考 Narayan、Sharma 和 Phan(2016)的研究，并根据数据的可得性，我们主要考虑五个经济福利的代理指标，分别是实际 GDP、国家财政支出、货物与服务出口、货物与服务进口以及失业率。数据来源于同花顺数据库。由于这五个指标的数据是季度数据，对其进行季节调整之后进行了频率转换，转换为月度数据。对这五个指标取对数，以消除数据量纲影响。资产价格泡沫仍然以股价泡沫和房价泡沫为代表。根据数据的可得性，研究股价泡沫对实际 GDP、国家财政支出、货物与服务出口、货物与服务进口的预测效应时采用的样本区间是 1998 年 5 月到 2007 年 5 月，研究股价泡沫对失业率的预测效应时采用的样本区间是 2002 年 1 月到 2017 年 5 月，研究房价泡沫对各经济福利指标的预测效应时采用的样本区间也是 2002 年 1 月到 2017 年 5 月。

对各研究变量在相应的研究区间内进行单位根检验②，结果显示，股价泡沫、房价泡沫和失业率在各自区间内均是平稳的，实际 GDP、国家财政支出、货物与服务出口、货物与服务进口均是一阶平稳的，因此，在实证分析中，对经济福利的这四个指标均采用其一阶差分序列。

6.3.2.3　实证结果分析

为了便于比较，我们首先给出资产价格泡沫对各经济福利指标的线性格

① 具体的实证步骤这里不再赘述，参考 Balcilar 等(2016a，2016b)的研究。

② 此处未列示单位根检验的结果。

兰杰因果检验的结果，见表6.3.1。从表6.3.1中可以看出，在5%的水平下，股价泡沫是实际GDP的格兰杰原因。但是，股价泡沫不是国家财政支出、货物与服务出口、货物与服务进口以及失业率的格兰杰原因。在10%的水平下，房价泡沫能够格兰杰引起实际GDP及货物与服务出口，但是不能格兰杰引起国家财政支出、货物与服务进口以及失业率。综上所述，股价泡沫和房价泡沫对实际GDP的影响都是显著的，对其他变量的影响却不明显。

表6.3.1 资产价格泡沫与经济福利的线性格兰杰因果检验

原假设	检验统计量	p 值
(a)股价泡沫与经济福利		
股价泡沫≠>GDP	4.063**	0.019
股价泡沫≠>国家财政支出	0.040	0.961
股价泡沫≠>货物与服务出口	0.869	0.421
股价泡沫≠>货物与服务进口	0.287	0.751
股价泡沫≠>失业率	0.846	0.431
(b)房价泡沫与经济福利		
房价泡沫≠>GDP	2.798*	0.063
房价泡沫≠>国家财政支出	0.164	0.849
房价泡沫≠>货物与服务出口	2.997*	0.052
房价泡沫≠>货物与服务进口	1.852	0.160
房价泡沫≠>失业率	1.486	0.229

注：*、**分别表示在10%、5%的水平下显著。

下面对资产价格泡沫和各经济福利指标之间的线性关系进行检验。首先根据资产价格泡沫和各经济变量分别对应组成的两变量VAR模型产生各经济变量的残差项，然后采用BDS检验来检测资产价格泡沫与经济福利之间的非线性关系，结果见表6.3.2。各经济福利残差项的BDS统计量及p值表明，股价泡沫和房价泡沫对各经济福利变量的作用均存在一定的非线性特征。这说明基于线性VAR模型的格兰杰因果检验结果可能是不可靠的，需要进一步检验和分析。

参考Andrews(1993)、Andrews和Ploberger(1994)的研究成果，对资产价格泡沫和各经济福利指标之间线性VAR系统的参数稳定性进行检验。这里我们关注资产价格泡沫对经济福利指标的预测效果，因此只报告GDP方程、国家财政支出方程、货物与服务出口方程、货物与服务进口方程以及失业率方程中参数稳定性检验的结果，见表 6.3.3。L_c 检验统计量[见表 6.3.3(a)]表明，除失业率方程外，在 5%的水平下 L_c 统计量均拒绝了 GDP 方程、国家财政支出方程、货物与服务出口方程、货物与服务进口方程中参数长期稳定的原假设。此外，在 1%的水平下，*Sup-F*、*Mean-F*、*Exp-F* 统计量均拒绝了各经济福利变量方程中参数短期稳定性的原假设，说明参数会随时间改变，具有不稳定性。在房价泡沫与各经济福利的关系中，L_c 检验统计量[见表 3.3(b)]表明，在 1%的水平下，货物与服务出口、货物与服务进口方程中的参数长期不稳定，GDP 方程、国家财政支出方程和失业率方程中的参数则具有长期稳定性。但是，检验参数短期稳定性的 *Sup-F*、*Mean-F*、*Exp-F* 统计量表明，在 1%的水平下，各经济福利方程中的参数在短期内均是不稳定的，可能随着时间推移而缓慢改变，或者发生跳跃性变化。综上所述，股价泡沫和房价泡沫对经济福利的影响均可能存在结构性突变，因此，有必要采用非线性方法对其进行深一步的探讨。

表 6.3.2　资产价格泡沫与经济福利非线性关系的 BDS 检验

	BDS 检验结果				
	2	3	4	5	6
股价泡沫≠>GDP					
GDP 残差	3.149*** (0.002)	3.653*** (0.000)	4.278*** (0.000)	4.048*** (0.000)	3.728*** (0.000)
股价泡沫≠>国家财政支出					
国家财政支出残差	3.056*** (0.002)	3.935*** (0.000)	4.080*** (0.000)	3.995*** (0.000)	3.600*** (0.000)
股价泡沫≠>货物与服务出口					
货物与服务出口残差	9.570*** (0.000)	8.883*** (0.000)	9.121*** (0.000)	8.824*** (0.000)	8.594*** (0.000)
股价泡沫≠>货物与服务进口					
货物与服务进口残差	5.660*** (0.000)	7.195*** (0.000)	9.567*** (0.000)	10.991*** (0.000)	11.915*** (0.000)
股价泡沫≠>失业率					
失业率残差	1.982** (0.047)	2.523*** (0.012)	3.851*** (0.000)	5.058*** (0.000)	5.542*** (0.000)

续表

	BDS 检验结果				
	2	3	4	5	6
房价泡沫≠>GDP					
GDP 残差	2.263** (0.024)	1.862* (0.063)	1.530 (0.126)	0.354 (0.724)	0.194 (0.846)
房价泡沫≠>国家财政支出					
国家财政支出残差	3.701*** (0.000)	3.638*** (0.000)	3.685*** (0.000)	3.557*** (0.000)	3.044*** (0.002)
房价泡沫≠>货物与服务出口					
货物与服务出口残差	10.073*** (0.000)	9.281*** (0.000)	8.901*** (0.000)	8.593*** (0.000)	8.162*** (0.000)
房价泡沫≠>货物与服务进口					
货物与服务进口残差	8.525*** (0.000)	9.605*** (0.000)	11.343*** (0.000)	12.664*** (0.000)	13.492*** (0.000)
房价泡沫≠>失业率					
失业率残差	0.668 (0.504)	1.554 (0.120)	2.476** (0.013)	3.900*** (0.000)	4.772*** (0.000)

注：括号内为 p 值。*、**、***分别表示在 10%、5%和 1%的水平下显著。

表 6.3.3 包含资产价格泡沫与经济福利的 VAR 稳定性检验

	Sup-F	*Mean-F*	*Exp-F*	L_c
(a)股价泡沫与经济福利				
GDP 方程	42.089*** (0.000)	24.045*** (0.000)	17.872*** (0.000)	2.004** (0.035)
国家财政支出方程	108.673*** (0.000)	37.700*** (0.000)	49.679*** (0.000)	3.015** (0.023)
货物与服务出口方程	168.361*** (0.000)	75.450*** (0.000)	80.428*** (0.000)	2.082*** (0.005)
货物与服务进口方程	320.744*** (0.000)	163.116*** (0.000)	156.026*** (0.000)	1.914*** (0.009)
失业率方程	50.192*** (0.000)	11.506*** (0.000)	20.951*** (0.000)	0.748 (0.443)
(b)房价泡沫与经济福利				
GDP 方程	95.195*** (0.000)	40.031*** (0.000)	42.759*** (0.000)	2.949 (0.203)

续表

	Sup-F	Mean-F	Exp-F	L_c
国家财政支出方程	41.800*** (0.002)	15.590 (0.202)	16.867*** (0.003)	1.432 (0.558)
货物与服务出口方程	115.419*** (0.000)	65.762*** (0.000)	52.850*** (0.000)	2.589*** (0.005)
货物与服务进口方程	231.948*** (0.000)	143.196*** (0.000)	111.107*** (0.000)	2.487*** (0.005)
失业率方程	111.922*** (0.000)	34.972*** (0.000)	51.133*** (0.000)	2.154 (0.481)

注：括号内为 p 值。**、***分别表示在5%和1%的水平下显著。

考虑到资产价格泡沫对经济福利影响的非线性特征以及参数的不稳定性，我们采用分位数因果检验方法考察资产价格泡沫对经济福利的预测效应，结果如图 6.3.1 和图 6.3.2 所示。图 6.3.1 刻画了股价泡沫在各分位数上在均值和方差上对各经济福利变量的格兰杰影响。图 6.3.2 描述了房价泡沫在各分位数上在均值和方差上对各经济福利变量的格兰杰影响。

图 6.3.1(a)表明，与线性格兰杰因果检验结果类似，在 5%的水平下，在均值和方差水平上，各分位数上均不能拒绝股价泡沫是实际 GDP 的格兰杰原因的原假设，说明在整个分位数区间上，股价泡沫均能够很好地预测实际 GDP 的变化。由图 6.3.1(b)(c)(d)可知，在 5%的水平下，在均值水平上，各分位数上股价泡沫均能够格兰杰引起国家财政支出、货物与服务出口、货物与服务进口；但是，在方差水平上，股价泡沫对国家财政支出、货物与服务出口、货物与服务进口的预测能力随着分位数水平的不同而不同，但存在一致的规律，即在两端分位点处，股价泡沫能够格兰杰引起国家财政支出、货物与服务出口、货物与服务进口，但是在中间分位点区间，股价泡沫却不是国家财政支出、货物与服务出口、货物与服务进口的格兰杰原因。以上说明，股价泡沫对国家财政支出及货物与服务进出口的预测能力在极端情况下更为显著。图 6.3.1(e)表明，与实际 GDP 类似，在 5%的水平下，无论是均值水平还是方差水平，股价泡沫在各分位点上对失业率均有很好的预测能力。

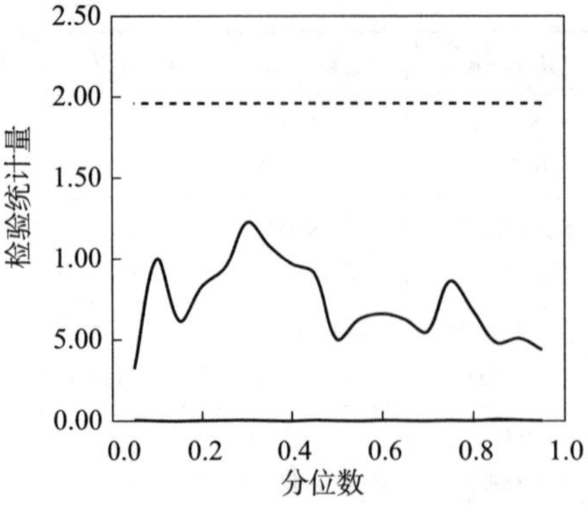

（a）股价泡沫→GDP

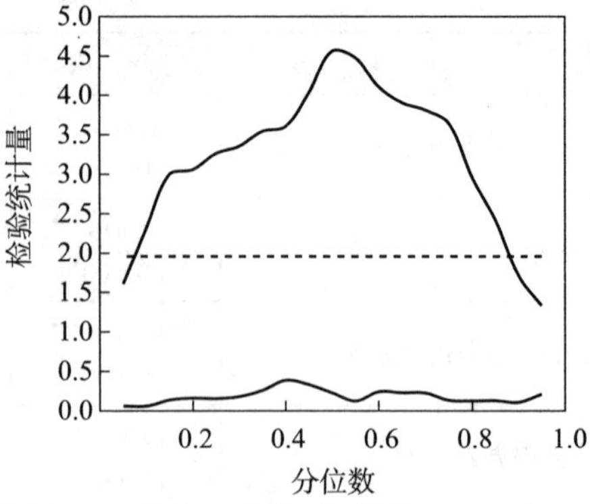

（b）股价泡沫→国家财政支出

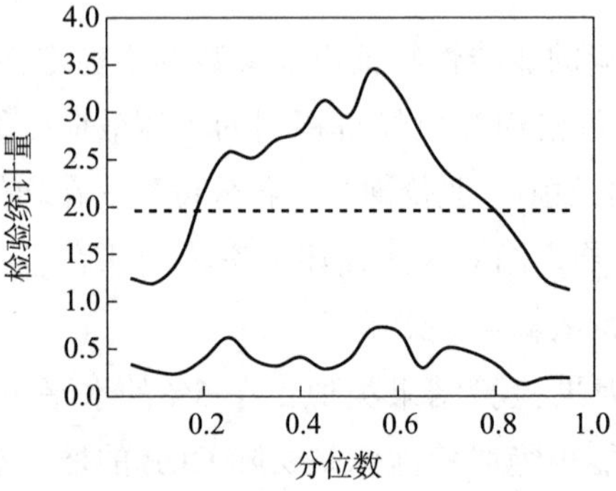

（c）股价泡沫→货物和服务出口

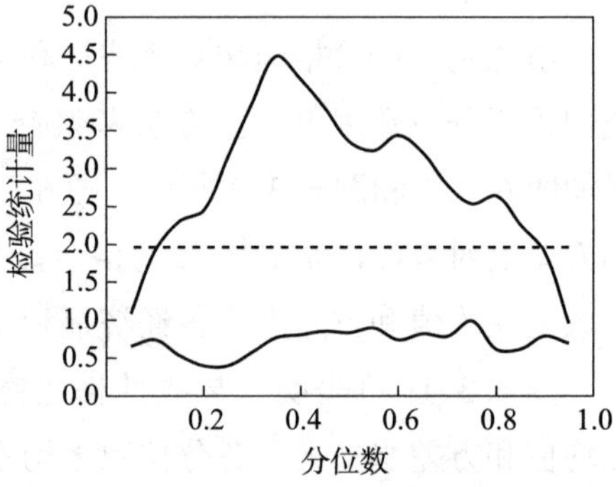

（d）股价泡沫→货物和服务进口

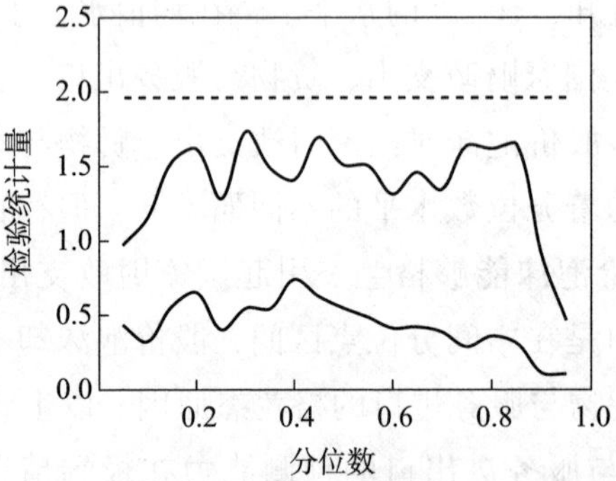

（e）股价泡沫→失业率

图 6.3.1　股价泡沫对各经济福利指标的分位数格兰杰因果检验

注：图中虚线表示变量均值意义上的格兰杰因果关系，实线表示变量方差意义上的格兰杰因果关系。

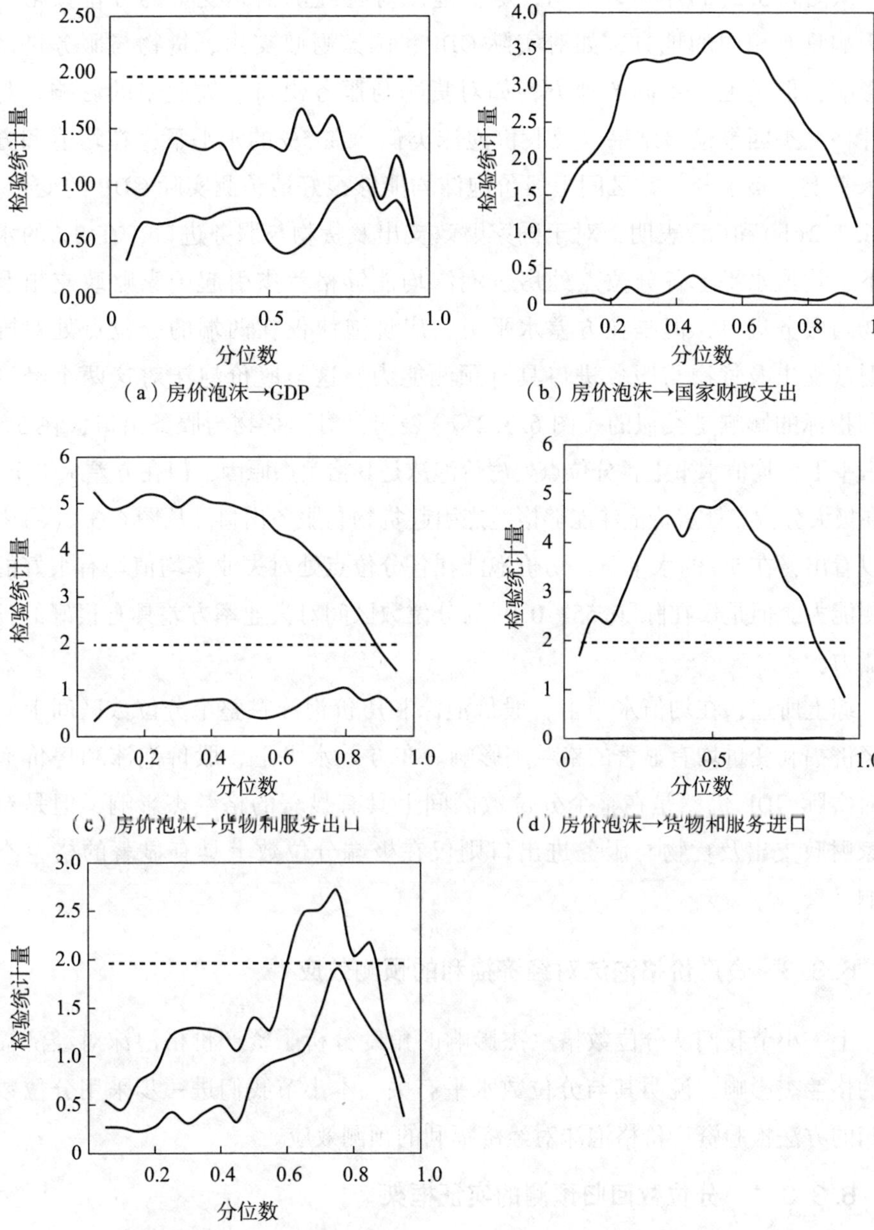

（a）房价泡沫→GDP

（b）房价泡沫→国家财政支出

（c）房价泡沫→货物和服务出口

（d）房价泡沫→货物和服务进口

（e）房价泡沫→失业率

图 6. 3. 2　房价泡沫对各经济福利指标的分位数格兰杰因果检验

注：图中虚线表示变量均值意义上的格兰杰因果关系，实线表示变量方差意义上的格兰杰因果关系。

从图 6.3.2(a)中可以看出，房价泡沫对各经济福利变量的分位数格兰杰影响具有相同的地方，如对实际 GDP、国家财政支出、货物与服务进口的影响，但是也有不同的地方，如对货物与服务出口、失业率的影响。与线性格兰杰因果检验结果以及股价泡沫类似，在 5%的水平下，在均值和方差水平上，整个分位数区间上股价泡沫均能够很好地预测实际 GDP 的变化。图 6.3.2(b)和(d)表明，对于国家财政支出及货物与服务进口，在 5%的水平下，均值水平上各分位点处房价泡沫均能够格兰杰引起国家财政支出及货物与服务进口，但是在方差水平上，房价泡沫仅在两端的分位点处对国家财政支出及货物与服务进口具有预测能力，这与股价泡沫对这两个经济福利指标的影响是类似的。图 6.3.2(c)表明，对于货物与服务出口，在 5%的水平下，均值水平上各分位点处房价泡沫是其格兰杰原因，但在方差水平上，仅在极大分位点处房价泡沫能够格兰杰引起货物与服务出口。从图 6.3.2(e)中可以看出，在 5%的水平下，房价泡沫在各分位点处对失业率均值均有很好的预测能力，但是仅在除[0.55，0.9]的分位数区间对失业率方差具有很好的预测能力。

综上所述，在均值水平上，股价泡沫和房价泡沫在整个分位数区间上对各经济福利变量均有显著的格兰杰影响。在方差水平上，股价泡沫和房价泡沫对实际 GDP 仍然是在整个分位数区间上具有显著的格兰杰影响，但是对国家财政支出及货物与服务进出口则仅在极端分位数上具有显著的格兰杰影响。

6.3.3 资产价格泡沫对经济福利的预测效应

上一小节我们从分位数格兰杰影响的角度分析了资产价格泡沫对经济福利的格兰杰影响，说明其与分位数水平有关。本小节我们进一步采用分位数回归的方法检验资产价格泡沫对经济福利的预测效应。

6.3.3.1 分位数回归预测的实证框架

参考 Westerlund 和 Narayan(2015)，Narayan 、Sharma 和 Phan(2016)的观点，我们采用如下的福利预测回归模型：

$$W_t=\alpha+\beta B_{t-1}+\vartheta[B_t-\rho B_{t-1}-\rho_0]+\varepsilon_t \qquad (6.3.2)$$

其中，W_t 是经济福利指标；B_t 是资产价格泡沫；ε_t 是均值为 0、方差为

σ^2 的误差项；$B_t - \rho B_{t-1} - \rho_0$ 是资产价格泡沫一阶自回归模型 AR(1)的残差项。如果系数 β 是显著的，则上期价格泡沫对经济福利具有预测能力，如果系数 ϑ 是显著的，则资产价格泡沫随机项对经济福利具有预测能力。通过对已有关于资产价格泡沫对经济福利预测的文献进行梳理发现，学者们主要采用的是最小二乘估计和广义矩估计方法。由上一节的分析可知，资产价格泡沫对经济福利的影响与分位数水平有关。Koenker 和 Bassett(1978)提出的分位数回归方法能够从不同分位点上考察解释变量和被解释变量之间的关系，进而清晰地刻画出资产价格泡沫与经济福利之间存在的非线性与非对称特征。因此，在实证分析过程中，我们采用分位数回归的方法对式(6.3.2)进行估计，其中 W_t 分别取实际 GDP、国家财政支出、货物与服务出口、货物与服务进口及失业率，B_t 分别取股价泡沫和房价泡沫，所用数据同 6.3.2 小节，这里不再赘述。

6.3.3.2　分位数回归预测的参数估计结果

表 6.3.4 和表 6.3.5 给出了对式(6.3.2)进行分位数回归的结果。表 6.3.4为股价泡沫对经济福利指标的分位数回归结果，表 6.3.5 为房价泡沫对经济福利指标的分位数回归结果。表 6.3.4 和表 6.3.5 表明，无论是股价泡沫还是房价泡沫，对经济福利指标的预测回归系数均随着分位点的不同而变化。

从表 6.3.4 中可以看出，对实际 GDP 而言，在 0.03 分位点处，股价泡沫随机波动项对其具有预测能力，在 0.1、0.3、0.5、0.7、0.9 及 0.97 分位点处，主要是上期股价泡沫对其具有影响，总之，在整个分布上，股价泡沫均能够预测实际 GDP。与之对应，最小二乘估计中参数 β 是显著的，显示了股价泡沫对实际 GDP 的预测能力。对国家财政支出而言，在 0.03、0.9 和 0.97 分位点处，股价泡沫随机项的系数是显著的，在其他分位点处，上期股价泡沫及股价泡沫随机项的系数均是不显著的，这说明股价泡沫对国家财政支出的预测能力主要集中在两端分位点处。对货物与服务出口而言，在 1%的水平下，在 0.03 分位点处，上期股价泡沫的系数是显著的，在 0.97 分位点处上期股价泡沫及股价泡沫随机项的系数均是显著的，在 0.5 和 0.7 分位点处上期股价泡沫在 10%的水平下显著，但因其显著性水平较低，我们仍然认为股价泡沫主要在两端分位点处对货物与服务出口具有显著预测作用。对货物与服务进口而言，在 0.03 分位点处，股价泡沫随机波动项的系数是显著的，在

0.97分位点处，上期股价泡沫的系数是显著的，在其他分位点处，上期股价和股价随机项的系数均不显著，说明股价泡沫对货物与服务进口的预测能力也主要集中在两端分位点处。对失业率而言，股价泡沫随机项的系数仅在0.03分位点处显著，上期股价泡沫的系数仅在0.9分位点处显著，这与分位数格兰杰因果检验得到的股价泡沫在整个分位数区间上能够预测失业率的结果不一致，可能是由于失业率数据波动较小。总体而言，针对实际GDP、国家财政支出、货物与服务出口、货物与服务进口，分位数回归预测结果与分位数格兰杰因果检验得到的股价泡沫对经济福利的预测情况是一致的。

表6.3.4　股价泡沫对经济福利指标的分位数预测回归结果

分位数	股价泡沫AR(1)模型		股价泡沫对GDP的预测		
	ρ_0	ρ_1	α	β	ϑ
0.03	17.242***	0.068	-0.406	0.044	-0.036***
0.1	-8.926***	0.129	-0.057	0.016*	-0.006
0.3	-3.222***	-0.012	0.495***	0.023**	0.008
0.5	0.193	0.078	0.856	0.015*	0.013*
0.7	3.104***	-0.024	1.187	0.013*	0.008
0.9	10.107***	0.126*	2.003	0.028***	0.010
0.97	14.476***	0.121	2.254	0.027***	-0.003
OLS	-0.136	0.022	0.836***	0.019***	0.003

分位数	股价泡沫对国家财政支出的预测			股价泡沫对货物与服务出口的预测		
	α	β	ϑ	α	β	ϑ
0.03	-45.498***	-0.280	1.155***	-22.331***	0.455***	0.266*
0.1	-13.348***	-0.205	0.206	-7.624***	0.111	0.140
0.3	-2.785***	-0.107	0.052	-0.446	0.099	-0.046
0.5	1.621**	-0.083	0.115	2.073***	0.110*	0.011
0.7	5.507***	-0.092	0.042	4.208***	0.118*	0.041
0.9	14.668***	0.013	0.179*	8.162***	0.071	0.055
0.97	36.212***	0.039	0.632**	16.019***	0.271***	0.249***
OLS	1.289	-0.124	0.126	1.079**	0.133**	0.063

续表

分位数	股价泡沫对货物与服务进口的预测			股价泡沫对失业率的预测		
	α	β	ϑ	α	β	ϑ
0.03	−24.026 ***	0.123	0.547 ***	1.319 ***	−0.0006	−0.001 *
0.1	−6.133 ***	0.148	0.114	1.330 ***	0.000	0.000
0.3	−0.103	−0.0003	0.027	1.350 ***	0.0003	0.0002
0.5	1.503 ***	0.020	0.024	1.366 ***	0.000	0.000
0.7	3..331 ***	0.044	0.064	1.395 ***	0.0007	0.0005
0.9	7.111 ***	0.101	0.012	1.427 ***	0.001 **	0.0007
0.97	15.491 ***	0.267 **	00.201	1.437 ***	0.000	0.000
OLS	1.054 **	0.092	0.132 **	1.368 ***	0.0004	0.0003

注：*、**、***分别表示在 10%、5%和 1%的水平下显著。

从表 6.3.5 中可以看出，对实际 GDP 而言，在 0.03、0.1、0.9 和 0.97 分位点处，房价泡沫随机项对其具有预测能力，在其他分位点处上期房价泡沫和房价泡沫随机项均不能预测实际 GDP。这与股价泡沫对实际 GDP 的预测能力不同，与分位数格兰杰因果检验得到的在整个分位数区间房价泡沫能够影响实际 GDP 的结论也不一致，说明房价泡沫在极端情况下对实际 GDP 的预测能力更强。对国家财政支出而言，在 0.03 分位点处，上期房价泡沫和房价泡沫随机项的系数是显著的，在 0.9 和 0.97 分位点处，上期房价泡沫的系数是显著的，在其他分位点处，上期房价泡沫和房价泡沫随机项的系数均是不显著的，说明房价泡沫对国家财政支出的预测能力主要集中在两端分位点处。对货物与服务出口而言，在 0.03 分位点处，房价泡沫随机项的系数是显著的，在 0.1、0.3 和 0.97 分位点处，上期房价泡沫和房价泡沫随机项的系数均是显著的，在其他分位点处，上期房价泡沫和房价泡沫随机项的系数均是不显著的，说明在两端分位点处房价泡沫对货物与服务出口具有很好的预测能力。这补充了分位数格兰杰因果检验得出的在较大分位点处房价泡沫对货物与服务出口有影响的结论。对货物与服务进口而言，在 0.1 和 0.3 分位点处，上期房价泡沫的系数显著，在 0.97 分位点处，上期房价泡沫和房价泡沫随机项的系数均显著，在其他分位点处，上期房价泡沫和房价泡沫随机项的系数均是不显著的，说明房价泡沫对货物与服务进口的预测也主要体现在两端分位点处。对失业率而言，房价泡沫随机项的系数仅在 0.03 分位点处显著，上期房价泡沫的系数仅在0. 03、0. 1和0. 7分位点处显著，与股价泡沫对失业率的影响类似，这与分位数格兰杰因果检验得到的结论不一致。总之，针对国家财政支出、货物与服务出口、货物与服务进口，分位数回归预测结果与分位数格兰杰因果检验得到的房价泡沫对经济福利指标的预测情况是一致的，即在极端情况下，房价泡沫对这些经济福利指标的预测能力更强。

表 6. 3. 5　房价泡沫对经济福利指标的分位数预测回归结果

分位数	房价泡沫 AR(1)模型		房价泡沫对 GDP 的预测		
	ρ_0	ρ_1	α	β	ϑ
0. 03	−3. 282	0. 636***	0. 459	−0. 012	−0. 061***
0. 1	3. 274	0. 549***	−0. 016	−0. 011	−0. 026*
0. 3	2. 795	0. 745***	0. 575**	0. 0005	−0. 015
0. 5	10. 125***	0. 579***	0. 735***	0. 006	−0. 010
0. 7	18. 163***	0. 393***	0. 991***	0. 006	−0. 006
0. 9	24. 611***	0. 266**	1. 442***	−0. 0008	−0. 038***
0. 97	29. 224***	0. 265***	1. 869***	−0. 005	−0. 024***
OLS	114. 915	43. 211***	0. 793***	0. 002	−0. 0004***

分位数	房价泡沫对国家财政支出的预测			房价泡沫对货物与服务出口的预测		
	α	β	ϑ	α	β	ϑ
0. 03	−0. 505	−0. 529*	−0. 851***	−6. 699	−0. 076	−0. 648***
0. 1	−4. 025	−0. 352	0. 050	−10. 450***	0. 239**	−0. 156**
0. 3	−1. 414	−0. 043	0. 021	−4. 490**	0. 157**	−0. 173**
0. 5	3. 234	−0. 035	0. 185	0. 675	0. 046	−0. 103
0. 7	8. 757***	−0. 118	0. 062	4. 926	−0. 021	0. 042
0. 9	6. 016*	0. 427*	0. 120	9. 439***	−0. 076	0. 053
0. 97	19. 438	0. 519**	0. 556	36. 179***	−0. 548***	0. 718**
OLS	−0. 094	0. 058	−0. 0004	−1. 548	0. 112	−0. 003**

分位数	房价泡沫对货物与服务进口的预测			房价泡沫对失业率的预测		
	α	β	ϑ	α	β	ϑ
0. 03	−16. 959	0. 293	−0. 701	1. 195***	0. 002***	0. 004***
0. 1	−12. 033***	0. 325***	−0. 055	1. 269***	0. 002***	0. 0006
0. 3	−2. 376	0. 098*	−0. 040	1. 347***	0. 000	0. 0005
0. 5	−0. 233	0. 073	−0. 019	1. 370***	0. 000	0. 000
0. 7	3. 767**	−0. 030	0. 002	1. 417***	−0. 001***	−0. 0005

续表

分位数	房价泡沫对货物与服务进口的预测			房价泡沫对失业率的预测		
	α	β	ϑ	α	β	ϑ
0.9	8.667***	-0.105	-0.060	1.431***	0.000	0.000
0.97	-3.265	0.530*	-0.461***	1.434***	0.000	-0.0001
OLS	-1.319	0.103	-0.003***	1.369***	0.000	0.000

注：*、**、***分别表示在10%、5%和1%的水平下显著。

6.4 本章小结

资产价格泡沫势必会对经济产生一定的影响。本章首先从内生经济增长模型入手，引入资产价格泡沫，从理论层面推导了考虑税收、交易成本的内生经济增长模型，分析了资产价格泡沫对经济增长率的影响。其次，运用时变参数模型分别探讨了股价泡沫和房价泡沫对经济增长的不确定效应。最后，运用分位数格兰杰因果检验和分位数预测回归的方法对资产价格泡沫对经济福利的预测效应进行了实证研究。本章的主要结论如下：

(1)通过建立包含资产价格泡沫的内生经济增长模型，从理论上表明，与资产价格泡沫对经济增长具有负向效应的传统观点不同，在考虑政府税收和交易成本之后，资产价格泡沫既可能促进经济增长，也可能阻碍经济增长，并给出泡沫促进经济增长和阻碍经济增长的税收和交易成本条件。

(2)运用TVP-SV-SVAR模型进行实证分析后发现，资产价格泡沫对经济增长的影响、最大冲击以及达到最大冲击所需滞后期均会随着时间的推移而改变。经济增长率对股价泡沫冲击的当期脉冲响应在2000年到2004年、2009年以及2014年下半年到2017年5月为正，其他时间为负，长期脉冲响应则大部分时间为负，尤其是在2011年下半年和2015年下半年，这种长期负向响应更加明显。经济增长率对房价泡沫冲击的当期脉冲响应为负，且在2002年到2005年以及2011年到2017年房价泡沫冲击对经济增长率的负向影响较大，而在2006年到2010年，房价泡沫对经济增长率的负向影响较小，长期脉冲响应则主要为正。此外，经济增长率对房价泡沫冲击的脉冲响应具有非对称性，在房价大幅上升阶段，最大响应更强，在房价调整阶段，最大响应略弱。

这说明资产价格泡沫对经济增长速度影响的时变特征与经济金融环境有一定的相关性。

(3)对资产价格泡沫能否预测经济福利从分位数角度进行了实证研究。其中，基于分位数格兰杰因果检验的结果表明，在均值水平上，股价泡沫和房价泡沫在整个分布上均对经济福利指标即实际 GDP、国家财政支出、货物与服务出口、货物与服务进口以及失业率具有良好的预测能力；但在方差水平上，股价泡沫和房价泡沫对实际 GDP 均具有预测能力，对国家财政支出、货物与服务出口、货物与服务进口仅在两端分位点处才有显著的预测能力。此外，基于分位数预测回归的结果也很好地验证了分位数格兰杰因果检验的结论，即股价泡沫和房价泡沫在极端情况下预测国家财政支出及货物与服务进出口的能力更强。

第 7 章 主要结论、政策建议与研究展望

虽然历史上资产价格泡沫具有类似的演化路径，但是每次资产价格泡沫的引发因素却不尽相同，因此本书系统地研究了资产价格泡沫的形成机制及其经济效应。本章从资产价格泡沫的识别和测度、基于行为金融视角的资产价格泡沫形成机制、基于金融经济环境视角的资产价格泡沫形成机制和资产价格泡沫的经济效应四个方面进行分析，在研究结论的基础上提出有针对性的政策建议，并对未来研究进行了展望。

7.1 主要结论

7.1.1 在资产价格泡沫测度的基础上揭示了泡沫的演化特征

在将资产价格泡沫定义为资产价格偏离其基础价值部分的基础上，对股价泡沫和房价泡沫分别进行了测度。对于股价泡沫，选取工业增加值、居民消费价格指数和银行间 7 日同业拆借利率三个宏观经济变量作为基本面的代理变量，采用向量误差修正模型进行测度，并用马氏域变模型进行泡沫状态划分，发现股价正泡沫持续最长的两个时期分别是 2006 年 10 月至 2007 年 11 月和 2014 年 5 月至 2015 年 6 月，其他时间则正负泡沫交替，与中国股市的实际情况吻合，表明了股价泡沫测度的有效性。对于房价泡沫，采用房价分解模型，通过变量筛选、迭代消除内生变量等技术对房价中的基础价值和投机泡沫成分进行了分离，结果显示，我国平均房价的泡沫度分布在 7% 到 42%之间，表明中国房价泡沫明显存在，在 2005 年 7 月和 2009 年初有两次明显的膨胀态势，与此同时，房屋基础价值也呈现明显的上升，表明房屋基础价值的上涨是支撑房价上涨的主要因素。

7.1.2 从行为金融视角揭示了资产价格泡沫的形成机制

首先，构造了异质性预期下的噪声交易者泡沫模型，推导出由信息挖掘者和动量交易者两类不同类型噪声交易者的非理性行为导致的资产价格泡沫公式。通过数值模拟表明，信息挖掘者主要通过价格期望偏差和情绪影响泡沫的变化，当信息挖掘者处于悲观情绪时，泡沫随着价格预期偏差有减小趋势，当信息挖掘者处于乐观情绪时，泡沫随着价格预期偏差有增长趋势；动量交易者主要通过历史价格变化程度和情绪影响泡沫的变化，当动量交易者处于悲观情绪时，泡沫会随着历史价格的增加而缩小，当动量交易者处于乐观情绪时，泡沫会随着历史价格的增加而膨胀。

其次，揭示了投资者情绪、羊群行为对资产价格泡沫的时变效应。采用主成分分析法构建了股票市场的投资者情绪综合指数，运用基于收益率分散度的 CCK 模型测度了羊群行为，在此基础上采用 TVP-SV-SVAR 模型分析了投资者情绪、羊群行为和股价泡沫之间的时变效应。研究发现，投资者情绪对股价泡沫在当期就能起到正向的刺激作用，但此刺激力度随着时间的推移有所减小，从滞后 3 期开始消失。羊群行为对股价泡沫的当期影响方向不确定，与处于股价上涨和下跌以及处于上涨过程的哪一阶段有关，从滞后 4 期开始，羊群行为对泡沫的影响消失。

最后，阐明了过度自信、市场流动性对资产价格泡沫区制转换的解释能力，构建了过度自信、市场流动性与资产价格泡沫的理论分析框架，并运用时变转移概率马尔科夫区制转换模型(MS-TVTP)对我国上证综合指数的泡沫进行实证检验，发现上证综合指数泡沫变化可划分为潜伏、膨胀和破裂三种状态，且 2008 年金融危机之后股价泡沫的区制惰性更强；投资者过度自信的增加会增大泡沫从潜伏区制转换到膨胀区制的概率，市场流动性的负向变化会使泡沫从膨胀区制转换到破裂区制的可能性增加。过度自信和市场流动性对泡沫的区制转换具有很好的解释能力。

7.1.3 从金融经济环境视角阐明了资产价格泡沫的形成机制

首先，分析系统性金融风险与资产价格泡沫之间的关系。近年来，防范和化解系统性金融风险是政府一直强调的重点工作之一。在我国经济增长出现结构性转变、全球疫情带来经济环境复杂性的背景下，股票市场和房地产市场也受到一定的冲击，呈现出泡沫积聚—膨胀—破裂的周期特征，从股价泡沫和房价泡沫角度来分析系统性金融风险是一个值得关注的问题。本书首先运用 GSADF 方法识别资产价格泡沫，采用时变脉冲响应方法构建系统性金融风险综合指数，在此基础上从时变分析视角出发，采用 Bootstrap 滚动宽窗格兰杰因果检验方法对资产价格泡沫和系统性金融风险之间的关系进行了检验，发现资产价格泡沫只有在发生突变及程度较高时，才对系统性金融风险具有显著的预测效果，系统性金融风险对资产价格泡沫的影响在不同时间段也存在差异。具体而言，得到的结论有：股价泡沫在泡沫正负变化过程中正向泡沫程度较高时，对系统性金融风险具有正向引导作用；房价泡沫在泡沫有一定变化且泡沫程度较低时，对系统性金融风险具有负向引导作用，在泡沫有显著变化且泡沫程度较高时，对系统性金融风险具有正向预测作用。对于股价泡沫，只有在风险水平相对较高时，系统性金融风险才会对股价泡沫产生微弱的正向影响；对于房价泡沫，在风险水平迅速下降且维持较低水平时，系统性金融风险对其具有负向引导作用，在风险水平迅速上升且维持较高水平时，系统性金融风险对其具有正向引导作用。

其次，分析了经济增长对资产价格泡沫的周期效应。由于经济增长和资产价格泡沫均具有周期特征，本书采用频域因果检验分析了经济增长对资产价格泡沫在不同周期下的影响，并运用小波分解和非线性格兰杰因果检验的方法对其进行了稳健性检验。结果表明：经济增长对股价泡沫影响较显著的时间周期是半年到一年，经济增长对房价泡沫影响较显著的时间周期是 3~9 个月以及约两年。

最后，探讨了不同货币政策对资产价格泡沫的影响。在货币政策与资产价格泡沫经济理论分析的基础上，采用 ThSVAR 模型研究了货币政策冲击对资产价格泡沫的作用机理。结果发现：股价泡沫对利率正负冲击的响应在紧缩状态下对称，对利率正向冲击的响应由负变正，在宽松状态下则不对称，对负向冲击的正向响应大于对正向冲击的负向响应；股价泡沫对 M2 增长率正向冲击的响应短期内由正变负，且在宽松的货币供应量状态下负向响应更显著；房价泡沫对利率正向冲击的响应在宽松状态下不确定，在紧缩状态下为负；房价泡沫对 M2 增长率正负冲击的响应在宽松状态下同向，在紧缩状态下短期反向、长期同向，且对正向冲击的响应明显大于对负向冲击的响应。

7.1.4 分析了资产价格泡沫经济效应的不确定性

通过建立考虑税收、交易成本的包含资产价格泡沫的内生经济增长模型，指出资产价格泡沫对经济增长既可能有利也可能有弊。进一步运用 TVP-SV-SVAR 模型进行实证分析，结果表明，资产价格泡沫对经济增长率的影响具有时变特征，且可以与经济金融环境很好地匹配，表现为：股价泡沫对经济增长率的当期冲击效应为正的时期为 2000 年到 2004 年、2009 年以及 2014 年下半年到 2017 年 5 月，其他时期为正；长期冲击效应均为负。房价泡沫对经济增长率的当期冲击效应均为负，但冲击程度会随着时间的推移而改变，其中 2002 年到 2005 年以及 2011 年到 2017 年影响较大；长期冲击效应主要为正。此外，运用分位数因果检验和分位数预测回归的方法分析了资产价格泡沫对经济福利的预测效应，表明无论是股价泡沫还是房价泡沫，对国家财政支出及货物与服务进出口的预测能力均在极端情况下更显著。

7.2 政策建议

根据研究结论，结合我国股票市场和房地产市场的实际情况，我们提出以下几点政策建议：

7.2.1 关注投资者心理，引导投资者理性投资

本书研究表明，投资者的噪声交易行为、投资者情绪、羊群行为和投资者过度自信均会对资产价格泡沫的演化过程起到一定的作用，因此，政府在采取相关措施时要考虑会如何影响投资者心理，引导投资者注重资产的内在基本价值，倡导理性投资理念。目前来看，中国资本市场尚未成熟，还有许多需要完善的地方，在这种背景下，投资者的非理性行为特征特别明显，因此市场监管部门应加强对市场参与者尤其是散户的风险教育，采取市场化手段来减少投资者非理性的股价炒作，建立有效的投资者情绪监控体系，构建合理的投资者行为引导机制，抑制投资者过度自信的膨胀，从而抑制市场的过度投机，避免危害实体经济事件的发生。这对于有效防范和控制资产价格泡沫带来系统性金融风险、保证市场在适度的泡沫范围内稳定健康运行均具

有深远的意义。

7.2.2　注重市场流动性预警，降低泡沫破裂风险

研究指出，市场流动性对资产价格泡沫的演化具有很强的解释能力。随着资产价格泡沫的膨胀和破裂，市场流动性也具有过剩、紧缩等对应状态。因此，从市场流动性角度配合资产价格泡沫的监控和防范也是一个重要方面。可以考虑废除涨跌停板制度，加强对上市公司的停牌管理。关注市场流动性的变化，结合股票市场行情，预测其转换时期以及由此带来的股价泡沫的膨胀和破裂。投资者应及时调整投资行为。在股价泡沫较大和泡沫破裂股价大跌的时候，政府应进行正确的市场引导，降低市场流动性变化引发股市不稳定的可能。在市场引入杠杆交易的情况下，对流动性的要求显著提高，这与停板制度对流动性的限制形成冲突，可以考虑强制所有具有杠杆或者类似杠杆机制的产品进行及时和完备的信息披露，也可考虑对市场的总体杠杆比例进行限制，并将杠杆交易限制在场内。

7.2.3　监测资产价格泡沫，挖掘表面繁荣下的危机

在资产价格泡沫膨胀过程中，资本市场上的交易十分活跃，投资者预期乐观，市场流动性充裕，不断推动价格上涨。如果单看表面资产价格的繁荣，投资者情绪和预期持续乐观，一旦出现负面事件或消息，极易引起投资者情绪逆转，导致恐慌性抛售，加剧资产价格的跌落，引发系统性金融危机。因此，不能单纯地依赖表面的数据指标，应当从中挖掘更能揭露市场本质的泡沫指标。应根据测度出的资产价格泡沫指标，重点关注泡沫结构转变、迅速膨胀和泡沫度较高的时点，及时调控降温，以提高防范和化解系统性金融风险的有效性。本书结论表明，不同程度的资产价格泡沫对系统性金融风险的影响方向和大小有所不同，因此在资产价格泡沫形成和积聚过程中，要把握泡沫结构性变化的关键时点，并及时运用货币政策、金融监管政策等进行预调，防止资产价格泡沫过度膨胀。

7.2.4　关注货币政策变化对泡沫的影响，提高货币政策的有效性

研究结论表明，不同的货币政策冲击会导致不同程度和方向的资产价格泡沫变化，因此，应关注货币政策对资产价格泡沫的非对称效应。以往的研

究表明，紧缩的货币政策在一定程度上能够缓和资产价格泡沫，货币当局通常会采取“逆周期”的货币政策。本书研究结论对此提出了质疑。根据本书得出的利率和M2两种货币政策工具对股价泡沫和房价泡沫具有不同作用机制，且宽松和紧缩状态下的作用程度不同的研究结论，我们认为，货币政策调控应当同时考虑具体工具的使用、其对资产价格泡沫的当期效应和滞后效应以及宽松和紧缩状态下的调整力度等多种因素，避免应对泡沫现象采用单一的货币政策进行调整或按照经验习惯性地实施货币政策，要结合货币政策的状态及其泡沫效应，充分理解其隐含的经济意义，提升货币政策调控资产价格泡沫的科学性与合理性。

7.2.5 基于资产价格泡沫的经济效应，构建泡沫-经济实时监控机制

本书研究表明，资产价格泡沫的存在既有可能促进经济增长，又有可能抑制经济增长，因此，当股票市场和房地产市场出现价格泡沫时，不能统一采用抑制资产价格泡沫的措施，要实时分析资产价格泡沫的经济增长效应，尽量将资产价格泡沫控制在对经济增长有利的范围内。一般情况下，资产价格泡沫在极大或极小分位点处对经济福利的影响比较显著，即极端情况下资产价格泡沫的经济福利效应最明显，因此，一旦资产价格泡沫超过某一分位点对应的临界值，应当迅速采取措施抑制正向泡沫过度膨胀，避免负向泡沫进一步崩溃，尽量避免极端泡沫对经济带来较大冲击。

7.3 研究展望

本书虽然对资产价格泡沫进行了合理测度，并基于行为金融和金融经济环境两个视角分别探讨了资产价格泡沫的形成机制，但是我们发现，资产价格泡沫的形成机制及经济效应，尤其是形成机制，是非常复杂的问题，对其进行全面研究是一个庞大的系统工程，由于理论基础、篇幅和时间限制，本书的研究还不够全面，未来可从以下三个方面展开深入研究。

7.3.1 资产价格泡沫测度方法的优化

众所周知，资产价格泡沫测度的难点在于其基础价值的衡量，而资产价

格的基础价值一般不能直接观测，需要进行估计，估计必然存在一定的误差，因此，对资产价格基础价值的测度是一个精益求精的过程。虽然目前已经有一些方法来衡量资产价格的基础价值，比如股利贴现、宏观经济变量衡量、外生价值因素衡量等，但是不能局限于以上这几种估计方法，尤其在中国股利贴现难以实施的情况下，更应当寻求更加准确和有效的方法估计资产的基础价值，进而合理地分解出资产价格中的泡沫部分。此外，资产价格识别的结果一般是找出出现泡沫的时间区间，而测度结果一般会产生各个时点均存在的资产价格泡沫序列，这些看起来矛盾的结论要想更好地契合在一起，需要找出泡沫序列的某一临界点，而有关此临界点的确定的研究较为少见。本书在将两者结合起来的时候仅靠序列走势来判断，存在一定的局限性，因此，如何采用科学的方法来确定临界点，将资产价格泡沫的识别和测度很好地结合起来是一个值得进一步研究的方向。

7.3.2　资产价格泡沫形成机制研究的拓展与完善

本书虽然基于行为金融和金融经济环境两个视角探讨了资产价格泡沫的形成机制，但是资产价格泡沫的影响因素并非局限于这两个方面。文化因素、结构因素等是本书没有涉及的，主要是由于资产价格泡沫与文化因素和结构因素没有直接的理论模型来联系，文化因素和结构因素对资产价格泡沫的影响主要集中在定性分析中。是否可以把文化因素、结构因素合理地引入资产价格泡沫模型进行更加客观的定量分析是一个值得探讨的问题。

7.3.3　资产价格泡沫的经济效应

资产价格泡沫与经济增长、经济福利等指标密切相关，在了解资产价格泡沫形成机制的基础上，进一步研究资产价格泡沫的经济效应有利于更加全面地把握和监控资产价格泡沫。资产价格泡沫的经济效应研究通常是结合内生经济增长模型来展开的，但是鉴于泡沫测度的难度较大，目前相关的实证研究还比较少。虽然本书进行了一些尝试，得出资产价格泡沫对经济增长的影响不确定，具有时变特征的结论，但是对资产价格泡沫的经济效应问题以及经济福利的预测效应缺乏全局考虑，还需要采用更加先进的方法进行深入的研究。

参考文献

[1]ABRAHAM J M, HENDERSHOTT P H. Bubbles in metropolitan housing markets[R]. National Bureau of Economic Research, 1994.

[2]ABREU D, BRUNNERMEIER M K. Bubbles and crashes[J]. Econometrica, 2003, 71(1): 173-204.

[3]ACHARYA V V, ENGLE R, RICHARDSON M. Capital shortfall: a new approach to ranking and regulating systemic risks[J]. The American Economic Review, 2012, 102(3): 59-64.

[4]AHMED E, ROSSER J B, UPPAL J Y. Evidence of nonlinear speculative bubbles in pacific-rim stock markets[J]. The Quarterly Review of Economics and Finance, 1999, 39(1): 21-36.

[5]ALMUDHAF F. Speculative bubbles and irrational exuberance in African stock markets[J]. Journal of Behavioral and Experimental Finance, 2017(13): 28-32.

[6]AMIHUD Y. Illiquidity and stock returns: cross-section and time series effects[J]. Journal of Financial Markets, 2002, 5(1): 31-56.

[7]ANDREWS D W K. Tests for parameter instability and structural change with unknown change point[J]. Econometrica: Journal of the Econometric Society, 1993, 61(4): 821-856.

[8]AOKI K, NAKAJIMA T, NIKOLOV K. Safe asset shortages and asset price bubbles[J]. Journal of Mathematical Economics, 2014(53): 164-174.

[9]BAKER M, WURGLER J. Investor sentiment and cross-section of stock returns[J]. Journal of Finance, 2006, 61(4): 1645-1680.

[10]BALCILAR M, BEKIROS S, GUPTA R. The role of news-based uncertainty indices in predicting oil markets: a hybrid nonparametric quantile causality

method[J]. Empirical Economics, 2016, 53(3): 1-11.

[11]BALCILAR M, GUPTA R, PIERDZIOCH C. Does uncertainty move the gold price? New evidence from a nonparametric causality-in-quantiles test[J]. Resources Policy, 2016(49): 74-80.

[12]BALCILAR M, OZDEMIR Z A, ARSLANTURK Y. Economic growth and energy consumption causal nexus viewed through a Bootstrap rolling window[J]. Energy Economics, 2010, 32(6): 1398-1410.

[13]BALKE N S. Credit and economic activity: credit regimes and nonlinear propagation of shocks[J]. The Review of Economics and Statistics, 2000, 82(2): 344-349.

[14]BANERJEE A V. A simple model of herd behavior[J]. The Quarterly Journal of Economics, 1992, 107(3): 797-817.

[15]BARRO R J. Government spending in a simple model of endogeneous growth[J]. Journal of Political Economy, 1990, 98(5): S103-S125.

[16]BEKIROS S, JLASSI M, LUCEY B, et al. Herding behavior, market sentiment and volatility: will the bubble resume? [J]. The North American Journal of Economics and Finance, 2017(42): 107-131.

[17]BELKE A, BECKMANN J. Monetary policy and stock prices-cross-country evidence from cointegrated VAR models[J]. Journal of Banking & Finance, 2015(54): 254-265.

[18]BENIGNO P, PACIELLO L. Monetary policy, doubts and asset prices [J]. Journal of Monetary Economics, 2014(64): 85-98.

[19]BEN-REPHAEL A, KANDEL S, WOHL A. Measuring investor sentiment with mutual fund flows[J]. Journal of Financial Economics, 2012, 104(2): 363-382.

[20]BERNANKE B S, GERTLER M, GILCHRIST S. The financial accelerator in a quantitative business cycle framework[J]. Handbook of Macroeconomics, 1999(1): 1341-1393.

[21]BIKHCHANDANI S, HIRSHLEIFER D, WELCH I. A theory of fads, fashion, custom, and cultural change as informational cascades[J]. Journal of Political Economy, 1992, 100(5): 992-1026.

[22] BINSWANGER M. Stock markets, speculative bubbles and economic growth[M]. [s. n.], 1999.

[23]BLACK F. Noise[J]. The Journal of Finance, 1986, 41(3): 528-543.

[24]BLANCHARD O J, WATSON M W. Bubbles, rational expectations and financial markets[R]. NBER Working Papers, 1982.

[25]BLANCHARD O J. Speculative bubbles, crashes and rational expectations [J]. Economics Letters, 1979, 3(4): 387-389.

[26]BORIO C, DREHMANN M. Assessing the risk of banking crises-revisited [J]. Bis Quarterly Review, 2009(2): 29-46.

[27]BOSI S, LE VAN C, PHAM N S. Asset bubbles and efficiency in a generalized two-sector model[J]. Mathematical Social Sciences, 2017(88): 37-48.

[28]BOSI S, PHAM N S. Taxation, bubbles and endogenous growth[J]. Economics Letters, 2016(143): 73-76.

[29]BROOCK W A, SCHEINKMAN J A, DECHERT W D, et al. A test for independence based on the correlation dimension[J]. Econometric Reviews, 1996, 15(3): 197-235.

[30]BROOKS C, KATSARIS A. A hree-regime model of speculative behaviour: modeling the evolution of the S&P 500 composite index [J]. The Economic Journal, 2005, 115(505): 767-797.

[31] CABALLERO R J, KRISHNAMURTHY A. Bubbles and capital flow volatility:causes and risk management[J]. Journal of Monetary Economics, 2006, 53(1): 35-53.

[32]CAJUEIRO D O, TABAK B M. Ranking efficiency for emerging equity markets II[J]. Chaos, Solitons & Fractals, 2005, 23(2): 671-675.

[33]CASE K E, SHILLER R J. Forecasting prices and excess returns in the housing market[J]. Real Estate Economics, 1990, 18(3): 253-273.

[34]CASPI I. Testing for a housing bubble at the national and regional level: the case of Israel[J]. Empirical Economics, 2016, 51(2): 483-516.

[35]CECCHETTI S G, LI H. Measuring the impact of asset price booms using quantile vector auto regressions[R]. Working Paper, Department of Economics, Brandeis University: Waltham, MA, USA, 2008.

[36]CHANG E C, CHENG J W, KHORANA A. An examination of herd behaviorin equity markets: an international perspective[J]. Journal of Banking & Finance, 2000, 24(10): 1651-1679.

[37]CHATZIANTONIOU I, FILIS G, FLOROS C. Asset prices regime-switching and the role of inflation targeting monetary policy[J]. Global Finance Journal, 2017 (32): 97-112.

[38]CHAUVIN K, LAIBSON D, MOLLERSTROM J. Asset bubbles and the cost of economic fluctuations[J]. Journal of Money, Credit and Banking, 2011, 43 (S1): 233-260.

[39] CHEN S S. Does monetary policy have asymmetric effects on stock returns? [J]. Journal of Money, Credit and Banking, 2007, 39(2-3): 667-688.

[40]CHRISTIEW G, HUANG R D. Following the pied piper: do individual returns herd around the market? [J]. Financial Analysts Journal, 1995, 51(4): 31-37.

[41]CHUANG C C, KUAN C M, LIN H Y. Causality in quantiles and dynamic stock return-volume relations[J]. Journal of Banking & Finance, 2009, 33(7): 1351-1360.

[42]CHUANGWI, LEE B S. An empirical evaluation of the overconfidence hypothesis [J]. Journal of Banking & Finance, 2006, 30(9): 2489-2515.

[43]CHUNG K H, CHUWONGANANT C. Uncertainty, market structure, and liquidity[J]. Journal of Financial Economics, 2014(113): 476-499.

[44]CINER C. Eurocurrency interest rate linkages: a frequency domain analysis[J]. International Review of Economics & Finance, 2011, 20(4): 498-505.

[45]CLAIN-CHAMOSSET-YVRARD L, SEEGMULLER T. Rational bubbles and macroeconomic fluctuations: the (de-) stabilizing role of monetary policy[J]. Mathematical Social Sciences, 2015(75): 1-15.

[46]CLEMENTS A, HURN S, SHI S. An empirical investigation of herding in the US stock market[J]. Economic Modelling, 2017, 67: 184-192.

[47]CROWLEY P M. A guide to wavelets for economists[J]. Journal of Economic Surveys, 2007, 21(2): 207-267.

[48]DE LONG J B, SHLEIFER A, SUMMERS L H, et al. Noise trader risk

in financial markets[J]. Journal of Political Economy, 1990, 98(4): 703-738.

[49]DE LONG J B, SHLEIFER A, SUMMERS L H, et al. Positive feedback investment strategies and destabilizing rational speculation[J]. The Journal of Finance, 1990, 45(2): 379-395.

[50]DEAVES R, LÜDERS E, SCHRÖDEr M. The dynamics of overconfidence: evidence from stock market forecasters [J]. Journal of Economic Behavior & Organization, 2010, 75(3): 402-412.

[51]DEMIRER R, KUTAN A M, CHEN C D. Do investors herd in emerging stock markets?: evidence from the Taiwanese market[J]. Journal of Economic Behavior & Organization, 2010, 76(2): 283-295.

[52]DIBA B T, GROSSMAN H I. Explosive rational bubbles in stock prices? [J]. The American Economic Review, 1988, 78(3): 520-530.

[53]DIBA B T, GROSSMAN H I. On the inception of rational bubbles[J]. The Quarterly Journal of Economics, 1987, 102(3): 697-700.

[54]DIKS C, PANCHENKO V. A new statistic and practical guidelines for nonparametric Granger causality testing[J]. Journal of Economic Dynamics and Control, 2006, 30(9): 1647-1669.

[55]DING H, KIM H G, PARK S Y. Crude oil and stock markets: Causal relationships in tails? [J]. Energy Economics, 2016(59): 58-69.

[56]DUCA M L, PELTONEN T A. Assessing systemic risks and predicting systemic events[J]. Journal of Banking & Finance, 2013, 37(7): 2183-2195.

[57]EVANS G W. Pitfalls in testing for explosive bubbles in asset prices[J]. The American Economic Review, 1991, 81(4): 922-930.

[58]FANTAZZINI D. The oil price crash in 2014/15: was there a (negative) financial bubble? [J]. Energy Policy, 2016(96): 383-396.

[59]FEMMINIS G. Money growth, dynamic efficiency and asset bubbles in a perpetual youth model[J]. Economics Letters, 2016(138): 68-71.

[60] FISCHBACHER U, HENS T, Zeisberger S. The impact of monetary policy on stock market bubbles and trading behavior: evidence from the lab[J]. Journal of Economic Dynamics and Control, 2013, 37(10): 2104-2122.

[61]FRASER P, HOESLI M, MCALEVEY L. House prices and bubbles in

New Zealand[J]. The Journal of Real Estate Finance and Economics, 2008, 37(1): 71-91.

[62]FROOT K A, OBSTFELD M. Exchange-rate dynamics under stochastic regime shifts: a unified approach[J]. Journal of International Economics, 1991, 31(3-4): 203-229.

[63]FUTAGAMI K, SHIBATA A. Growth effects of bubbles in an endogenous growth model[J]. The Japanese Economic Review, 2000, 51(2): 221-235.

[64]FUTAGAMI K, SHIBATA A. Welfare effects of bubbles in an endogenous growth model[J]. Research in Economics, 1999, 53(4): 381-403.

[65]GALÍ J, GAMBETTI L. The effects of monetary policy on stock market bubbles: some evidence[J]. American Economic Journal: Macroeconomics, 2015, 7(1): 233-257.

[66]GALÍ J. Monetary policy and rational asset price bubb[J]. The American Economic Review, 2014, 104(3): 721-752.

[67]GęBKA B, WOHAR M E. International herding: does it differ across sectors? [J]. Journal of International Financial Markets, Institutions and Money, 2013(23): 55-84.

[68]GERVAISS, ODEAN T. Learning to be overconfident [J]. Review of Financial Studies, 2001, 14(1): 1-27.

[69]GEWEKE J. Measurement of linear dependence and feedback between multiple time series[J]. Journal of the American statistical association, 1982, 77(378): 304-313.

[70] GROSSMAN G M, YANAGAWA N. Asset bubbles and endogenous growth[J]. Journal of Monetary Economics, 1993, 31(1): 3-19.

[71]GU X, LI G, CHANG X, et al. Casino tourism, economic inequality, and housing bubbles[J]. Tourism Management, 2017(62): 253-263.

[72]HALL S G, PSARADAKIS Z, SOLA M. Detecting periodically collapsing bubbles: a Markov-switching unit root test[J]. Journal of Applied Econometrics, 1999: 143-154.

[73]HAMILTON J D. Rational-expectations econometric analysis of changes in regime: an investigation of the term structure of interest rates[J]. Journal of Eco-

nomic Dynamics and Control, 1988, 12(2-3): 385-423.

[74]HAMILTON J D. Specification testing in Markov-switching time-series models[J]. Journal of Econometrics, 1996, 70(1): 127-157.

[75] HANSEN B E. Inference when a nuisance parameter is not identified under the null hypothesis[J]. Econometrica: Journal of the Econometric Society, 1996: 413-430.

[76]HARVEY D I, LEYBOURNE S J, SOLLIS R, et al. Tests for explosive financial bubbles in the presence of non-stationary volatility[J]. Journal of Empirical Finance, 2016(38): 548-574.

[77]HARVEY D I, LEYBOURNE S J, SOLLIS R. Improving the accuracy of asset price bubble start and end date estimators[J]. Journal of Empirical Finance, 2017(40): 121-138.

[78]HASHIMOTO K, IM R. Bubbles and unemployment in an endogenous growth model[J]. Oxford Economic Papers, 2016, 68(4): 1084-1106.

[79] HEANEY R, SRIANANTHAKUMAR S. Time-varying correlation between stock market returns and real estate returns[J]. Journal of Empirical Finance, 2012, 19(4): 583-594.

[80]WU W, WANG Y, LIANG H. Overconfidence, limited participation and asset price bubbles [J]. Economic Research Journal, 2006(4): 58-73.

[81]HIRANO T, YANAGAWA N. Asset bubbles, endogenous growth, and financial frictions[J]. The Review of Economic Studies, 2016, 84(1): 406-443.

[82]HOMMES C H, SONNEMANS J, TUINSTRA J, et al. Expectations and bubbles in asset pricing experiments [J]. University of Amsterdam, CeNDEF Working Paper Series, 2002 (2-5).

[83] HONG H, SCHEINKMAN J, XIONG W. Asset float and speculative bubbles[J]. The Journal of Finance, 2006, 61(3): 1073-1117.

[84]HOSOYAY. The decomposition and measurement of the interdependency between second-order stationary processes[J]. Probability Theory and Related Fields, 1991, 88(4): 429-444.

[85]HOTT C, MONNIN P. Fundamental real estate prices: an empirical estimation with international data[J]. The Journal of Real Estate Finance and Econom-

ics, 2008, 36(4): 427-450.

[86] HU Y, OXLEY L. Are there bubbles in exchange rates? Some new evidence from G10 and emerging market economies[J]. Economic Modelling, 2017, 64: 419-442.

[87] HUI E C M, YUES. Housing price bubbles in Hong Kong, Beijing and Shanghai: a comparative study[J]. The Journal of Real Estate Finance and Economics, 2006, 33(4): 299-327.

[88] HUSSAM R N, PORTER D, SMITH V L. Thar she blows: can bubbles be rekindled with experienced subjects? [J]. The American Economic Review, 2008, 98(3): 924-937.

[89] ILLING M, YING L. Measuring financial stress in a developed country: an application to Canada [J]. Journal of Financial Stability, 2007, 2(3): 243-265.

[90] JARROW R A, PROTTER P, ROCH A F. A liquidity-based model for asset price bubbles[J]. Quantitative Finance, 2012, 12(9): 1339-1349.

[91] JEONG K, HÄRDLE W K, SONG S. A consistent nonparametric test for causality in quantile[J]. Econometric Theory, 2012, 28(4): 861-887.

[92] JERZMANOWSKI M, NABAR M. The welfare consequences of irrational exuberance: stock market booms, research investment, and productivity [J]. Journal of Macroeconomics, 2008, 30(1): 111-133.

[93] JLASSI M, NAOUI K, MANSOUR W. Overconfidence behavior and dynamic market volatility: evidence from international data[J]. Procedia Economics and Finance, 2014(13): 128-142.

[94] KEYNES, J M. The general theory of employment, interest and money [M]. New York: Macmillan, 1936.

[95] KREMER M, LO DUCA M, HOLLÓ D. CISS—A Composite Indicator of Systemic Stress in the financial system[J]. SSRN Electronic Journal, 2012(3): 347-351.

[96] KINDLEBERGERC P. World economic primacy: 1500 - 1990 [M]. Oxford University Press on Demand, 1996.

[97] KING I, FERGUSON D. Dynamic inefficiency, endogenous growth, and

Ponzi games[J]. Journal of Monetary Economics, 1993, 32(1): 79-104.

[98]KIYOTAKI N, MOORE J. Liquidity, monetary policy and business cycles [R]. Mimeo, Princeton University, 2008.

[99]KLEIDON A W. Variance bounds tests and stock price valuation models [J]. Journal of Political Economy, 1986, 94(5): 953-1001.

[100] KLEINA C. Time-variations in herding behavior: evidence from a Markov switching SUR model[J]. Journal of International Financial Markets, Institutions and Money, 2013(26): 291-304.

[101]HUANG Z J. Arrogance can be a virtue: overconfidence, information acquisition, and market efficiency [J]. Journal of Financial Economics, 2007, 84 (2): 529-560.

[102]KOCHERLAKOTA N. Bursting bubbles: consequences and cures[Z]. Unpublished Manuscript, Federal Reserve Bank of Minneapolis, 2009.

[103]KOENKER R, BASSETT J R G. Regression quantiles[J]. Econometrica: Journal of the Econometric Society, 1978, 46(1): 33-50.

[104]KOENKER, R. Quantile Regressions[M]. Cambridge University Press: New York, NY, USA. 2005.

[105]KOIVU T. Monetary policy, asset prices and consumption in China[J]. Economic Systems, 2012, 36(2): 307-325.

[106]KRÄUSSL R, LEHNERT T, MARTELIN N. Is there a bubble in the art market? [J]. Journal of Empirical Finance, 2016(35): 99-109.

[107]KUMARI J, MAHAKUD J. Does investor sentiment predict the asset volatility? Evidence from emerging stock market India[J]. Journal of Behavioral and Experimental Finance, 2015(8): 25-39.

[108]LAKONISHOK J, SHLEIFER A, VISHNY R W. The impact of institutional trading on stock prices[J]. Journal of Financial Economics, 1992, 32(1): 23-43.

[109]LANSINGK J. Speculative growth, overreaction, and the welfare cost of technology-driven bubbles [J]. Journal of Economic Behavior & Organization, 2012, 83(3): 461-483.

[110]LAOPODIS N T. Dynamic linkages between monetary policy and the

stock market[J]. Review of Quantitative Finance and Accounting, 2010, 35(3): 271-293.

[111]LEE J H, PHILLIPS P C B. Asset pricing with financial bubble risk [J]. Journal of Empirical Finance, 2016(38): 590-622.

[112]LEROY S F, PORTER R D. The present-value relation: tests based on implied variance bounds[J]. Econometrica: Journal of the Econometric Society, 1981: 555-574.

[113]LI X L, CHANG T, MILLER S M, et al. The co-movement and causality between the US housing and stock markets in the time and frequency domains [J]. International Review of Economics & Finance, 2015(38): 220-233.

[114]LIN P, FUERST F. The integration of direct real estate and stock markets in Asia[J]. Applied Economics, 2014, 46(12): 1323-1334.

[115]LIU T Y, CHANG H L, SU C W, et al. Is there inflation in China? Evidence by a unit root approach[J]. International Review of Economics & Finance, 2017.

[116]LÓPEZ M. Asset price bubbles and monetary policy in a small open economy[J]. Ensayos Sobre Política Económica, 2015, 33(77): 93-102.

[117]MANKIW N G, ROMER D, SHAPIRO M D. An unbiased reexamination of stock market volatility[J]. The Journal of Finance, 1985, 40(3): 677-687.

[118]MARSH T A, MERTON R C. Dividend behavior for the aggregate stock market[J]. Journal of Business, 1987, 60: 1-40.

[119]MCQUEEN G, THORLEY S. Bubbles, stock returns, and duration dependence[J]. Journal of Financial and Quantitative Analysis, 1994, 29(3): 379-401.

[120]MELTZER A H. Monetary, credit and (other) transmission processes: a monetarist perspective[J]. The Journal of Economic Perspectives, 1995, 9(4): 49-72.

[121]MERKLE C. Financial overconfidence over time-foresight, hindsight, and insight of investors[J]. Journal of Banking & Finance, 2013, 84: 68-87.

[122]MICHAILOVA J. Overconfidence and bubbles in experimental asset markets[R]. Working Paper, 2010.

[123] NAKAJIMA J. Time - varying parameter VAR model with stochastic volatility: an overview of methodology and empirical applications[J]. Jouchi Nakajima, 2011(29): 107-142.

[124] NARAYAN P K, SHARMA S S, PHAN D H B. Asset price bubbles and economic welfare[J]. International Review of Financial Analysis, 2016(44): 139-148.

[125] NARAYAN P K, MISHRA S, SHARMA S, et al. Determinants of stock price bubbles [J]. Economic Modelling, 2013(35): 661-667.

[126] NI Z X, WANG D Z, XUE W J. Investor sentiment and its nonlinear effect on stock returns—new evidence from the Chinese stock market based on panel quantile regression model[J]. Economic Modelling, 2015, 50: 266-274.

[127] NISHIYAMA Y, HITOMI K, KAWASAKI Y, et al. A consistent nonparametric test for nonlinear causality—specification in time series regression[J]. Journal of Econometrics, 2011, 165(1): 112-127.

[128] NNEJI O. Liquidity shocks and stock bubbles [J]. Journal of International Financial Market, Institutions & Money, 2015(35): 132-146.

[129] NYAKABAWO W, MILLER S M, BALCILAR M, et al. Temporal causality between house prices and output in the US: a Bootstrap rolling - window approach[J]. The North American Journal of Economics and Finance, 2015(33): 55-73.

[130] NYBLOM J. Testing for the constancy of parameters over time [J]. Journal of the American Statistical Association, 1989, 84(405): 223-230.

[131] OLIVIER J. Growth - Enhancing Bubbles [J]. International Economic Review, 2000, 41(1): 133-152.

[132] PAUL P. The time-varying effect of monetary policy on asset prices[R]. Working Paper, 2017.

[133] PHILIPPAS N, ECONOMOU F, BABALOS V, et al. Herding behavior in REITs: novel tests and the role of financial crisis [J]. International Review of Financial Analysis, 2013(29): 166-174.

[134] PHILLIPS P C B, PERRON P. Testing for a unit root in time series regression[J]. Biometrika, 1988, 75(2): 335-346.

[135]PHILLIPS P C B, SHI S, YU J. Testing for multiple bubbles: historical episodes of exuberance and collapse in the S&P 500[J]. International Economic Review, 2015, 56(4): 1043-1078.

[136]PHILLIPS P C B, WU Y, YU J. Explosive behavior in the 1990s Nasdaq: when did exuberance escalate asset values? [J]. International Economic Review, 2011, 52(1): 201-226.

[137] PRIMICERI G E. Time varying structural vector autoregressions and monetary policy[J]. The Review of Economic Studies, 2005, 72(3): 821-852.

[138]SAMUELSONP A. An exact consumption-loan model of interest with or without the social contrivance of money[J]. Journal of Political Economy, 1958, 66(6): 467-482.

[139]SANTONI G J. The great bull markets 1924-29 and 1982-87: speculative bubbles or economic fundamentals? [J]. Federal Reserve Bank of St. Louis Review, 1987, 69(9): 16-29.

[140]SARR A, LYBEK T. Measuring liquidity in financial markets[R]. IMF Working Paper, 2002.

[141]SCHEINKMAN J A, XIONG W. Overconfidence and speculative bubbles [J]. Journal of Political Economy, 2003, 111(6): 1183-1220.

[142]SHI G, LIU X, ZHANG X. Time-varying causality between stock and housing markets in China[J]. Finance Research Letters, 2017(22): 227-232.

[143]SHILLER R J. Conversation, information, and herd behavior[J]. The American Economic Review, 1995, 85(2): 181-185.

[144]SHILLER R J. Irrational exuberance[M]. Princeton University Press, 2015.

[145]SHILLER R J. The use of volatility measures in assessing market efficiency[J]. The Journal of Finance, 1981, 36(2): 291-304.

[146] SHUKUR G, MANTALOS P. A simple investigation of the Granger-causality test in integrated-cointegrated VAR systems[J]. Journal of Applied Statistics, 2000, 27(8): 1021-1031.

[147] STIGLITZ J E. Symposium on bubbles[J]. The Journal of Economic Perspectives, 1990, 4(2): 13-18.

[148]SU C W, LI Z Z, CHANG H L, et al. When will occur the crude oil bubbles? [J]. Energy Policy, 2017(102): 1-6.

[149]TAN S, JIN Z, WU F. Arbitrage and leverage strategies in bubbles under synchronization risks and noise-trader risks[J]. Economic Modelling, 2015(49): 331-343.

[150]TANAKA J. Growth and welfare effects of stochastic bubbles in an overlapping generations economy[R]. The University of Kitakyushu, Working paper Series, 2004.

[151]TIROLE J. Asset bubbles and overlapping generations[J]. Econometrica: Journal of the Econometric Society, 1985, 53(5): 1071-1100.

[152]TIWARI A K, DAR A B, BHANJa N. Oil price and exchange rates: a wavelet based analysis for India[J]. Economic Modelling, 2013(31): 414-422.

[153]TIWARI A K, MUTASCU M I, ALBULESCU C T, et al. Frequency domain causality analysis of stock market and economic activity in India[J]. International Review of Economics & Finance, 2015(39): 224-238.

[154]TSAI I C, PENGC W. Bubbles in The Taiwan housing market: the determinants and effects[J]. Habitat International, 2011, 35(2): 379-390.

[155]VALENZUELA M, ZER I, FRYZLEWICZ P, et al. Relative liquidity and future volatility [J]. Journal of Financial Markets, 2015(24): 25-48.

[156]VAN NOORDEN S, SCHALLER H. The predictability of stock market regime: evidence from the TORONTO stock exchange [J]. The Review of Economics and Statistics, 1993, 75(3): 505-510.

[157]VAN NOORDEN S, VIGFUSSON R. Avoiding the pitfalls: can regime-switching tests reliably detect bubbles? [J]. Studies in Nonliner Dynamics and Econometrics, 1998, 3(1): 1-22.

[158]VAN NOORDENS. Regime switching as a test for exchange rate bublles [J]. Journal of Applied Econometricas, 1996, 11(33): 219-251.

[159]VARGAS-SILVA C. Monetary policy and the US housing market: a VAR analysis imposing sign restrictions[J]. Journal of Macroeconomics, 2008, 30(3): 977-990.

[160]VENTURA J. Bubbles and capital flows [J]. Journal of Economic

Theory, 2012, 147(2): 738-758.

[161]VIEIRA E F S, PEREIRA M S V. Herding behaviour and sentiment: evidence in a small European market[J]. Revista de Contabilidad, 2015, 18(1): 78-86.

[162]WEIL P. Confidence and the real value of money in an overlapping generations economy[J]. The Quarterly Journal of Economics, 1987, 102(1): 1-22.

[163]WERMERS R. Mutual fund herding and the impact on stock prices[J]. The Journal of Finance, 1999, 54(2): 581-622.

[164]WEST K D. A specification test for speculative bubbles[J]. The Quarterly Journal of Economics, 1987, 102(3): 553-580.

[165]WEST K D. Dividend innovations and stock price volatility[J]. Econometrica: Journal of the Econometric Society, 1988: 37-61.

[166]WESTERLUND J, NARAYAN P. A random coefficient approach to the predictability of stock returns in panels[J]. Journal of Financial Econometrics, 2014, 13(3): 605-664.

[167]Yang C, Li J. Investor sentiment, information and asset pricing model [J]. Economic Modelling, 2013(35): 436-442.

[168]ZHANG H, LI L, HUI E C M, et al. Comparisons of the relations between housing prices and the macroeconomy in China's first-, second-and third-tier cities[J]. Habitat International, 2016(57): 24-42.

[169]ZHOU J, ANDERSON R I. An empirical investigation of herding behavior in the US REIT market[J]. The Journal of Real Estate Finance and Economics, 2013, 47(1): 83-108.

[170]ZHU H, SU X, GUO Y, et al. The asymmetric effects of oil price shocks on the Chinese stock market: evidence from a quantile impulse response perspective[J]. Sustainability, 2016, 8(8): 766.

[171]曾五一，李想．中国房地产市场价格泡沫的检验与成因机理研究[J]. 数量经济技术经济研究，2011(1): 140-151.

[172]白雪梅，石大龙．中国金融体系的系统性风险度量[J]. 国际金融研究，2014(6): 75-85.

[173]陈国进，颜城．中国股市泡沫的三区制识别[J]. 系统工程和理论

实践，2013(1)：25-33.

[174]陈长石，刘晨晖．利率调控、货币供应与房地产泡沫：基于泡沫测算与 MS-VAR 模型的实证分析[J]．国际金融研究，2015，399(10)：21-31.

[175]陈彦，陈森发，张建坤，等．模糊模式识别在房地产预警信息系统中的应用[J]．运筹与管理，2005(3)：95-100.

[176]方勇．异质预期、噪声交易与价格波动[J]．技术经济与管理研究，2010(2)：3-7.

[177]方意，荆中博，吴姬，等．非核心负债、尾部依赖与中国银行业系统性风险[J]．世界经济，2020，43(4)：123-144.

[178]方意，王晏如，黄丽灵，等．宏观审慎与货币政策双支柱框架研究：基于系统性风险视角[J]．金融研究，2019(12)：110-128.

[179]高大良，刘志峰，杨晓光．投资者情绪、平均相关性和股市收益[J]．中国管理科学，2015，23(2)：10-20.

[180]顾荣宝，刘海飞，李心丹，等．股票市场的羊群行为与波动：关联及其演化：来自深圳股票市场的证据[J]．管理科学学报，2015，18(11)：82-94.

[181]宫晓琳．未定权益分析方法与中国宏观金融风险的测度分析[J]．经济研究，2012(3)：76-87.

[182]郭娜，祁帆，张宁．我国系统性金融风险指数的度量与监测[J]．财经科学，2018(12)：1-14.

[183]扈文秀，刘刚，章伟果，等．基于因素嵌入的非理性资产价格泡沫生成及膨胀演化研究[J]．中国管理科学，2016，24(5)：31-37.

[184]何畅，邢天才．中国金融体系脆弱性指标体系构建及风险因素分解[J]．上海金融，2018(10)：12-22.

[185]何青，钱宗鑫，刘伟．中国系统性金融风险的度量：基于实体经济的视角[J]．金融研究，2018，454(4)：53-70.

[186]黄济生，罗海波．我国隐性资本流入的影响因素实证研究[J]．世界经济研究，2008(6)：32-37.

[187]黄鑫，周亚虹．利率扭曲与资产泡沫[J]．国际金融研究，2012(8)：26-37.

[188]姜春海．中国房地产市场投机泡沫实证分析[J]．管理世界，2005

(12)：71-84.

[189]贾庆英，孔艳芳．资产价格、经济杠杆与价格传递：基于国际PVAR模型的实证研究[J].国际金融研究，2016，345(1)：28-37.

[190]纪敏，严宝玉，李宏瑾．杠杆率结构、水平和金融稳定：理论分析框架和中国经验[J].金融研究，2017(2)：11-25.

[191]李斌，张所地，武斌．市场预期对房价的作用研究：基于DSSW模型和动态面板数据模型的分析[J].软科学，2015，29(12)：121-125.

[192]李菁，王冠英．利率冲击与理性股票价格泡沫：基于TVP-SV-VAR模型的检验[J].当代财经，2015(12)：58-68.

[193]李腊生，翟淑萍．混合预期噪声交易模型及我国证券市场非理性交易的实证分析[J].统计研究，2009，26(10)：95-102.

[194]刘宪．资产泡沫与经济增长关系研究进展[J].经济学动态，2008(7)：122-126.

[195]刘永余，王博．利率冲击、汇率冲击与中国宏观经济波动：基于TVP-SV-VAR的研究[J].国际贸易问题，2015(3)：146-155.

[196]刘晓星，方磊．金融压力指数构建及其有效性检验：基于中国数据的实证分析[J].管理工程学报，2012，26(3)：1-6.

[197]陆静，周媛．投资者情绪对股价的影响：基于AH股交叉上市股票的实证分析[J].中国管理科学，2015，23(11)：21-28.

[198]吕炜，刘晨晖．财政支出、土地财政与房地产投机泡沫：基于省际面板数据的测算与实证[J].财贸经济，2012(12)：21-30.

[199]吕炜，刘晨晖．中国经济转轨中的游资规模变动：测度与解释[J].经济学动态，2012(6)：26-35.

[200]马方方．资产价格泡沫与宏观经济波动关系的研究与综述[J].中国市场，2011(42)：71-75.

[201]马勇，田拓，阮卓阳，等．金融杠杆、经济增长与金融稳定[J].金融研究，2016(6)：37-51.

[202]马勇，黄科．金融压力指数及其政策应用：基于中国的实证分析[J].金融监管研究，2019(7)：1-17.

[203]孟庆斌，荣晨．中国房地产价格泡沫研究：基于马氏域变模型的实证分析[J].金融研究，2017(2)：101-116.

[204]秦建文，王涛．新常态下中国金融压力与宏观经济动态效应研究[J]. 浙江工商大学学报，2017，31(3)：75-87.

[205]秦伟广，安辉，邹千邈．非常规货币政策传导机理研究[J]. 财经科学，2015(12)：19-27.

[206]清华大学金融与发展中心课题组．中国系统性金融压力的检测[J]. 国际金融研究，2019(12)：3-12.

[207]史兴杰，周勇．房地产泡沫检验的 Switching AR 模型[J]. 系统工程理论与实践，2014，34(3)：676-682.

[208]宋清华，姜玉东．中国上市银行系统性风险度量：基于 MES 方法的分析[J]. 财经理论与实践，2014，35(6)：2-7.

[209]孙姝，姜薇．要素价格扭曲与商业银行创新效率损失[J]. 金融发展研究，2018，439(7)：21-29.

[210]唐升，周新苗．中国系统性金融风险与安全预警实证研究[J]. 宏观经济研究，2018(3)：48-61.

[211]陶玲，朱迎．系统性金融风险的监测和度量：基于中国金融体系的研究[J]. 金融研究，2016(6)：18-36.

[212]王春，韩朝亮．全球金融危机中的系统性风险探析[J]. 商业经济，2010(19)：74-75.

[213]王克达．金融压力指数构建及其宏观经济效应研究[J]. 上海金融，2020，474(1)：32-40.

[214]文凤华，肖金利，黄创霞，等．投资者情绪特征对股票价格行为的影响研究[J]. 管理科学学报，2014(3)：60-69.

[215]吴卫星，汪勇祥，梁衡义．过度自信、有限参与和资产价格泡沫[J]. 经济研究，2006(4)：115-127.

[216]肖卫国，刘杰．可预期与不可预期货币政策时滞的实证测度[J]. 统计研究，2013，30(12)：64-68.

[217]许涤龙，陈双莲．基于金融压力指数的系统性金融风险测度研究[J]. 经济学动态，2015(4)：69-78.

[218]杨子晖，陈雨恬，谢锐楷．我国金融机构系统性金融风险度量与跨部门风险溢出效应研究[J]. 金融研究，2018(10)：19-37.

[219]易志高，茅宁．中国股市投资者情绪测量研究：CICSI 的构建[J].

金融研究，2009(11)：174-184.

[220]袁志刚，樊潇彦．房地产市场理性泡沫分析[J]. 经济研究，2003(3)：34-43.

[221]张乐，李好好．我国证券市场中的噪声交易研究：基于一个“机构噪声交易者—散户噪声交易者模型”的分析[J]. 中国管理科学，2008(s1)：340-345.

[222]张旭，彭劼，赵昌川．我国货币政策与资产价格泡沫形成的实证分析[J]. 上海金融，2016(5)：25-29.

[223]张宗新，王海亮．投资者情绪、主观信念调整与市场波动[J]. 金融研究，2013(4)：142-155.

[224]章曦．中国系统性金融风险测度、识别和预测[J]. 中央财经大学学报，2016(2)：45-52.

[225]周杨．投资者情绪指数的构建与投资者情绪对股票市场波动的影响[J]. 金融经济，2012(24)：108-109.

[226]赵鹏，曾剑云．我国股市周期性爆炸性泡沫实证研究：基于马尔可夫区制转换方法[J]. 金融研究，2008(4)：174-187.

[227]朱伟骅，张宗新．投资者情绪、市场波动与股市泡沫[J]. 经济理论与经济管理，2008(2)：45-50.

学术术语索引